JN097107

トラブル
相談
シリーズ

営業秘密の
トラブル相談

基礎知識から
具体的解決策まで

三山峻司・室谷和彦［編著］

井上周一・白木裕一・池田聡・清原直己・
矢倉雄太・西川侑之介［著］

Trade secret

発行 民事法研究会

ま え が き

　営業秘密に関する保護は、適切に対処しなければ、その漏えいによって企業が受けるダメージは、はかりしれません。1980年代の後半から1990年代に入り金型製造など生産にかかわる技術者が出稼ぎ指導に海外に出向いたり、ヘッドハンティングされる報道に接するようになり、この法分野の取組みの脇の甘さと遅れに歯がゆさと焦りを感じてきました。この間にも四囲の社会環境は激的に変化し続け、営業秘密が、企業にとっていかに貴重な財産的価値の対象かが強く認識されるようになりました。またこれとともに営業秘密の問題はますます重要視され、企業が活動するなかでは避けては通れない問題となっています。

　取引時や従業員の転退職の機会においてだけではなく、渉外的要素を含む取引や海外進出も珍しくない現況で海外への情報の流出を念頭におかない管理体制などはあり得ません。企業の自助努力により積極的に契約を締結し管理体制を構築し、営業秘密の漏えいをいかに未然に防ぐかを工夫していかなければなりません。また、この問題は産業競争力の国力にも関係します。激しい開発競争をグローバルに続けるなかで、国レベルにおいても重要な技術情報の流出が安全保障上の点からも問題となり、情報の保護と開示にかかわらざるを得なくなっているのです。

　この本は、営業秘密の法的対応にあたる実務家が実務で遭遇する事例を通して、個別の企業の営業秘密に関する取扱いの手引となるガイダンスをQにしてとりあえずの処理の方向を誤らないように紹介するものです。

　学術的な内容というよりは、実践における当面の処理にあたって要点を漏らさずに急所を押えた標識を示す内容となるように心がけました。

　各企業は実情にあわせて、取組みに具体的な工夫をこらして注力しなければならないのです。雨風に気付いてから空に向って非難してもはじまりません。それよりも自分の家に屋根を葺き窓を取りつけ雨風に備えることはでき

るのです。

　営業秘密は、企業にとって大切な財産的情報であるものの、その外延があいまいであったり権利として明確に認証されていないことから、その意識が希薄になってしまうと気付かないうちに知らず知らず情報が漏れ、大きな財産的損失になっていることがあります。最近でこそ営業秘密の保護に関する契約書を目にする機会は多くなりました。しかし工夫や運用の伴わない形だけのルーチンになっていると思われる内容のものも珍しくなく見受けます。工夫をする者としない者とでは大きな差異が出てくるのがこの分野です。

　この本が、そうした気付きに幾分かでもお役に立てれば執筆者一同の望外の喜びです。

令和4年9月

弁護士・弁理士　三　山　峻　司

〈凡　例〉

【法令・指針】

不競法	不正競争防止法
民訴法	民事訴訟法
個人情報保護法	個人情報の保護に関する法律
独禁法	私的独占の禁止及び公正取引の確保に関する法律
下請法	下請代金支払遅延等防止法
刑訴法	刑事訴訟法
犯罪被害者保護法	犯罪被害者等の権利利益の保護を図るための刑事手続に付随する措置に関する法律
不正アクセス禁止法	不正アクセス行為の禁止等に関する法律
通則法	法の適用に関する通則法
一般指定	不公正な取引方法（昭和57年6月18日公正取引委員会告示第15号）

【判例集・文献】

民集	最高裁判所民事判例集
判時	判例時報
判タ	判例タイムズ
金判	金融・商事判例
刑集	最高裁判所刑事判例集
労判	労働判例
労経速	労働経済判例速報
判例自治	判例地方自治
L&T	Law & Technology
裁判所HP	http://www.courts.go.jp/ → 裁判例情報

『営業秘密のトラブル相談Ｑ＆Ａ』
目　次

第1章　営業秘密に関する基礎知識

　営業秘密をめぐるトラブルをニュースで見かけることが多くなったように思います。なかには海外との大企業間での争いになっている事例もあるようですが、どのような背景があるのでしょうか。当社でも営業秘密に関する取組みを真剣に検討しています。その現状と課題についても教えてください。

　営業秘密とはどのような情報ですか。また、技術情報と営業情報があるようですが、どのような内容でしょうか。

　当社は、食品メーカーですが、包材の構造や食材の味付けなどさまざまな研究開発に取り組み、知的財産権の活用を図りたいと考えています。開発した技術について、特許出願して特許化するか、それとも、社内ノウハウとして秘匿化するか選択に迷うことがしばしばです。特許化・秘匿化のメリット・デメリットと選別の基準について教えてください。

　営業秘密は不正競争防止法での保護とともにそれ以外の法律でも保護されているのでしょうか。また、それぞれの法律とそれらの関係についても簡潔に教えてください。

　営業秘密が侵害された場合、不競法によって民事上どのような保護や救済を受けることができるのでしょうか。また、裁判で秘密が漏れる心配はないでしょうか。

　営業秘密を不正取得した場合などには刑事罰もあるようですが、どのような処罰を受けるのでしょうか。また、どのような端緒で刑事罰が発動されるのでしょうか。

　経済産業省が「営業秘密管理指針」を公表しているようですが、どのように利用すればよいでしょうか。また、「営業秘密管理指針」には法的拘束力はあるのでしょうか。

　当社は、公開情報を多数取得したうえで、製品開発などを行っています。不競法が改正されて、「限定提供データ」も保護されるようになったと聞きましたが、「限定提供データ」とはどのような情報なのでしょうか。営業秘密とは違うのでしょうか。また、保護の内容は、「限定提供データ」と営業秘密とで何か違いはあるのでしょうか。

第2章　営業秘密漏えいへの対応

1　従業員・退職者から漏えいした場合の対応

従業員による営業秘密の漏えいは、どのようなことから発覚しますか。また、どのような兆候があれば、注意が必要ですか。退職者あるいは退職予定者がいる場合に、特に注意すべきことがあるでしょうか。

従業員が情報を持ち出したおそれがある場合、初動としてどのようなことを行うべきでしょうか。

退職者が同業他社に転職した場合において、退職時に、競業しない旨の誓約書に署名捺印していることを理由に、会社は、どのような対応ができるでしょうか。

甲社の退職金規程において、退職後同業他社へ転職したときは、退職金につき自己都合退職の半額とする定めがありました。従業員Aは、退職にあたり全額を受領した後、同業他社に入社しました。甲社は、Aに対して退職金の半額の返還を求めることができるでしょうか。

甲社の営業職従業員Aが退職し、その後、同業他社の乙社に転職しました。Aの転職後、Aが担当していた顧客との取引が次々と解約となりました。従来の甲社の顧客が乙社と契約をしているようです。確信はありませんが、Aは、退職前に甲社の顧客データを持ち出していたのだと思います。

甲社は、Aと乙社に対して、どのような請求ができるでしょうか。また、そのためには、どのような証拠を用意する必要があるでしょうか。

営業秘密に関する民事訴訟を行うにあたって、特に注意することがあるでしょうか。

甲社の研究職従業員Aが退職し、その後、同業他社の乙社に転職しました。甲社から新製品Pの販売を開始しようとした矢先、乙社からP製品と類似したQ製品が発売されました。P製品の開発は、Aが担当していました。

Aの退職前、サーバから、P製品開発に関する大量のデータがコピーされていることが確認されています。

甲社は、Aを刑事告訴しようと考えています。どのように進めればよいでしょうか。

営業秘密を持ち出し、漏えいした元従業員を告訴した場合、その刑事裁判手続を通じて営業秘密がさらに漏えいすることはないでしょうか。刑事裁判手続では、どのように営業秘密が守られるのでしょうか。

2 取引先による不正使用等への対応

甲社は、自社が開発した文房具（P製品）について、製造委託を検討するため、乙社・丙社に対して、P製品の試作品の図面を渡して、見積りをとりました。甲社は、両社の提示する製造単価その他の条件を検討して、乙社ではなく丙社に製造委託をすることとしました。

甲社が、P製品の販売を開始する直前に、乙社からP製品の類似品が販売されていることが発覚しました。

甲社は、乙社に対して、どのような請求ができるでしょうか。秘密保

第3章　営業秘密の管理

1　社内での秘密管理

　技術情報は、営業情報よりも秘密管理性が認められやすく保護されやすいといえますか。開発中の技術情報などの管理方法は、どのように行うべきですか。

　従業員が創出した情報（技術ノウハウや顧客情報）は、誰に帰属するものですか。会社として、当該情報を守るためにはいかなる工夫が必要ですか。

　顧客名簿・顧客データを管理するうえで、具体的にはいかなる方法をとるべきでしょうか。

　従業員の退職時に秘密情報が漏えいすることを防止するためには、いかなる措置をとるべきですか。

　従業員の退職時に競業避止義務を負わせる誓約書を提出してもらうにあたり、いかなる点に留意すべきでしょうか。また、誓約書の提出を拒否された場合、提出を強制することはできますか。提出されない場合、どうすべきでしょうか。

２　取引先による不正使用等の防止

情報セキュリティマネジメントシステム（ISMS）として、いかなる国際規格がありますか。また、かかる規格は、プライバシーマークとは、別々に制度を構築し対応すべきですか。

第4章　トラブルに巻き込まれないために

他社の退職者を中途採用する場合、どのような点に注意すればよいでしょうか。また、どのような対策があるでしょうか。

当社は、取引先から設計図などの開示を受けることがあります。設計図などに取引先の営業秘密が含まれている場合、当社はどのような対応をすればよいでしょうか。

また、競合他社から技術情報を入手した場合、どのような問題があるでしょうか。

当社では重要なノウハウは特許出願をせず公開しないようにしていますが、他社から特許権侵害を主張された場合に備えて、どのような点に気を付けるとよいでしょうか。

先使用権の立証のために、どのような対策をしておけばよいでしょうか。また、どのような工夫がありますか。

第 1 章

営業秘密に関する
基礎知識

Q1　営業秘密をめぐるトラブルの現状と課題

営業秘密をめぐるトラブルをニュースで見かけることが多くなったように思います。なかには海外との大企業間での争いになっている事例もあるようですが、どのような背景があるのでしょうか。当社でも営業秘密に関する取組みを真剣に検討しています。その現状と課題についても教えてください。

▶▶▶Point

① デジタルとネットワークによるIT化というテクノロジー技術の普及とともに人材の流動化によって営業秘密の漏えいの機会が増えています。

② 経済活動がグローバル化し、市場での競争が域外に広がるに伴って海外での営業秘密漏えいによるトラブルも増えています。

③ まず営業秘密が自社にとって重要な財産的情報であること、そのためには営業秘密を自社独自に使用している場合とこれが仮に流出して競争相手に使用された場合の損失を現実のものとして危機感をもって意識し、自己の営業秘密の侵害される機会が身近にある現実をしっかり認識することが大切です。

④ そのうえで各社の現状に即して、ニュース等で取り上げられるトラブルを他山の石として自社にふさわしい秘密管理のあり方や従業員との規則や契約を整備し、情報セキュリティを高めて営業秘密をどのように保護すべきかという自社の課題を明確にすることが必要です。

1　営業秘密をめぐるトラブルの背景事情

(1)　経済のグローバル化と市場競争の激化

技術をめぐる国際競争の激化に伴い海外への国際的な技術流出や営業秘密の漏えい・産業スパイによる窃盗など大きな問題となっています。あわせて各国の営業秘密の保護をめぐる法制の強化も進んでいます。

新日鐵住金（当時）が元従業員と韓国のポスコが共謀して営業秘密（方向性電磁鋼板の製造プロセスに関する技術）を不正取得したとして争われたケース（和解で決着）や、東芝の提携企業の元技術者が、半導体メーカーの韓国のSKハイニックスに営業秘密（NAND型フラッシュメモリの製造に係る技術）を漏らしたと争われたケースなど営業秘密に関連する大型の事件も報道で眼にすることが珍しくなくなってきています（コラム⑥「近時の大型営業秘密漏えい事件（刑事事件）」、Q22参照）。

(2)　IT化の浸透

デジタルとネットワークの普及により大量の情報の複製、受送信の容易化等情報の利用が非常に便利になる反面、電子データのUSBによる電子ファイルコピーの持出しやコンピュータにウィルスを感染させ情報を送信させるなどしてインターネットを通じた漏えいなど大量の情報が短期間のうちに一度に不正取得等される事態が現実化し、情報の管理リスクは大変大きくなっています。IT化に即したデジタル情報等の情報セキュリティ対策がますます重要となってきます。

(3)　人材の流動化

労働移動の円滑化、雇用の流動化により転職者が増え、企業による中途採用者の増加が避けられなくなっています。就業者の多くが転職を経験する時代です。転職者は、転職前の経験や知識を転職先でも活用しキャリアアップを図ろうとし、受入れ企業においてもそれを期待し人材を確保したいと考えるのは自然でしょう。しかしそのような過程で、転職者も受入れ企業も転職

前の営業秘密の問題を意識した適切な対応が必要となっているのです。転職先が海外企業の場合は、海外への営業秘密（技術情報）の流出として問題となります。多額の技術供与料や報酬の支払いという誘惑によって情報の持出しなどの見返りを期待されるような世情であることも意識すべきでしょう。

　インターネットの普及や雇用の流動化に伴い、企業の保有する情報（顧客情報、従業員情報、技術情報、ノウハウなどのさまざまな情報）の漏えいが簡単に発生し得るようになり情報管理に関するリスクが高まっているのです（独立行政法人情報処理推進機構「企業における営業秘密管理に関する実態調査2020調査実施報告書」（令和3年3月）によると中途退職者による秘密情報の持出しが営業秘密漏えいの主要因であることがわかります）。現職の従業員や退職従業員は営業秘密（技術情報）漏えいの最も留意を怠ってはならないルートであることは早くから明らかです（東京地裁昭和48年2月19日判決・判タ289号155頁〔日経マグロウヒル事件〕）。この点に関する法務リスクマネジメントが重要になっているのです。

2　営業秘密の流出漏えいによる損失

　営業秘密の流出漏えいは、一度生じると、その被害は甚大です。まず、いったん情報が流出してしまったものは、原状回復して、流出漏えいのない状態に戻すことができません。情報は一度流布すると、物とは異なり取り戻すことができないものです。営業秘密の流出によって、企業の市場での優位性を著しく損なわれると肝に銘じる必要があります。そして、この被害を損害として金銭的価値に換算して評価する手法は確立しておらず、評価自体が難しいという現実に直面します。そのうえに、損害を請求できる法的根拠として不正競争行為として訴えるには、後に述べるような営業秘密の流出経路などの立証を強いられ、多大な労力と費用を投入しなければならなくなります。

　営業秘密を守るには、未然にその漏えいを防止するということが最も優れ

た防禦といえるのです。

　その防禦を行うために従業員・取引者・第三者を対象として考えられる漏えいルート（経路）に対し、必要なツールを用いた自社に即した適切な対応を構築していかなければなりません。

3　営業秘密の法的保護に関する法制の流れ

(1)　平成 2 年不競法改正前

　契約当事者に秘密保持義務のある場合、契約に違反すると債務不履行として損害賠償義務を負い、場合によって契約上の不作為請求権（競業避止義務）に基づき契約の相手方に競業行為の差止請求を認めるものもありました（奈良地裁昭和45年10月23日判決・判時624号78頁〔フォセコ・ジャパン事件〕）。契約関係にない者の間での営業秘密の侵害は、不法行為等にもとづく損害賠償請求等によるしかない状態でした。

(2)　平成 2 年不競法改正

　営業秘密の定義（同改正法 1 条 3 項柱書）とともに 6 類型の不正取得行為、不正開示行為などの営業秘密の漏えい経路による行為を不正競争行為と限定列挙（同改正法 1 条 3 項 1 号ないし 6 号）して規制の対象としました。善意で取得した者の保護も適用除外規定をおいてはかっています（同改正法 2 条 1 項 5 号）。

　これによって、差止請求が可能となり、あわせて廃棄請求に関する規定もおかれました（同改正法 1 条 4 項）。

　以上のように平成 2 年改正を境に営業秘密に関する事件処理の取扱いは大きく変ったといえるでしょう。平成 2 年改正前の事件と改正後の事件の裁判例は、この点のアプローチの仕方の違いを意識して検討する必要があります。

(3)　その後の不競法改正

(a)　平成15年改正

営業秘密侵害に対する刑事処罰を導入し（同改正法14条3号ないし6号）、営業秘密の刑事的保護がはかられるようになりました。不正競争行為類型については、同改正法2条1項4号ないし9号に規定され、それは旧1条3項1号ないし6号をほぼそのまま継承しています。また民事的救済を強化するために、逸失利益の立証容易化の規定を導入し（同改正法5条1項、6条の3）、書類提出命令規定の拡充をはかっています（同改正法6条）。

(b)　平成16年（「裁判所法等の一部を改正する法律」による）改正

営業秘密侵害訴訟における秘密保持命令・訴訟記録の閲覧等の請求の通知等・当時尋問等の公開停止（同改正法6条の4ないし6条の7、現行法10条ないし13条）を導入しました。

(c)　平成16年、平成17年改正

営業秘密の刑事的な保護の強化がはかられています（同改正法21条1項4号ないし10号、2項、4項、5項等）。

(d)　平成21年、23年改正

営業秘密侵害に対する刑事処罰および刑事訴訟手続の変更・強化（同改正法21条1項各号、2項5号、23条ないし31条）がなされました。

(e)　平成27年改正

従前の類型（同改正法2条1項4号〜9号）に掲げるうちの「技術上の秘密」の不正使用行為により生じた製品の譲渡・輸入等する行為が不正競争行為の類型として追加されました（同改正法2条1項10号）。

4　今後予想される現状と課題

(1)　副業やテレワークの増加、サイバー攻撃の高度化

副業やテレワークの増加によって社外への情報の漏えいの機会が増え、そのリスクに備えることが課題となっています（コラム①「テレワークと営業秘

密」参照）。

　また、企業の情報を盗み取ることを狙った標的型攻撃やサイバー攻撃の手口もEmotet等のマルウェアやランサムウェアなどさまざまに巧妙化し、システムに対するセキュリティ構築とともに企業の情報関与者の情報セキュリティのリテラシー向上の重要性が指摘されています。

　法律による保護は、どうしても事後的対応となります。何よりもリスクを顕在化させない平時の取組みが大切です。

（2）　渉外や海外展開における営業秘密の保護

　日本の国内企業の対外直接投資が拡大を続け、域外での企業活動が日常的になるにつれ、情報の漏えいも域外で発生し、その保護は困難化することが必至です。特許は外国への出願により特許の網を国ごとにかぶせることもできますが、営業秘密は、その情報が漏れると、当該国の法律に基づく保護しか期待ができません。その点を配慮した事前の防衛対応が極めて重要です（コラム②「海外に営業秘密情報が漏れてしまったら」参照）。

（3）　オープン／クローズ戦略

　オープン／クローズ戦略は、経営にかかわる知的財産マネジメントの事業戦略としてのビジネスモデルです。要点のみご紹介します。

　クローズ戦略は、技術開発を自前主義で行い、できあがった製品を特許等を参入障壁として、自社製品に独占し抱え込んで販売するというモデルで、従来型の古典的モデルと紹介されています。

　これに対しオープン戦略とは、企業が、当該企業の業種、状況を踏え、製品のライフサイクル（特に導入期の製品等であるか否か）を念頭に、模倣を未然に防ぎ、当該市場を守るためにいつどのようなタイミングで技術をオープンにして市場における優位な立場を保持できるかを見極める戦略的判断といわれています。クローズとオープンの組合せのバランス、したがってどのような領域をクローズにして独占し、どのような領域をオープンにして競争に委ねるかの事業戦略をどのように構築するかが肝要で、特許とともに営業秘

密（ノウハウ）もこの戦略のなかで、積極的にどのように活用するのかが問われていきます（Q3の「②ノウハウと特許の選択基準」参照）。

　技術の国際標準化やフランド宣言（標準必須特許につき取消し不能なライセンスを公正、合理的かつ非差別的な条件で許諾する旨を宣言）による技術の供与も市場参入を促し、市場形成を進めて、収益の確保を達成するというオープン戦略のあらわれといえるでしょう。

　デジタル・ネットワーク化によるテクノロジー技術の進歩により、一国内の自前主義だけではなかなか立ち行かなくなっている現実があるなかで、営業秘密の位置付けの積極的な意味付けを問われるのがオープン／クローズ戦略といえるでしょう。課題を解消する際に参考となる視点を与えてくれます。

⑤　個々の企業の対応としてとるべき対策

　(1)　管理すべき営業秘密情報の選別と特定

　多くの企業にみられることですが、何でもかんでも企業の保有している情報は、勢い開示されるべきものではないと考え、十把一からげに対応してしまいがちになる傾向があるようです。しかし、これではめりはりのついた情報の管理が進まなくなってしまいます。そこで、自社において営業秘密の実あるもの（非公知で有用性ある情報）がどのようなものであるかを選別特定し、それらの位置付けや優先順位を検討することが第一歩となります。

　(2)　管理態勢の見直し

　そのうえで営業秘密の重要性をランク付けして、それに応じた管理のあり方（情報の保管場所、保管方法としての分散管理、アクセスの多段階制限など）を整備します。その際には、デジタル・ネットワークシステムの基本的なリテラシーも必要となりますので、外部の支援の下で行うことも検討することが必要となるでしょう。

(3)　営業秘密の流出経路を押える

　営業秘密の流出経路としては、取引先（下請や委託先、共同研究開発先など）と従業員・元従業員が考えられるルート（経路）ですので、前者に対しては契約関係の整備（第3章の2参照）、後者に対しては就業規則や入社や退職時の雇用契約上の整備とともに社内研修が大切になります（第3章の1参照）。そのうえで流出経路の各現実の場面場面での実際の運用が実施されなければなりません。流出元の特定例としては、アクセス関係者の抽出として立入り者の特定やアクセスログの記録の利用などが考えられます。

(4)　万一、営業秘密情報が漏えいした場合の対応

　法律による保護を求める方策は、本書で解説するとおりです。しかし万一、情報の漏えいがあった場合の備えも想定しておくと慌てて情況をさらに悪化させることはないでしょう。

　漏れた情報の量や内容、漏えいの態様によって対応は変わります（Q20参照）。

　事故情報の公開・開示については、金融商品取引法上、適時開示が求められ、あるいは個人情報保護法上、個人情報保護委員会への報告や漏えいした個人情報の本人に対する通知など当該事態に適用される法律に特別の規定がおかれている法律上の義務のある場合を除けば、その義務はありません。しかし、例えば顧客の個人情報の漏えい事故では、①個人への二次的被害の防止、②企業のコンプライアンスの実践と社会的責任としての事件発生の抑止と社会における事故情報の共有化という点から情報を積極的に開示することが適切といえる場合が多いでしょう。開示の仕方も個別のアクセスによる注意喚起からマスコミ等による公表など、その事故に応じた方法により対応することになります。個人情報については、Q34を参照してください（コラム⑦「令和2年個人情報保護法改正の関係」も参照）。

（三山峻司）

┌─────┐
│ コラム① │　テレワークと営業秘密
└─────┘

　コロナ禍の中で多くの企業でテレワークが行われています。企業に出向かず
に場所の制約なく時間も柔軟に勤務するという環境変化に応じて、企業保有の
情報を紙媒体で持ち帰ったり、外部から企業情報にアクセスして業務を行う機
会が増えました。これに伴い社外への情報の漏えいのリスクと情報セキュリ
ティを意識したテレワークの実施が求められています。コロナ禍を契機にリ
モート業務による営業秘密の保護がクローズアップされています。

　不競法上の「営業秘密」の観点から、経済産業省知的財産政策室「テレワー
ク時における秘密情報管理のポイント（Q&A解説）」（令和2年5月）では、
企業の秘密情報を適切に守りながらテレワークを実施するうえでのポイント
がまとめられています。特に、秘密管理性要件をどのように確保しながら、テ
レワークへの切替えを進めていくのかについて、従業員が自宅に資料を紙媒体
で持ち帰ったり、会社貸与のPCあるいは個人所有のPCを利用する場合や自宅
外でテレワークを実施したり、オンライン会議で画面共有する資料の取扱いな
ど場面ごとでの留意点のポイントが指摘されており参考となります。また、経
済産業省「秘密情報の保護ハンドブック」（平成28年2月／最終改訂：令和4
年5月）では、テレワークの実施に関係する「秘密情報の取扱い方法等に関す
るルール化」や「従業員に向けた情報漏えい対策」の内容の説明がされていま
す（3章3-3、3-4(1)）。

　さらに、総務省「テレワークセキュリティガイドライン第5版」（令和3年
5月）は、不競法上の「営業秘密」という視点からではありませんが、テレ
ワークの態様とテレワークにおけるセキュリティの基本対策と発展対策およ
びトラブル事例とその有効対策が紹介されています。そしてテレワークへの切
替えにあたり、従前の職場を境界域とするセキュリティ対策では機能しなく
なってきているテレワークを取り巻く環境に対応する指針を説明しています。
前掲・Q&A解説やハンドブックとともに参照すると有益です。なお、システ
ム・セキュリティ管理者の立場にある者が優先的に実施すべき基本的なセキュ
リティ対策に焦点をあてた総務省「中小企業等担当者向けテレワークセキュリ
ティの手引き（チェックリスト）第2版」（令和3年5月）も参考になるで
しょう。

　　　　　　　　　　　　　　　　　　　　　　　　　　　　　（三山峻司）

営業秘密の対象となる情報——技術情報と営業情報

> 　営業秘密とはどのような情報ですか。また、技術情報と営業情報があるようですが、どのような内容でしょうか。

▶▶▶Point

① 　営業秘密とは、非公知の管理された財産的情報といえます。営業秘密やノウハウの情報としての意味を理解し、その情報が法律的にどのように位置付けされているかを知りましょう。

② 　営業秘密の対象となる技術情報とは、生産方法などの事業活動に有用な技術上の情報であり、販売方法などの営業上の情報が営業情報です。それぞれどのような情報例があり、どのような特徴があるかを知ることが大切です。

③ 　特に、技術情報については、特許化して情報をオープンにして権利化するか、秘匿化したまま活用するかの選択に迫られることがあります。

1　営業秘密とは、どのような情報が対象となるのか

(1)　営業秘密の意義

　不競法2条6項は「この法律において『営業秘密』とは、秘密として管理されている生産方法、販売方法その他の事業活動に有用な技術上又は営業上の情報であって、公然と知られていないものをいう」と定義しています。これは、不競法上の定義ですが、有益な財産的情報として、ノウハウを理解するうえでも有益な定義です。

　ノウハウには財産的価値が存し、事実上の秘密性が必要なことについては、争いがありません。ただし、第三者に対しても伝達可能なものであるこ

とが必要で、個人的な特技・技能とは区別されます。そこで、秘密性のある無形財で第三者の再実施による再現が可能なものであれば、特許性の有無を問わず、技術的なもののほかに商業的なものを含めてノウハウと考えてよいでしょう。トレード・シークレットという用語もしばしば用いられますが、技術的な秘密に限らず、商業的なものまで含めてノウハウというときは、トレード・シークレットとノウハウは同じ意味と考えられます。古い裁判例では、「営業秘密」を「企業秘密」という用語を使って表示している例もありましたが、「営業秘密」という用語が一般的になっています。

　ノウハウも営業秘密に含まれるものと考え、上記の定義に即して説明します。

(2)　営業秘密として保護されるための要件

　不競法2条6項の「営業秘密」として保護を受けるためには、条文の文言に明らかなように秘密管理性・有用性・非公知性の3要件を備えていなければなりません。

(a)　秘密管理性

　情報が「秘密として管理されている」ことが必要です。営業秘密を保有する事業者（保有者）が当該情報を秘密であると主観的に認識しているだけでは足りず、客観的に秘密として管理されていると認められる事実が必要です。その判断の要素として、①情報にアクセスできる者が制限されていること（アクセス制限）、②情報にアクセスした者に当該情報が営業秘密であると認識できるようにされていること（客観的認識可能性）が必要であると説明されます。

　もっとも後述する営業秘密管理指針では、①、②の判断要素は、別個独立した要素ではなく、「アクセス制限」は「認識可能性」を担保する一つの手段であると整理され、情報にアクセスした者が秘密であると認識できる場合には、アクセス制限が十分でないことのみを根拠に秘密管理性が否定されることはないとされています（Q22、Q24、Q25参照）。そしてそのように判断した裁判例もみられます（名古屋地裁平成20年3月13日判決・判時2030号107頁

〔産業用ロボットシステム製造販売等事件〕、東京高裁平成29年3月21日判決・判タ1433号80頁〔通信教育等顧客情報刑事事件〕、大阪地裁平成29年10月19日判決・裁判所HP〔アルミナ繊維事件〕など）。

　従業員からみて客観的に認識できるように情報に「㊙」「confidential」「社外秘」「社内限り」等の表記を付し、保管場所の管理を厳重に行い、デジタルデータではファイルの暗号化やサーバへのアクセス権限を定めるなどしておくことが役立ちます。

　具体的に必要な秘密情報の管理措置の内容・程度は、情報の種類・性質、企業の規模、業態、従業員の職務その他の事情等によって異なります。自社に応じた管理のための措置を工夫していく必要があります。

　訴訟にまで発展し争いとなる場合、秘密管理性の要件の充足が最も問題となりやすく、また、保護が否定される場合に、この要件を否定した例が少なからず見受けられます。したがって、管理には細心の注意を払っておかなければなりません。

　　(b)　有用性

　「生産方法、販売方法その他の事業活動に有用な技術上又は営業上の情報」であることが必要です。製品の設計図・製法、顧客名簿、販売マニュアル、仕入先リスト等が挙げられます。事業活動に役立つ「有用な」情報であることが必要ですから経営者や従業員のスキャンダルは含まれません。また、公序良俗に反する内容の情報で企業の反社会的な行為などの正当といえない事業の情報（企業の脱税や違法操業等情報など）も含まれないでしょう。

　当該情報が使用・利用されることによって費用の節約、経営効率の改善等に役立つ「有用性」は、保有者の主観によって決められるものではなく客観的に判断されます。したがって、情報が客観的にみて事業活動にとって有用であれば、直接ビジネスに活用される情報に限らず、ネガティブインフォメーション（失敗の知識・情報）のような間接的価値がある情報も含まれます。

　情報が事業活動にとって有用であることは積極的に争われない限り肯定さ

れることが多いでしょう。ただ公知情報との比較や情報自体の内容から有用性を否定する裁判例（大阪地裁平成20年11月4日判決・判時2041号132頁〔発熱セメント体情報事件〕、東京地裁平成23年3月2日判決（平成19年(ワ)第31965号）裁判所HP〔小型USBフラッシュメモリ事件〕、大阪地裁平成28年7月21日判決（平成26年(ワ)第11151号等）裁判所HP〔錫器製造合金事件〕など）もあるので留意が必要です。

　　(c)　非公知性

　情報が「公然と知られていない」ことが必要です。誰でも知っている情報はわざわざ保護するまでもありません。したがって一般的には知られておらず、または容易に知ることができないことが必要です。一部の者が当該情報を知っていても、その者が保有者に法律上、契約上または信義則上の秘密保持の義務を負っている場合は、公知とはいえません。ここに秘密保持契約を締結する意味があります。

　市販されている製品を購入等して、その物品の所有権等を取得したうえで、これを分析して製品情報を取得することができる（リバースエンジニアリングできる）状態をもって、非公知性を失うか否かが問題とされています。端的にいいますと、その分析や解析に高度の専門知識と技術を要したり、相当に困難かつ長期間の研究を要したり、通常ではない多額の費用がかかるような場合には、非公知性は失われないとされています（奈良地裁昭和45年10月23日判決・判時624号78頁〔フォセコ・ジャパン事件〕、大阪地裁平成15年2月27日判決・裁判所HP〔セラミックコンデンサー積履機および印刷機設計図事件〕）。これに対し一般的な技術的手段を用いて容易に市販製品から情報を取得できる場合には、非公知性は否定されています（東京高裁平成11年10月13日判決（平成10年(ネ)第5546号）裁判所HP〔固形もぐさ事件〕、知財高裁平成23年7月21日判決・判時2132号118頁〔光通風雨戸事件〕、大阪地裁平成24年12月6日判決（平成23年(リ)第2283号）裁判所HP〔攪拌造粒装置事件〕）。もっとも前者の場合でも市販品からの分析・解析結果を公表されてしまうと非公知性はい

ずれにしても失われてしまうので、市販する製品やプログラム等には秘密情報について一定のリスクの伴うことを念頭におかなければなりません。そして製品等の販売や貸与時の契約書においてリバースエンジニアリングを禁止するなどの契約を結ぶ対応を考えておく必要があります（Ｑ３も参照）。

次に、この要件を具備する情報の種類を主眼にして説明します。

2　営業秘密の情報の種類

（1）技術情報とは何か

法文上は、「事業活動に有用な技術上又は営業上の情報」とあり、技術上の情報と営業上の情報と２種類の情報が示されています。

技術上の情報の具体例としては、製品製造上の材料、製品の製造方法（材料の混合の順序、処理時間や温度調整など）、生産ラインのレイアウト図、ロボットの設計情報、設計図面、研究や開発の実験データ、物質の組成、運転マニュアルなどを挙げることができます。

営業秘密の情報を特に厳格に技術上のものと営業上のものに分ける必要はありませんが、技術情報の場面では、特許化するか、ノウハウとして保有するかという選択に迫られることがあります。特許は、自然法則を利用した技術的思想の創作（アイデア）を対象とした発明（特許法２条）に与えられますので、技術情報を特許化するみちがあるので、技術上の情報を営業上の情報と区別して意識しておく意味があります。ノウハウと特許化の選択基準については、Ｑ３を参照してください。また、技術情報は営業情報とは異なる取扱いを受ける場合（不競法２条１項10号の不正競争行為は技術上の営業秘密に関する不正使用行為によって生じた物に限られ、同法５条１項の損害額の推定規定および同条の２の生産の推定規定は、技術上の秘密に関するものに限られます。なお弁理士業務の範囲にもこの区別が関係しています。弁理士法２条５項、４条３項）がありますので、そのような局面では両者の相違に注意をする必要があります。

　もっとも特許化できない技術情報であっても、当該ノウハウが生産効率に大きく作用したり、製品構造に大きな影響を与える情報もありますので、技術上の情報もその情報内容に応じた対処が必要になります。

　(2)　営業情報とは何か

　事業活動に有用な情報から技術上の情報を除いたものは広く営業上の情報と考えてよいでしょう。具体例としては、顧客リスト（顧客名簿）〔売上頻度、1回の購入額、売上代金の支払状況など〕、仕入先リスト、仕入原価、製品在庫情報、製品のリードタイム、新発売の製品情報、M＆A情報、設備投資や研究開発計画、アンケート情報〔製品の使い勝手など〕、また、製品クレームリストの製品やサービスに対する顧客の苦情など一見すると企業にとってのマイナーと思われる情報も企業の製品やサービスを向上に導き優位化に役立つ財産的価値を有する営業情報といえます。

　営業情報は、技術情報と異なり特許化することはできませんが、当該の営業情報が著作権保護の対象（例えば図面やデータベースなど）となることがあります。また、顧客情報である場合、個人情報の保有件数とは関係なく個人情報データベース等を事業の用に供している者は個人情報保護法における個人情報取扱事業者となり（個人情報保護法16条5項）、さまざまな義務が課されます（同法第4章）。この面からの厳格な情報管理が求められることになります。顧客情報に関し、その管理、持出しおよび顧客リストの手交する場合の留意点についてはQ27、Q32、Q33を参照してください（Q34の個人情報保護に関するガイドライン、コラム⑦「令和2年個人情報保護法改正の関係」も参照）。

　(3)　対象となる情報に応じた対応を心がける

　営業秘密を技術情報と営業情報に大別しましたが、それぞれの情報の営業秘密性を十分認識したうえで、各情報に即した秘密管理と漏えいリスクに備える必要があります。

　秘密情報の管理全般については、第3章を参照してください。

（三山峻司）

Q3　営業秘密と特許化・秘匿化・公知化の選別

> 当社は、食品メーカーですが、包材の構造や食材の味付けなどさまざまな研究開発に取り組み、知的財産権の活用を図りたいと考えています。開発した技術について、特許出願して特許化するか、それとも、社内ノウハウとして秘匿化するか選択に迷うことがしばしばです。特許化・秘匿化のメリット・デメリットと選別の基準について教えてください。

▶▶▶Point

①　特許化・秘匿化のメリット・デメリットの主眼は、技術情報に含まれるアイデアを権利という形をとって独占できるか、できるとしてその方策を選ぶのがベターかということになります。特許化する前提として特許要件を充足するものかについては、場合によっては専門家にも相談し検討したほうがよいでしょう。

②　次に特許化の可能性がある場合に、当該の技術情報について市場で事業優位性を保つことができるのは特許化・秘匿化のいずれかをそのメリット・デメリットに即してプラス・マイナスを考えて検討します。その検討内容には、特許化・秘匿化のそれぞれのコストや爾後の運用にかかる労力・時間も含まれます。

③　開発した包材の構造や食材の味付けなどの技術の情報にも中核的なものから開発に伴い派生的・副次的に出てきた内容であったり、製造条件の設定や製造工程・運転マニュアルに関するものなどさまざまと想像されますので、まずは自社の開発技術情報の内容をしっかりと理解して把握しましょう。

1　特許化・秘匿化のメリット・デメリット

　次の選択基準で指摘する事項とも関連しますが簡記します。

　特許化すれば、一定期間、独占権を取得して排他的に使用ができ、他社の参入を防ぎ優位に事業活動が展開できます。また、権利の存在も明確になりその内容も明らかになります。

　しかし、出願公開（出願後 1 年 6 カ月後に公開特許公報として公開されます）により、開発動向を知られたり、関連特許を取得される可能性もあります。さらには、他社が、その公開された情報から、特定の「課題」を認識してその情報を利用した異なる課題解決手段の製品等を製造・販売する機会を与えることになります。それにより同じ課題を解決する類似製品が出回り特許技術が相対的に陳腐化してしまうことにもなりかねません。また、保護期間が満了すると、誰でも、その技術を自由に使用することができるようになります。

　一方、秘匿化すれば、秘匿化されている限り保護期間の制限なく差別化を図ることができ、また、自社の開発動向を知られることもありません。情報をブラックボックス化できるか否かが鍵になります。

　しかし、秘匿化情報を独占しているわけではないので、他社が独自開発すれば、独占できなくなります。かえって、他社が特許化することにより侵害していると攻撃される事態もあり得るかもしれません。そして、何よりも法的保護を受けるためには、適切な秘密管理を行う必要があります。

〔表1〕 特許化・秘匿化のメリット・デメリット

	特許化	秘匿化
メリット	・事前の審査を通じ権利の内容が明確となる。 ・登録等を通じ権利の存否が明確化する。 ・一定期間、譲渡可能な排他的独占権を取得できる。	・保護期間の制限もなく、差別化を図れる。 ・自社の事業戦略の方向性が明らかにならない。 ・失敗した実験のデータ等の特許になじまないノウハウ等に適している。
デメリット	・出願内容の公開が前提であるため、開発動向を知られたり、周辺特許を取得される可能性等がある。 ・保証期間が満了したら、誰でも使用可能。	・他社の独自開発やリバースエンジニアリングにより、独占できなくなることがある。 ・適切な管理をしていないと法律による保護を受けられない。

(出典：経済産業省「技術流出防止・営業秘密保護強化について」平成26年9月)

2 ノウハウと特許化の選択基準

　企業内部において研究開発された発明については、これを特許出願手続にのせるかノウハウとして秘密にしておくかの判断に迫られることがあります。

　ノウハウと特許権の主な異同は〔表2〕のとおりです。

〔表2〕 特許権とノウハウの異同

	特許権	ノウハウ
公開性	公開	非公開・秘密
特許要件	具備することを要する	具備するものも、具備しないものもある
排他独占性	あり	なし ただし、不競法による保護がある
保護（存続）期間	特許法67条	ノウハウ性の存する限り制限はない
出願審査手続	要	不要
権利の保護範囲	特許法70条	不明確

　新規性・進歩性を有する発明であっても、これを公開せず、ノウハウとして実施したほうが得策と判断される場合があります。

　その判断のポイントとされる考慮点は次のようなものです。

　(1)　収益性と競業性の動向

　「秘密」として保持することのほうが、技術の公開の代償として特許権を得ることより大きな収益をあげられるか否か、すなわち技術情報拡散のリスクをも考えあわせて、ノウハウとして自ら使用して収益をあげるか、特許権を取得して他企業に積極的に実施させて収益を得るほうが有利であるかの判断によります。

　競業者の技術研究の動向や容易に参入可能な技術分野であるかも視野に入れた判断が必要となります。

　(2)　秘密保持の難易性

　ノウハウは、秘密性が生命です。いったん公になると誰もがその情報を使用できることになり元も子もなくなってしまいます。

　例えば、実施品が販売されることにより、容易に実施されている内部構造の技術内容がわかるような場合（例えば、設問の「包材の構造」）には、ノウハウとして保有することよりも特許出願すべきでしょう。また、契約関係にある取引先に実施品がリバースエンジニアリングされ、いわゆる内製化のための「知財吸い上げ」のリスクが高いと考えられる場合にも特許化を検討すべきでしょう。逆に、特定工場内における化学物質の製法や成分などのように目には見えず、関与者以外には技術情報を容易に入手できないような場合（例えば、設問の「食材の味付け」）には、特許化せずにノウハウとして保有していたほうが有利な場合も生じます。

　(3)　特許要件の充足性と特許権取得の難易度

　これは、当該ノウハウが、法律上、特許を受けることができる性質のものか否か、すなわち特許法に定める特許発明を充足するノウハウであるか否かが前提となります。技術上のものであっても、例えば、機械における特定の

材質の選択、工程上の機械のレイアウト、特定商品のための室温等の数値情報などは特許となる可能性は高くなく、ノウハウとして保有するしかない場合が多くなるでしょう（例えば、設問の「食材の味付け」）。また、特許性がないとはいえないが疑わしい発明もノウハウとして保護を考えるのがよいでしょう。

　出願が公開されてしまうと、模倣の機会や改良発明の機会が増えます。そこで、出願しても特許化が難しければ、結果的には模倣も合法的になってしまいます。したがって特許化できると考えて出願してみたが、特許化が難しいと判明した時点で、当該情報が公になる前に取り下げるタイミングを心得ておくことも大切です。このような場合は、ノウハウとして保持しておくほうが有利という判断に傾くでしょう。

(4)　他社の権利化阻止の必要性の有無

　自らはノウハウとして使用することはないが、他社の独占的な利用状態を阻止するために、出願したり公開技術として公知化してしまうことも考えられます。このような場合には、特許出願して技術を公開しておくことに傾くでしょう。特許化は、他社への参入障壁となり、他社の行動を抑制する手段であり、その間に自社の類似代替技術を使った製品の販売や当該技術をどのように活用し、次の開発につなげるプロダクトプランニングをどのように展開できるかが重要な視点になります。

(5)　模倣の容易性（侵害されることの危険性）と侵害行為への法的措置

　先にみたようにノウハウは独占排他権、権利の保護範囲の明確性の点で特許権に劣ります。しかし、特許権を取得したからといって、その権利内容が市場に出回る製品を検討しただけでは被疑侵害品であると捕捉することが難しい場合も多々あります（物の組成や製造工程などは物を見ただけではわかりません）。侵害の容易性や模倣の発見の困難性と法的効果との関係を視野に入れた選択が必要でしょう。ノウハウの流出の危険度と特許権を取得後の侵害品の発見の難易から、物の組成や製造方法や工程はノウハウとする、構造

などの物（例えば、設問の「包材の構造」）の発明は特許化をベースにするという割り切った方針も一つの方策です。

(6)　特許権とノウハウ併用使用の可能性

同一の技術分野における実施では、特定技術にある部分を特許権として保有し、ある部分をノウハウとして保有し、併用実施する方法も珍しくないでしょう。そして現実にはノウハウと特許とのミックスを戦略として両者相まって活用されるという実情もみられます。どのようにミックスするかは、トータルとしての得失を考えて、製品の構成要素や工程の段階あるいは原材料と完成品との関係や製品とデータとの関係に着目して行われます。

(7)　グローバルな視点の必要性

特許は出願により公開されます。その情報は、誰でもインターネットから閲覧して知ることができます。公開は全世界に有益な技術情報を知らしめる一方、独占は出願国で特許が付与された範囲に限られます。日本で公開された特許情報は、特許権の及ばない外国では自由に利用して技術を真似ることが可能となります。したがって、特許化する場合には、外国への出願特許化とそれに伴う費用も視野に入れ、ノウハウとの併用により特許技術だけでは同等の品質の製品を作れないような工夫をしておく必要があるでしょう（コラム②「海外に営業秘密情報が漏れてしまったら」参照）。

ところで、以上の選定基準を総合して、ノウハウとして実施する場合でも、将来同一技術について他社の特許権が設定されたときには、この特許権に拘束される危険性を考慮して、先使用権を主張できるようにあらかじめ立証上の工夫をしておくことが同時に必要となります。

ノウハウ使用と先使用権の確保等については、Q38、Q39を参照してください。

（三山峻司）

営業秘密に関する法律

> 営業秘密は不正競争防止法での保護とともにそれ以外の法律でも保護されているのでしょうか。また、それぞれの法律とそれらの関係についても簡潔に教えてください。

▶ ▶ ▶Point

① 営業秘密は、登録等により法律で独占排他権を得ることで保護される（物権的）権利ではありません。しかし、法的に保護されるべき利益であり、不競法の定める要件に該当すれば、不正競争として、当該行為に対する保護を受けることができます。不競法以外にも契約によって保護対象として護られ、また、情況によって会社法、民法、その他特別法等によって保護の対象となる場合があります。それぞれの法律による救済の方法と内容を把握することが大切です。

② それぞれの法律には、その法目的から保護を受ける要件が定められています。それぞれに定められている要件を満たせば重畳的に保護が可能です。

③ それぞれの法律の保護を受けやすいように、工夫し運用に努める必要がありますが、特に、契約の内容のチェックがルーチンになっていないか、また契約を締結して安心するのではなく、契約に即した運用がなされているかをフォローしないと、いざという際に役立ちませんので、この点の配慮が非常に重要です。

1 不正競争防止法による法律の保護

(1) 民事上の保護

　営業秘密は、競争的側面を有しています。営業秘密を保持することは、これを知らない競業関係にある他企業よりも技術上または営業上、優位な地位を占めることを可能にします。したがって、他人が努力して管理している営業秘密を不正に取得し不正利用すると不正競争が生じます。

　「営業秘密」とは、秘密として管理されている（秘密管理性）、生産方法その他の事業活動に有用な技術上または営業上の情報（有用性）であって、公然と知られていないもの（非公知性）をいいます（不競法2条6項、「営業秘密」の詳細の内容については、Q2を参照してください）。すなわち、営業秘密として不競法による保護を受けるためには、対象となる当該情報について「秘密管理性」と「有用性」と「非公知性」の三つの要件が備わっていることが要求されているのです。

　次に、どのような行為を行うと不正競争行為となるかは、Q5を参照してください。

　なお、平成30年の不競法の改正により同法は「限定提供データ」という情報の種類を定義して、「限定提供データ」にまで保護を広げています。そして、この「限定提供データ」の不正競争行為に該当する行為の類型を加えました（不競法2条1項11号～16号）。この点については、Q8を参照してください。

(2) 刑事上の保護

　不競法は、営業秘密に係る不正行為のうちでも違法性が高い行為に対して刑事罰の対象としています。

　近時のものとしては、最高裁平成30年12月3日判決・刑集72巻6号569頁〔日産自動車事件、21条1項3号ロ〕、横浜地裁令和3年7月16日判決（公刊物未登載）〔光ファイバー測定治具設計図面事件、21条1項3号ロ、21条3

項2号、21条3項3号〕があり、後者の事件は、営業秘密の国外への漏えいに対し日本の被害会社の取締役であった被告人と中国会社の代表者である被告人に刑事的措置が発動されたケースです。

具体的な刑事罰の内容については、Q6を参照してください。

2 不正競争防止法以外の法律による保護

(1) 民事上の保護

(a) 契約法上の保護（契約の取決めによる保護）

営業秘密は、内部者による漏えいと外部者による侵害が考えられます。

契約の相手方としては共同研究開発企業、下請業者、委託先企業、ノウハウ実施契約のライセンシーや従業員が対象となります。

契約の内容は、主に秘密保持と競業避止義務が内容となります。

契約の相手先との秘密保持契約等については、Q30、Q31を参照してください。また、従業員との関係では労働契約上の約定として定められることもあるでしょう。従業員との誓約書については、入社時誓約書については、Q21を参照（コラム⑩「入社時誓約書」も参照）、退職時誓約書については、Q28を参照してください（コラム⑭「退職時誓約書」も参照）。

契約により特定の情報を秘密の対象とすることができますので不競法上の営業秘密より広く保護することが可能になります（東京地裁平成20年11月18日判決・判タ1299号216頁〔トータルサービス事件〕）。例えば、M＆Aで事業譲渡契約を検討する場合には、互いの譲受予定企業と譲渡予定企業で提供する情報内容は広く秘密保持義務の対象とされることを考えていただくとわかるでしょう。

契約締結当事者は、秘密を契約で限定した範囲外に洩らしてはならない義務を負担し、この義務に反し秘密を他に洩らした場合は、契約上の損害賠償責任を負います（民法415条。東京高裁昭和41年9月5日決定・判時464号34頁参照）。

　従業員に関する契約違反に基づく裁判例としては、ノウハウを取得した退職従業員に対する競業行為の禁止を認めたフォセコ・ジャパン事件（奈良地裁昭和45年10月23日判決・判時624号78頁）、競業行為を行わない代償として贈与された金員を競業違反した退職従業員から返還させた日本警報装置事件（東京地裁昭和42年12月25日判決・判時520号61頁）、原告会社に対して秘密保持義務を負っている従業員が原告の下請としてノウハウの開示を受けていた会社に積極的に働きかけてノウハウを第三者に公開公表させたことは、秘密保持義務違反の債務不履行にあたるとしたエム・シー・エル事件（東京地裁昭和62年3月10日判決・判タ650号203頁）など従前の裁判例が参考となります。

　退職従業員との秘密保持に関する合意の内容については、職業選択の自由への制約度が高く、退職後の行動を不当に制限する結果とならないように、合意内容を合理的な内容に限定して解釈されるという裁判例の傾向がみられます（東京地裁平成17年2月23日判決・判タ1182号337頁〔アートネイチャー事件〕、東京地裁平成19年12月26日判決・判タ1282号326頁、東京地裁平成20年11月26日判決・判時2040号126頁）。さらに合意が公序良俗（民法90条）に違反して無効と判断される事例もみられます。また、執行役員について執行役員の職務の実態から判断し退職後の競業避止義務の有効性につき、無効と判断したメットライフアリコ生命保険事件（東京高裁平成24年6月13日判決（平成24年(ネ)第920号等）裁判所HP）は、執行役員について判断したケースとして参考となる事例です。

　従業員の競業禁止規定が合理的な範囲にとどまっているか否かの判断基準として「制限の期間、場所的範囲、制限の対象となる職種の範囲、代償の有無等について、債権者の利益（企業秘密の保護）、債務者の利益（転職、再就職の不自由）および社会的利害（独占集中の虞れ、それに伴う一般消費者の利害）の三つの視点に立って慎重に検討していくことを要する」と前記フォセコ・ジャパン事件は判示しており、この基準は実務上も有用な基準として同種事案の判決にも踏襲されているようです（東京地裁平成7年10月16日判決・判時

1556号83頁〔東京リーガルマインド事件〕）。

　次に、契約取引者に関するものとしては供与されたノウハウの他店舗への無断使用について損害賠償を認めたリバーカウンター事件（浦和地裁昭和58年6月24日判決・判タ509号177頁）、契約上明示の秘密保持条項がない場合でも被開示者になお秘密保持義務があるとした日経マグロウヒル事件（東京地裁昭和48年2月19日判決・判時713号83頁）、これとは逆に秘密保持義務を否定した縫製作業用ハンガーシステム事件（大阪地裁昭和61年10月30日判決・判タ634号151頁）があります。

　契約当事者以外の第三者にまで契約の効果を及ばせない点で限界があります。

　最後に、取引先等と契約を締結していてもその内容に即した運用がなされていないので、いざとなったときには、機能する契約なのかと疑問に感じる場合が少なからずあります。契約を締結して安心しているのでしょうか。契約は締結しておわりではありません。例えば、契約書で対象となる秘密事項には、「㊙」を付す、あるいはメール等で送信した情報のうち、その対象となるものは14日以内に秘密情報である旨を通知する、契約終了時の秘密情報の返却あるいは消去に関する等の定めがあっても、一向にそれに沿った取扱いを実行していなければ、契約をしていてもザルから水が漏れるように情報が漏れてしまいます。契約に即した運用を心がけることが非常に大切であることを認識しなければならないでしょう。

　(b)　民法709条の保護

　第三者の不正な行為に対して民法709条による保護として従業員との関係では、約定がない場合であっても信義則上、労働契約に基づく附随的義務として使用者に対して守秘義務を負うとして不法行為の要件である違法性が認められることもあります（東京地裁昭和43年7月16日判決・判タ226号127頁、東京地裁平成19年1月26日判決・判タ1274号193頁）。

　また、不正競争を共同して実行したり、謀議し、教唆・幇助すれば、民法

719条1項、2項の責任を問われ、損害賠償請求が可能です（大阪地裁平成25年4月11日判決・判時2210号94頁〔中古車販売顧客名簿事件〕）。

　ただ、差止請求まで認められるわけではない点で限界があります（東京高裁昭和41年9月5日決定・判時464号34頁〔中越ワウケシャ事件〕）。

　(c)　会社法上の保護

代表取締役その他の代表者が、その職務を行うにつき不正競争を行い第三者に損害を負わせると会社は第三者に対して加えた損害を賠償しなければなりません（会社法350条）。また、会社が不正競争を行っていることを容易に認識することができたのに、役員等がこれを阻止しなかったことは当該役員の職務における重大な過失にあたるとして会社法429条1項に基づく責任を負う場合があります（前掲・中古車販売顧客名簿事件、大阪地裁令和3年9月28日判決・裁判所HP〔二酸化炭素含有粘性組成物事件〕）。不祥事の兆候を早期に発見し是正できるような内部統制システム（リスク管理体制、会社法362条4項6号、同法施行規則98条1項）の構築と具体化が図られているか否かがあぶり出される事態ともなるでしょう。したがって侵害の警告を受け適切な対応をとらず漫然と侵害行為を継続していたような場合には、責任を追及される事態を招きかねませんので注意が必要です。

　なお営業秘密の保持者が取締役という場合には、会社との関係で取締役は忠実義務（会社法355条）・善管注意義務（同法330条、民法644条）・競業および利益相反取引の制限義務（会社法356条、365条）を負っていますから、これに違反する行為が生じた場合には会社に対して会社法上の責任を負うことになります。すなわち取締役に対して会社または株主は損害賠償請求（会社法423条1項、同法847条1項）や差止請求（同法360条）ができる場合があります。ただ、人的範囲が代表者や取締役等に限定される点で限界があります。

　また、営業を譲渡した商人は、一定の区域内において一定期間同一の営業を行ってはならないという競業避止の義務を負っています（商法16条）。

(2)　刑事上の保護

　書類・図面等の持出しを伴う不正な行為、任務違反を伴う不正な行為については、刑法の対象（窃盗・横領・盗品譲受け等）となります（東京地裁昭和40年6月26日判決・判時419号14頁〔大日本印刷産業スパイ事件〕、大阪地裁昭和42年5月31日判決・判時494号74頁〔鍾渕化学産業スパイ事件〕、東京地裁昭和55年2月14日判決・判時957号118頁、神戸地裁昭和56年3月27日判決・判時1012号35頁〔東洋レーヨン産業スパイ事件〕、東京地裁昭和59年6月15日判決・判タ533号255頁〔新薬資料持出し事件〕、東京地裁昭和60年2月13日判決・判時1146号23頁〔新潟鉄工事件〕、東京地裁昭和62年9月30日判決・判時1250号144頁〔京王百貨店顧客名簿事件〕）。

　不競法の平成15年改正によって営業秘密侵害に対する刑事処罰が導入され（21条、Q1の③参照）、これにより直截に営業秘密侵害に対する刑事上の保護を受けることができるようになっています。平成21年、23年、27年改正で処罰範囲が拡大され（平成27年改正では転得者処罰、国外犯処罰、海外重罰など）、平成17年改正、平成18年改正、平成27年改正で法定刑が引き上げられています。具体的な刑事罰の内容については、Q6を参照してください。

　刑事告訴や刑事手続については、Q15、16を参照してください。

③　それぞれの法律の関係

　営業秘密を保護する法律や契約上の取決めは、それぞれの保護の要件に該当するのであれば、重畳的に保護が可能になります。したがって会社の役員が営業秘密の漏えいや不正開示に関与していれば、不競法や会社法、あるいは退職時の契約があれば契約上の責任を問い、刑事的な処分を求めて刑事告訴することができるなど複数の手段をとって効果的な方法を選ぶことができるのです。

（三山峻司）

Q5 営業秘密が侵害されたときの民事上の救済

　営業秘密が侵害された場合、不競法によって民事上どのような保護や救済を受けることができるのでしょうか。また、裁判で秘密が漏れる心配はないでしょうか。

▶▶▶Point

① 　不競法に基づいて営業秘密の侵害行為である不正競争行為の差止めと被った損害の賠償請求を行うことができます。そのためにはまず、不競法上で法定されている救済を受けることのできる不正競争行為の型に該当しているか否かを理解することが大切です。

② 　裁判になっても裁判によって秘密が漏れることのない仕組みが用意されています。また当事者の工夫によって訴訟外で守秘義務契約を交し、証拠資料の提供について秘密が漏れないように努力する方法もあります。

1 営業秘密が侵害されたときの不正競争防止法上の救済策

(1) 不競法上で不正競争行為と扱われる営業秘密の不正利用の行為類型

　営業秘密のどのような取得行為や利用行為が不正競争行為となるか、行為の型を不競法は明らかにしています。不競法上の保護を受けようとする場合は、同法2条6項の営業秘密に該当する情報（Q2参照）が、この行為の類型に該当することが必要です。

　複数の類型が規定されておりやや複雑ですが、①保有者から不正な手段で取得し、その後、転々流通する過程で起こる型（不正取得類型（不競法2条1項4号〜6号））、②保有者からは正当に示された営業秘密を不正に使用・開示し、その後転々流通する過程で起こる型（信義則違反類型（同法2条1項7

号～9号))、③①および②の不正使用行為により生じた物が転々流通する過程で起こる型(営業秘密侵害品譲渡等類型(同法2条1項10号))が、不正競争行為とされています。経済産業省「秘密情報の保護ハンドブック」(平成28年2月／最終改訂:令和4年5月)に行為類型のわかりやすい図示があるので引用しておきます(〈図1〉)。「限定提供データ」の不正競争行為に該当する行為の類型については、Q8を参照してください。

〈図1〉　不正競争防止法上の営業秘密侵害行為類型

〇不正取得の類型

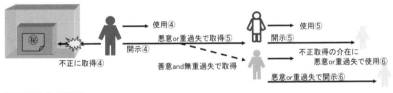

〇正当取得の類型

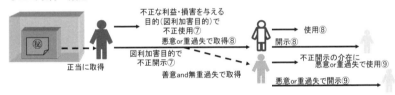

※ 〇囲いの数字は、不正競争防止法第2条第1項各号の該当号数
※ 悪意or重過失＝当該行為があったことを知っている、あるいは重大な過失により知らない
※ 善意and無重過失＝当該行為があったことを、重大な過失なく知らない

(経済産業省「秘密情報の保護ハンドブック」第5章)

　不競法に基づく差止請求や損害賠償請求を行うことができるのは、不競法の上記の行為類型に該当する要件を満たしている場合に限られます。

　したがって自社の営業秘密等が漏えいしたことが発覚した場合、不競法の保護を受けるためには、同法2条1項4号～10号の不正競争行為のどれに該当するかを判断しなければなりません。そのために情報漏えい対策の一環として営業秘密が漏えいした経路の判別を容易にするための方策を考えておく必要があります。

(2)　不競法 2 条 1 項 4 号～10号の各行為

不競法で保護の対象となるのは、次の行為の類型に該当するものに限られます。

(a)　〈図 1 〉④の営業秘密の不正取得行為（不競法 2 条 1 項 4 号）

窃盗等の不正の手段で営業秘密を取得することが前提となっています。したがって、取得が情報へのアクセス権限を有する者が、その権限の下に取得した場合は、同項 4 号ではなく、7 号以下の「不正競争」になると考えられています。

そして、不正取得した、その不正取得行為によって取得した営業秘密を「使用」「開示」（秘密を保持しつつ特定人に示すことを含む）することがこの不正競争行為に該当します。

(b)　〈図 1 〉⑤の悪意者の営業秘密不正取得行為（同項 5 号）

④の不正な行為が介在していることを知りながら、もしくは重大な過失により知らないで営業秘密を取得し、または取得した営業秘密を「使用」「開示」する行為です。

(c)　〈図 1 〉⑥の不正取得秘密の事後的使用等の行為（同項 6 号）

④の不正な行為が介在していることを知らなくとも、取得後に知りもしくは重大な過失により知らないで営業秘密を取得し、または取得した営業秘密を「使用」「開示」する行為です。

(d)　〈図 1 〉⑦の保有営業秘密の不正使用・開示行為（同項 7 号）

営業秘密の取得時点では、アクセス権限があるなど営業秘密の正当な保有者から正当に示されたものであっても、不正の利益を得る目的または営業秘密保有者に損害を加える目的という主観的な要素が加わったうえで「使用」「開示」する行為です。

(e)　〈図 1 〉⑧の不正開示行為の悪意者の使用・開示行為（同項 8 号）

④を前提とする⑤の行為と同じように、⑦を前提とする⑧の悪意者等の行為です。

　(f)　〈図1〉⑨の不正開示行為を事後的に知った者の使用・開示行為（同
　　項9号）

　④を前提とする⑥の行為と同じように、⑦を前提とする⑨の事後的使用等
の行為です。やはり営業秘密の保有者から、警告を受けた転得者は、警告後
は、この行為に該当する転得者になる可能性が高くなり注意が必要です。

　(g)　技術上の営業秘密に関する不正使用行為によって生じた物の譲渡等
　　（同項10号）

　④ないし⑨の不正競争行為のうち技術上の秘密を使用する行為により生じ
た物（営業秘密侵害品）を譲渡等（引渡し、引渡しのための展示、輸出、輸入、
インターネットを通じて提供する行為なども含まれる）する行為、または営業
秘密侵害品であることを譲り受けたときに知っていた者あるいは重大な過失
により知らなかった者が、当該物を譲渡等する行為です。「生じた物」の例
としては、医薬の組成・配合に関する営業秘密を用いて製造された薬、車の
組立技術に関する営業秘密を用いて製造された車、パソコン内蔵のマイコン
の営業秘密情報であるソースコードを搭載したマイコン装置（知財高裁平成
30年3月26日判決（平成29年(ネ)第10007号）裁判所HP〔PCソースコード内
蔵パソコン機器事件〕などが挙げられます。

2　不競法の民事上の裁判による救済の種類

　(1)　差止請求

　ある情報が、不競法上の営業秘密（不競法2条6項）に該当し、前記の行
為類型の「不正競争」（同法2条1項柱書・4号〜10号）にあたれば、当該行
為の差止請求を行うことができます（同法3条）。差止めは、これらの「不
正競争」をしてはならないという不作為を求めることになります。当該の営
業秘密情報の使用自体の差止めだけではなく、例えば顧客名簿記載の顧客に
対する営業行為自体の差止めが認められる場合もあります（顧客名簿につき、
大阪地裁平成8年4月16日判決・判時1588号139頁〔男性用かつら顧客名簿事件、

大阪地裁平成25年4月11日判決・判時2210号94頁〔中古車販売顧客名簿事件〕）。
差止められたのに応じないときは強制執行することになります。

　差止請求を求める者は、営業秘密の所有者だけではなく、同人から使用許
諾を受けたライセンシーなど営業秘密の保有者であれば足りるとされていま
す。これらの者も条文上は「不正競争によって営業上の利益を侵害され、又
は侵害されるおそれがある者」にあたるからです。

　差止請求権は、営業秘密の保有者が営業秘密の不正使用行為（不競法2条
1項4号〜9号の不正競争のうち営業秘密を使用する行為）を知ったときから3
年間で時効により消滅します（同法15条1項1号）。また営業秘密の不正使用
行為の開始から20年間の除斥期間の経過によっても差止請求権は消滅します
（同項2号）。

　なお、限定提供データを使用する行為に対する差止請求についても不競法
15条1項が準用されています（同条2項）。

　(2)　侵害品などの廃棄・除却請求

　廃棄および除却請求は、差止請求をするに際して附帯して請求することが
できます（不競法3条2項）。単独では請求することができません。

　侵害行為を組成した物（営業秘密を記載した図面や媒体など）や侵害行為に
供した設備（営業秘密を使用するための機械装置や金型）が対象となります。
侵害行為組成物には、侵害行為により生じた物も含むとされています（不競
3条2項括弧書）。したがって営業秘密を用いて製造された製品も対象となり
ます。

　現実には、目に見えるこれらの附帯請求を行うことが多く、その重要性も
高いと考えられます。

　(3)　損害賠償請求

　また、不競法上の営業秘密（不競法2条6項）に該当し、前記の行為類型
の「不正競争」（同条1項柱書・4号〜10号）にも該当して、当該行為により
損害をこうむった場合には、損害賠償請求も行えます（同法4条）。ただし

同法15条の規定により３年の時効期間または20年の除斥期間の経過によって
差止請求権が消滅した後に、その営業秘密を使用する行為によって生じた損
害については損害賠償請求をすることはできません。

　損害賠償請求権は、民法の一般不法行為の時効規定に従います（民法724
条）。

　営業秘密による侵害は、他の知的財産権侵害と同様に損害額・因果関係の
立証が極めて困難です。そこで知的財産権侵害の場合には権利者の保護を強
化するための損害賠償額に関する推定規定が設けられているのですが、営業
秘密は知的財産権とは異なり、多種多様な内容の情報が含まれていることか
ら知的財産権侵害の損害額の推定規定をこれと同様に一律に適用することは
慎重に検討する必要があるとされてきました。

　しかし、平成15年改正によって、特許法等の産業財産権法と同様に、逸失
利益の立証容易化の規定を導入しました。現行法は、次のように定めていま
す。

　(a)　不競法５条１項の譲渡利益による損害計算

　①侵害者が侵害の行為を組成した物（侵害品）を譲渡したときは、②侵害
品の譲渡数量に、被侵害者がその侵害行為がなければ販売することができた
物の単位数量あたりの利益の額を乗じて得た額を、③被侵害者の当該物の販
売その他の行為を行う能力に応じた額を超えない限度において、被侵害者が
受けた損害の額とすることができます（１項本文）。ただし、④譲渡数量の
全部または一部に相当する数量を被侵害者が販売することができないとする
事情がある場合は、当該事情に相当する数量に応じた額を控除した額が、被
侵害者が受けた損害の額となります（１項ただし書）。

　不競法２条１項４号から９号の不正競争行為にあっては、上記の規定が適
用できるのは、技術上の秘密に関するものに限られています（５条１項括弧
書）。同項10号の不正競争行為もこの規定が利用できます。

　技術上の秘密に関するものと限定されたのは、特許と同じように技術上の

情報が化体した商品を譲渡することによる商品の譲渡益を観念できるからです。顧客名簿のような営業情報は、それが商品に化体して商品自体の譲渡益というものを観念できないのでこの推定規定の対象外とされているのです。

　(b)　不競法5条2項の侵害者の得た利益相当の損害計算

　侵害者が、その侵害行為によって利益を受けているときは、その利益の額は、その営業上の利益を侵害された者が受けた損害の額と推定されます。

　不競法5条1項と異なり2項は、対象となる不正競争行為を限定していませんので、営業上の秘密に関して同法2条1項4号から10号の不正競争行為を行った場合にも、この2項の推定規定が利用できます。

　(c)　不競法5条3項の規定に基づく損害額の算定

　侵害者に対し、当該行為に対して受けるべき金銭の額（使用許諾料相当額）に相当する額を損害額として請求することができます。

　不競法2条1項4号から9号の不正競争行為にあっては、当該侵害に係る営業秘密の使用に対し受けるべき金銭の額に相当する額の金銭となります（同法5条3項3号）。なお、この規定の対象となる類型には10号の不正競争行為は明示されていません。

　(4)　信用回復措置請求（不競法14条）

　不正競争行為によって営業上の信用を害された場合に、損害の賠償に代え、または損害の賠償とともに、信用の回復をするのに必要な措置を請求することができます。新聞やインターネット上での謝罪広告や取引先等への謝罪文の配付などがその例になります。

3　裁判上の救済を求めた場合に秘密が漏れる心配はないか

　この点の民事訴訟における非公開審理、閲覧制限、秘密保持命令など本書Q14を参照してください。

　また、営業秘密の種類や訴訟の局面や相手方代理人との信頼関係等によるところが大きいと思われますが、当事者間での任意の守秘義務契約を交わす

等の取決めによって営業秘密の含まれる証拠を提示するという工夫も採用されることがあるでしょう。

　刑事告訴や刑事手続における秘密漏えいに対する手当てについてはQ15、Q16を参照してください。

（三山峻司）

コラム②　海外に営業秘密情報が漏れてしまったら

　日本企業が国外に製造や営業拠点（OEM企業や販売代理店等）を設け、また域外の企業と現地取引を行うことは日常茶飯事でしょう。そのような活動のなかで、日本企業の営業秘密情報が取引先企業や現地の従業員によって国境を越えて漏えいするとどうなるでしょうか。日本国内での漏えい事件以上に対処が難しくなると覚悟すべきです。

　まず、秘密情報の取引先企業の不正利用や秘密情報の窃取や不正開示した従業員が自社従業員か、外国の現地従業員であるのか、漏えいした場所がどこでそれによってどのような損害をどこで受けるかという事実関係を特定しなければなりません。そして、この段階から外国での商慣習や制度上、言語上の観点から事実関係の証拠の確保に苦労を強いられます。

　次に、このような渉外的要素を含む事件では、日本の不競法の適用を受けるのか、あるいはこれに相当する特別法の当該国での法律の適用を受けるのか、また秘密情報に関する契約での取決めを交わしていてもどの国の法律が適用されて解釈されるのかという「準拠法」の問題が生じます。この点は、日本では、「法の適用に関する通則法」によってルールが定められています。契約では準拠法の定めがあればこれに従い（通則法7条）、特に定めがないときは当該法律行為の当時において当該法律行為に最も密接な関係がある地の法によるとされています（同法8条）。また営業秘密侵害行為に関する請求は、見解の対立はありますが、不法行為と性質決定され、営業秘密の使用や開示の諸事情を考慮して、結果発生地の法によると解されています（同法17条）。日本法が準拠法になればよいのですが、外国法が準拠法になってしまうと、当該外国法の知識が必要となり、各国の法制が異なっていますので対応が難しくなり、現地の専門家の手を借りることも必要となってくるでしょう。

　さらに「準拠法」が定まっても、これをどこの国の裁判所に訴えて履行を求めていくことができるかという「国際裁判管轄」の問題もあります。民事訴訟法3条の3の8号は、「不法行為に関する訴え」は不法行為があった地が日本国内にあるとき日本の裁判所に提起することができると定めています。また、契約上の履行を根拠とする場合にも同法3条の3の1号で日本の裁判所に提起することができる場合を定めています。

　「準拠法」が日本法で日本の裁判所に訴えて（営業秘密の不正使用や不正開示が日本で行われ日本企業の営業上の利益が侵害された場合や秘密保持条項

を含む契約で日本の裁判所での管轄合意がある等）、勝訴の判決を得ても、例えば中国は、日本の裁判所の判決を承認・執行していませんので、裁判で当事者となった中国企業等は、判決に従った履行をすると期待できません（日本と中国は仲裁判断の承認・執行に関する「外国仲裁判断の承認及び執行に関する条約」（ニューヨーク条約）に加盟していますので、仲裁機関の利用による紛争解決の利用が進められます。もっとも仲裁手続を現実に動かしていくためには、日本で訴訟を行うよりも費用がかさむ場合がありますので注意が必要です）。

　なお、営業秘密の刑事上の保護については、日本の不競法は、国外犯処罰を定め日本国外の域外適用を認めていますので（不競法21条）、日本で刑事告訴して刑事的な措置を追及するという方法も考えられます。

　いずれにしても、日本国内での漏えい対処よりもさらに対応が難しくなりますので、未然に漏えいをいかに防止するかに注力しなければなりません。防止策の原則は、国内と変りません。しかし、特に海外で事業展開する場合には、当該国の実情に通じた秘密管理の管理体制の構築と継続的な普段からのその維持運用の徹底とそのモニタリングを図ることが重要です。

　海外への漏えいを防ぐことが何よりも大切ですが、この点に関しては、経済産業省「秘密情報の保護ハンドブック」（平成28年2月／最終改訂：令和4年5月）31頁の「コラム③外国から狙われる企業の秘密情報」も参考にしてください。

（三山峻司）

Q6 刑事罰

営業秘密を不正取得した場合などには刑事罰もあるようですが、どのような処罰を受けるのでしょうか。また、どのような端緒で刑事罰が発動されるのでしょうか。

▶▶▶Point
① 営業秘密を不正取得した場合などには営業秘密侵害罪が成立し、10年以下の懲役もしくは2000万円以下の罰金またはこれらの併科が科せられます。
② 営業秘密侵害罪は非親告罪であるため、被害者等による告訴がなくても刑事訴追される可能性があります。

1 営業秘密侵害罪

(1) 立法の経緯

営業秘密を不正取得した場合などには、営業秘密侵害罪（不競法21条）が成立し、刑事罰が科せられる可能性があります。

不競法の平成15年改正によって営業秘密侵害罪が導入されるより前は、窃盗罪・横領罪・背任罪といった刑法上の犯罪類型の枠組みでしか営業秘密が保護されていませんでしたが、同罪の創設によって営業秘密は直接的に保護されるようになりました。平成27年改正では、転得者処罰、国外犯処罰、未遂処罰、海外重罰、非親告罪化、罰金刑の引上げ等、さまざまな見直しがなされました。

(2) 図利加害目的

不競法では、民事上の差止請求等の対象となる「不正競争」に比して特に

違法性が高いと認められている侵害行為について刑事罰が導入されています。具体的には、刑事罰の対象となる行為については、不競法21条１項１号～９号のすべての行為類型において、図利加害目的（「不正の利益を得る目的で、又はその営業秘密保有者に損害を加える目的で」）という目的要件が課せられています。

　ここでいう図利加害目的には、自ら不正に使用して収益をあげようとする自己図利目的だけでなく、第三者に収益を上げさせようとする第三者図利目的も含まれます。

　図利加害目的に関する近時の最高裁判例（最高裁平成30年12月３日決定・刑集72巻６号569頁）として、勤務先会社のサーバコンピュータに保存された営業秘密であるデータファイルへのアクセス権限を付与されていた従業員が、同社を退職して同業他社へ転職する直前に、同データファイルを私物のハードディスクに複製した行為につき、「当該複製は勤務先の業務遂行の目的によるものではなく、その他の正当な目的の存在をうかがわせる事情もない」こと等を理由に、被告人自身または転職先その他の勤務先以外の第三者のために退職後に利用することを目的としたものであったとして、「不正の利益を得る目的」を肯定した事例があります。

２　営業秘密侵害罪の類型（不競法21条１項各号、３項各号）

(1)　不正な手段によって取得するパターン

　図利加害目的で、詐欺等行為（人を欺き、人に暴行を加え、または人を脅迫する行為）または管理侵害行為（財物の窃取、施設への侵入、不正アクセス禁止法２条４項の不正アクセス行為、その他の営業秘密保有者の管理を害する行為）といった不正な手段によって営

〈図２〉　不正取得類型

41

業秘密を取得する行為（不競法21条1項1号）や、詐欺等行為または管理侵害行為によって取得した営業秘密を図利加害目的で使用または開示する行為（同項2号）については、刑事罰の対象とされています。

(2)　正当に営業秘密が示された者による背信的行為のパターン

　営業秘密を営業秘密保有者から示された者が、図利加害目的で、その営業秘密の管理に係る任務に背いて、①営業秘密記録媒体等（営業秘密が記載され、または記録された文書、図画または記録媒体）または営業秘密が化体された物件を横領する行為、②営業秘密記録媒体等の記載もしくは記録について、または営業秘密が化体された物件について、その複製を作成する行為、③営業秘密記録媒体等の記載または記録であって、消去すべきものを消去せず、かつ、当該記載または記録を消去したように仮装する行為のいずれかの方法によって営業秘密を領得する行為（不競法21条1項3号）や、領得した営業秘密を図利加害目的で使用または開示する行為（同項4号）は、刑事罰の対象とされています。

　また、営業秘密を営業秘密保有者から示されたその役員（理事、取締役、執行役、業務を執行する社員、監事もしくは監査役またはこれらに準ずる者）または従業者が図利加害目的で営業秘密の管理に係る任務に背いてその営業秘密を使用または開示する行為（不競法21条1項5号）や、退職した役員または従業者であった者が在職中に図利加害目的で営業秘密の管理に係る任務に背いてその営業秘密の開示の申込みをし、またはその営業秘密の使用もしくは開示について請託を受けて、その営業秘密を退職後に使用または開示する行為（同項6号）も対象とされています。

(3)　転得者による使用・開示のパターン

　二次取得者については、図利加害目的で、不正な開示行為（不競法21条1項2号、4号～6号、同条3項2号）によって営業秘密を取得した場合にその営業秘密を使用または開示する行為（同条1項7号）が刑事罰の対象とされています。

　また、二次取得者以降の転得者についても、図利加害目的で、不正な開示
行為（不競法21条１項２号、４号〜７号、同条３項２号）が介在したことを知っ
て営業秘密を取得した場合、その営業秘密を使用または開示する行為（同条
１項８号）が対象とされています。

〈図３〉　転得者類型（７号）

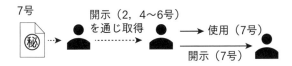

〈図４〉　転得者類型（８号）

(4)　営業秘密侵害品の譲渡等のパターン

　図利加害目的で、違法使用行為（不競法21条１項２号、４号〜８号、同条３
項３号の罪にあたる行為で、技術上の秘密を使用する行為）によって生じた物で
あることの情を知って当該物を取得した者が、当該物を譲渡し、引き渡し、

〈図５〉　営業秘密侵害品の譲渡等

譲渡もしくは引渡しのために展示し、輸出し、輸入し、または電気通信回線を通じて提供する行為（同条1項9号）について刑事罰の対象とされています。なお、刑法上の故意犯処罰の原則から、営業秘密侵害品であることを知らないことにつき重大な過失があったとしても処罰対象とはされていません。

(5)　海外重罰のパターン

情報通信技術の高度化や企業のグローバル化を背景に、日本国外での営業秘密侵害を抑止すべく、日本国外で使用する目的がある場合等にはより重い刑罰が科せられます（不競法21条3項各号）。

具体的には、①日本国外で使用する目的で不正に取得または領得（不競法21条1項1号、3号）する行為（同条3項1号）や、②相手方に日本国外で違法使用（同条1項2号、4号～8号）する目的があることの情を知って不正開示（同項2号、4号～8号）する行為（同条3項2号）が海外重罰の対象とされています。

加えて、属地主義の例外として一部の国外犯も処罰の対象とされており、日本国外で違法使用（不競法21条1項2号、4号～8号）する行為（同条3項3号）や、日本国内において事業を行う保有者の営業秘密について、国外において上記①・②の行為または同条1項9号に係る部分を除く同条4項所定の未遂行為に及ぶ場合（同条6項）について、海外重罰の対象とされています。

3 　未遂処罰

情報通信技術の高度化に伴い、営業秘密が不正取得されるとインターネットを介して瞬時に拡散される危険性が高まっていることや、秘密であることに価値がある営業秘密については既遂に至らずとも法が介入する必要性が高いことを踏まえて、営業秘密侵害罪については未遂の段階で処罰されます（不競法21条4項）。

　ただし、領得行為（不競法21条1項3号）については、他の侵害行為に比べて未遂の段階と評価できる範囲が狭いと考えられることや、未遂処罰の導入によって従業員の日々の業務活動に無用な萎縮効果が生じないよう配慮する趣旨から、未遂処罰の範囲から除外されています（同条4項の括弧書）。

4　両罰規定（法人処罰）

　営業秘密侵害罪には両罰規定が設けられており、法人の代表者または法人もしくは個人の代理人、使用人等が営業秘密侵害罪にあたる行為を行った場合は、当該行為者のみならず、その法人等も処罰されます（不競法22条）。

　本規定は、法人の事業活動に伴って不法行為が惹起されることが増加し、自然人の罰金額に連動する罰金規定では抑止力としては不十分といえるようになったことから導入されました。

　ただし、正当に示された営業秘密を不正に使用または開示する行為（不競法21条1項3号〜6号）については、両罰規定の対象から除外されています（同法22条1号・2号の括弧書）。

　両罰規定は法人等の過失を推定するものだと判例上解されていることからすれば（最高裁昭和40年3月26日判決・刑集19巻2号83号）、会社が両罰規定に基づく刑事訴追から免れるためには、従業員等の違反行為を防止するために積極的な注意を尽くしていることが求められるものと考えられます。

5　法定刑

　営業秘密侵害罪の法定刑は10年以下の懲役もしくは2000万円以下の罰金またはこれらの併科とされており（不競法21条1項柱書）、両罰規定が適用される法人等については5億円以下の罰金とされています（同法22条1項2号）。

　海外重罰の類型については、罰金額の上限が引き上げられており、違反者については10年以下の懲役もしくは3000万円以下の罰金またはこれらの併科とされ（不競法21条3項柱書）、両罰規定が適用される法人等については10億

円以下の罰金とされています（同法22条1項1号）。

6 非親告罪

　かつては、刑事訴訟手続の過程で営業秘密の内容が公にされてしまう懸念から、営業秘密侵害罪は親告罪とされていました。

　しかしながら、平成23年改正によって秘匿決定等の刑事訴訟の特例（不競法23条～31条）が整備されたことにより、このような懸念は大きく減少しました。また、他社と営業秘密を共有するような場合や顧客名簿の場合など、営業秘密の保有者と被害者が一致しないケースも発生し、公益的な側面から保護する必要性も生じてきました。このような背景を踏まえて、平成27年改正により営業秘密侵害罪は非親告罪となり（同法21条5項参照）、被害者等による告訴がなくても刑事訴追され得るようになりました。

7 営業秘密侵害罪に関する裁判例

　営業秘密侵害事犯の検挙件数は、直近3年間（令和元年～令和3年）において21件～23件と増加傾向に推移しています（警察庁「令和3年における生活経済事犯の検挙状況等について」）。

　過去には、懲役5年の実刑と罰金300万円の併科の有罪判決が下された事例も存在します（第1審：東京地裁平成27年3月9日判決・判時2276号143頁、控訴審：東京高裁平成27年9月4日判決（平成27年㋱第828号）〔SKハイニックス（東芝NAND型フラッシュメモリ）事件〕）。

　また、近年の裁判例としては、営業秘密にあたるファイルデータを海外の他社に送信する目的で不正に領得し、当該海外他社に開示した行為につき、海外重罰の対象であることを踏まえて懲役2年・執行猶予4年および罰金100万円の判決が下されたものがあります（大阪地裁令和3年8月18日判決（令和3年㋱第1139号）裁判所HP〔積水化学事件〕）。

（西川侑之介）

Q7　営業秘密管理指針

経済産業省が「営業秘密管理指針」を公表しているようですが、どのように利用すればよいでしょうか。また、「営業秘密管理指針」には法的拘束力はあるのでしょうか。

▶▶▶Point

① 「営業秘密管理指針」では、不競法上の「営業秘密」の定義等に係る解釈が示されており、営業秘密の漏えい防止策の基本的なあり方について検討するうえで有益です。

② 「営業秘密管理指針」は、経済産業省が営業秘密の定義等について一つの考え方を示すものであり、法的拘束力を持つものではありません。

1　営業秘密管理指針

(1)　概　要

営業秘密管理指針（以下、「本指針」といいます）は、経済産業省により平成15年にはじめて策定された後6回の改訂を経て、本稿執筆現在において平成31年改訂版が公表されています。本指針は、平成27年の全面改訂以降、「営業秘密」の法解釈に特化した内容となっています。「営業秘密」の3要件（秘密管理性、有用性、非公知性）のうち、解釈が不明確であるとの声が大きかった秘密管理性に重点をおいた解説がなされています。

(2)　法的拘束力

本指針は法令とは異なり法的拘束力を持つものではありません。本指針においても、「経済産業省が、……営業秘密の定義等……について、イノベーションの推進、海外の動向や国内外の裁判例……等を踏まえて、一つの考え

47

方を示すものであり、法的拘束力を持つものではない」と述べられており、裁判所の判断も本指針の解釈に拘束されるものではありません。もっとも、本指針が立法担当者や法曹関係者、学者等の有識者によって取引社会の実情や社会通念を踏まえて議論された成果物であることからすれば、総合考慮の一要素として判断される可能性はあります。

2 必要な秘密管理措置の程度

(1) 秘密管理要件の解釈

本指針では、秘密管理性要件については、相当高度な秘密管理を網羅的に行った場合にはじめて法的保護が与えられるべきと考えるのは適切でないとしています。その理由として、営業秘密は、組織的に共有され活用されることによってその効用を発揮することや、中小企業に対して「鉄壁の」秘密管理を求めることは現実的ではなく、かえってイノベーションの阻害要因になり得ること等が挙げられています。

そのうえで、必要な秘密管理措置の程度としては、保有者企業が秘密情報であると単に主観的に認識しているだけでは足りず、秘密管理意思が具体的な状況に応じた経済合理的な秘密管理措置によって、従業員に明確に示され、従業員が当該意思を容易に認識できること（認識可能性）が必要であると解説しています。

秘密管理性の要件については、従来、①当該情報にアクセスできる者が制限されていること（アクセス制限）、②当該情報にアクセスした者に当該情報が秘密であることが認識可能であること（認識可能性）の二つが重要な判断要素と考えられており、そのなかでもアクセス制限（①）については、独立の要件なのか、または認識可能性（②）を担保する一つの手段にすぎないのかという点が議論されてきました。本指針は、上記①・②の関係について後者の立場に立つことを明言しており、認識可能性（②）を判断基準に据えた考え方に立っているものといえます。

(2)　秘密管理措置の対象者

秘密管理措置の対象者の範囲（誰にとっての認識可能性であるか）をどのように考えるかによっては、具体的な秘密管理措置の程度は大きく左右されます。

対象者の範囲としては、①当該情報に現実に接し得るすべての者、②当該情報に合法的に、かつ、現実に接することができる者、③実際の侵害者と同じ立場の者といった見解が考えられますが、本指針は上記②の立場をとっています。

そのため、秘密管理措置の対象者は、職務上、営業秘密である情報に接することができる者が基本になりますが、これらの者に限られるわけではなく、職務の範囲内か否かが明確でなくとも当該情報に合法的に接することができるもの（例えば、部署間で情報の配達を行う従業員等）に対しても、当該情報が秘密であると認識できるような管理措置が必要となります。

(3)　秘密管理措置の内容

本指針では、秘密管理措置の内容を、①対象情報（営業秘密）を一般情報（営業秘密でない情報）から合理的に区分すること、②当該対象情報について営業秘密であることを明らかにする措置に大別しています。

まず、①合理的区分とは、営業秘密を、情報の性質、選択された媒体、機密性の高低、情報量等に応じて、一般情報と合理的に区別することとされています。

次に、②秘密であることを明らかにする措置としては、主として、媒体の選択や当該媒体への表示、当該媒体に接触する者の限定、ないし、営業秘密である情報の種類・類型のリスト化、秘密保持契約などにおいて守秘義務を明らかにする等の措置が本指針では挙げられています。

もっとも、上記①、②のように区別するとしても秘密管理措置の内容を一義的に論じることはできず、個別具体的に秘密管理意思の認識可能性が確保されているかという観点から検討する必要があるでしょう。本指針では、媒

体や管理形態につき、①紙媒体の場合、②電子媒体の場合、③物件に営業秘密が化体している場合、④媒体が利用されない場合、⑤複数の媒体で同一の営業秘密を管理する場合といった視点から、秘密管理措置の具体例が挙げられています。

　また、本指針では、留意事項として、秘密管理措置がその実効性を失い「形骸化」したといえる状況で、従業員が企業の秘密管理意思を認識できない場合は、適切な秘密管理措置とはいえないとも指摘されています。

3　営業秘密を企業内外で共有する場合の考え方

　(1)　社内の複数箇所で同じ情報を保有しているケース

　本指針では、社内の部署間や本店・支店の間など複数箇所で同じ情報を保有している場合、秘密管理性の有無は、法人全体で判断されるわけではなく、営業秘密である情報を管理している独立の単位（例えば、支店や事業本部など）ごとに判断されるとしています。

　前記②(2)のとおり秘密管理措置の対象者の範囲を「当該情報に合法的に、かつ、現実に接することができる者」と解釈する場合、社内のすべての箇所において秘密管理措置がとられていなくてはならないという考え方もあり得るところです。もっとも、このように解してしまうと、多数の従業員を有する企業に対して現実的に不可能な管理措置を強いることになるとの懸念から、本指針では、各管理単位内においてそれぞれの状況に応じて秘密管理措置が講じられていればよいとされています。

　(2)　複数の法人間で同一の情報を保有しているケース

　本指針では、子会社や委託先等の会社との間で営業秘密である情報を共有するような場合など、複数の法人間で同一の情報を保有している場合において、秘密管理性の有無は、法人（具体的には管理単位）ごとに判断するとされています。

　子会社をはじめとして、企業外の別法人については、会社法等の法令上、

営業秘密保有企業自体が当該別法人の内部における秘密管理措置の実施を直接に実施・確保できないことや、不競法上も「保有者」の概念を用いており、事業者単位での管理を想定しているものと考えられることを理由に、別法人の内部での情報の具体的な管理状況は、自社における秘密管理性には影響しないことが原則であるとされています。

4　本指針の位置付け

　本指針は、「不正競争防止法によって差止め等の法的保護を受けるために必要となる最低限の水準の対策を示すもの」として位置付けられており、他方、「漏えい防止ないし漏えい時に推奨される（高度なものを含めた）包括的対策について」は、別途策定されている経済産業省「秘密情報の保護ハンドブック」（平成28年2月／最終改訂：令和4年5月）にて解説されています。

　本指針は、秘密管理性に係る解釈指針を明示したうえで、秘密管理措置の基本的なあり方が説示されている点で、自社の秘密管理措置を検討するうえで有益といえるでしょう。

（西川侑之介）

コラム③　秘密管理性についての裁判例の変遷

　秘密管理性は、「当該営業秘密について、従業員、外部者から、認識可能な程度に客観的に秘密の管理状態を維持していること」を要するとされ、具体的には、「①当該情報にアクセスした者に当該情報が営業秘密であることを認識できるようにされていること」や「②当該情報にアクセスできる者が制限されていること」といった状況が考えられると解されていました（通商産業省知的財産政策室監修『営業秘密──逐条解説改正不正競争防止法』55頁）。

　裁判例における秘密管理性の考え方には変遷があると解されており（田村善之「営業秘密の秘密管理性要件に関する裁判例の変遷とその当否（その1）──主観的認識 vs.『客観的』管理」知財管理64巻5号621頁）、具体的には、ⅰ情報に接する者が秘密として認識し得るか否かによって秘密管理性の成否を決するのが主流であった時期（〜平成14年頃・緩和期）もあれば、ⅱそれだけでは足りず、プラスαとして十分な秘密管理措置が必要であると解するのが主流であった時期（平成14年頃〜19年頃・厳格期）も存在し、ⅲさらにその揺り戻しとして、緩和期のように情報取得者にとって認識し得るかが問題であることを一般論として明示する裁判例があらわれています（平成19年頃〜・揺り戻し期）。

　平成27年改訂の営業秘密管理指針が公表された後の裁判例としては、刑事事件の判決ではありますが、一般論として秘密管理性を判断するうえでは「客観的認識可能性こそが重要」であり、アクセス制限の点は重要な要素ではあるが客観的認識可能性と並ぶ「独立の要件とみるのは相当でない」と判示し、「本件顧客情報へのアクセス制限等の点において不備があり、大企業としてとるべき相当高度な管理方法が採用、実践されたといえなくても、当該情報に接した者が秘密であることが認識できれば、全体として秘密管理性の要件は満たされていたというべきである」として秘密管理性を肯定した高裁判決もあります（東京高裁平成29年3月21日・判タ1443号80頁）。

（西川侑之介）

Q8 限定提供データと営業秘密

当社は、公開情報を多数取得したうえで、製品開発などを行っています。不競法が改正されて、「限定提供データ」も保護されるようになったと聞きましたが、「限定提供データ」とはどのような情報なのでしょうか。営業秘密とは違うのでしょうか。また、保護の内容は、「限定提供データ」と営業秘密とで何か違いはあるのでしょうか。

▶▶▶Point

① AI・ビッグデータ利活用のニーズの高まりを背景に、不競法では、特定の要件を満たす技術上または営業上の情報を「限定提供データ」として保護しています。

② 「限定提供データ」の定義として、秘密として管理されているものが除外されており、「営業秘密」とは秘密管理性の有無によって区別されています。

③ 限定提供データに係る不正競争行為に対しては、営業秘密の場合と同様に、民事上の損害賠償・差止めを求めることができます。もっとも、限定提供データに係る「不正競争」の行為類型は、営業秘密の場合よりも限定されており、また刑事罰は導入されていません。

1 立法の背景

一定の目的の下、利活用するために集積されたビッグデータは、社外に広く共有・提供することを前提としているため、秘密管理性や非公知性が認められない場合も多く、不競法における営業秘密としての保護だけでは不十分といえます。著作権法による保護もデータベースの著作物にあたる場合に限

53

られており、また、データが民法の不法行為に基づく保護（「法律上保護される利益」）を受けられるかも定かではありません。このように、従来の法制度によってはビッグデータの保護には限界があったといえます。

　他方、契約によって保護する方法もありますが、あくまで契約当事者間における相対的な効力しかなく、第三者による不正取得等に対しては損害賠償や差止めを請求することができないため、実効的な解決方法にはなりにくいものといえます。

　このような背景事情を踏まえて、不競法の平成30年改正により限定提供データに係る「不正競争」が新たな行為類型として創設され、限定提供データを不正取得された場合などにおいて、民事上の損害賠償や差止めを請求することができるようになりました。

2　限定提供データの意義

(1)　要　件

　「限定提供データ」は、①業として特定の者に提供する情報として（限定提供性）、②電磁的方法により相当量蓄積され（相当蓄積性）、および③管理されている（電磁的管理性）、④技術上または営業上の情報であって、⑤秘密として管理されているものではないものをいうと定義されており（不競法2条7項）、このうち、⑥無償で公衆に利用可能となっている情報については「限定提供データ」として保護されないものとされています（同法19条1項8号ロ）。

①　「業として特定の者に提供する」（限定提供性）

　　　限定提供データは、ビッグデータを念頭に、商品として広く提供されるデータやコンソーシアム内で共有されるデータなど、事業者等が取引等を通じて第三者に提供する情報が想定されています。そこで、事業者等が一定の条件の下で相手方を特定して提供されるデータを保護対象と

することを趣旨として、「業として特定の者に提供する情報」に限定されています。

　「業として」提供するとは、ある者の行為が、社会通念上、事業の遂行の一環として行われているといえる程度のものをいい、反復継続的に特定のデータを提供していることまでは求めるものではありません。

② 「電磁的方法により相当量蓄積され」（相当蓄積性）

　ビッグデータ等を念頭に、有用性を有する程度に蓄積している電子データを保護することを趣旨として、「限定提供データ」は、電磁的方法によって相当量蓄積された情報に限定されています。

　「相当量」という基準は、データの性質に応じた相対的なものではありますが、一般論としては、当該データが電磁的方法により蓄積されることで生み出される付加価値、利活用の可能性、取引価格、収集・解析にあたって投じられた労力・時間・費用等を勘案して判断されると考えられています。

③ 「電磁的方法により……管理され」（電磁的管理性）

　第三者の予見可能性や経済活動の安定性を確保する趣旨より、電磁的方法によった情報の管理が要求されています。

　電磁的管理性が満たされるためには、ID・パスワードを用いたユーザー認証によるアクセス制限を課す等の管理措置によって、当該データを特定の者に限って提供するものとして管理するという保有者の意思が第三者から認識できるようにされている必要があります。

　また、このような電磁的管理が求められるのは、データ提供時とされており、社内でのデータの取扱いに際して電磁的管理がなされていなくとも直ちに同要件が否定されるわけではありません。データ提供を開始する前であっても、客観的にみて、実際に提供する際に、電磁的管理を予定しているといえる場合には、同要件を満たすとされています。

④ 「技術上又は営業上の情報」

　「技術上の情報」としては、地図データ、機械の稼働データ、AI技術を用いたソフトウェア開発用の学習用データセット、当該学習から得られる学習済みモデル等の情報が挙げられ、「営業上の情報」としては、消費動向データ、市場調査データ等が挙げられます。

　不競法上は明示されていないものの、法の目的からすると、違法な情報や公序良俗に反する有害な情報（例えば、児童ポルノ画像データ、違法薬物の販売広告データ、名誉棄損罪に相当する内容のデータ）については、保護の対象にはあたらないものと解されます。

⑤　「秘密として管理されているものを除く」

　「営業秘密」に係る規律は、事業者が秘密として管理する情報の不正利用からの保護を目的とする一方、「限定提供データ」に係る規律は、一定の条件を満たす特定の者に提供する情報の不正利用からの保護を目的とするものです。そこで、両者の重複を避けるため、「営業秘密」を特徴づける要件である秘密管理性を分水嶺として「限定提供データ」との区別が図られています（後記(2)で詳述）。

⑥　「無償で公衆に利用可能になっている情報と同一」でないこと

　不特定多数の者に対して無償で広く提供されているオープンなデータ（例えば、政府提供の統計データや地図会社の提供する避難所データなど）は誰でも利用することができるものであり、特定の者に独占的な地位を与えるべきでないため、オープンなデータと同一である「限定提供データ」の取得・使用・開示については、「不正競争」の対象から除外されています（不競法19条1項8号ロ）。

(2)　「営業秘密」と「限定提供データ」の峻別

　前記のとおり「営業秘密」と「限定提供データ」は、その定義において秘密管理性の有無（「秘密として管理されているもの」であるか否か）によって要件上の区別が図られていますが、実務上、両者を明確に区別して管理することは容易ではありません。

　すなわち、「営業秘密」としての秘密管理と、「限定提供データ」としての
"秘密管理にはあたらない"電磁的管理（アクセス制限等）とを明確に使い分
けるのは現実的には困難な場合も多いように考えられます。加えて、「限定
提供データ」としての保護を想定する情報についても、提供先に対して第三
者開示禁止の義務を課す等の措置がとられる場合も考えられます。

　また、「営業秘密」としても「限定提供データ」としても保護を受けられ
ない、両者の間隙がある点にも留意が必要です（〔表3〕参照）。

　すなわち、〈秘密として管理されている公知の情報〉については、非公知
性が満たさないため「営業秘密」には該当せず、他方で秘密管理性が認めら
れるため「限定提供データ」にも該当しないことになります。そのため、公
知であるものの有用なデータ（例えば、市場で流通する商品の価格情報など）
を集積し、「限定提供データ」としての保護を想定するケースにおいて、保
有者が営業秘密と同様の管理措置・管理態様をとっていたため秘密管理性が
認められるような場合には、不競法上の保護を受けられないという事態に陥
ることになり得ます。

　以上のような問題が考えられる点につき、経済産業省「限定提供データに
関する指針」（平成31年1月23日／最終改訂：令和4年5月）においては、「秘
密として管理されているものを除く」との要件は、法適用の場面において営
業秘密と限定提供データの二つの保護法制が重複して及ばないことを意味す
るにすぎず、実務上、両制度による保護の可能性を見据えた管理を行うこと
が否定されるものではないとされています。そのため、実際上の管理方法と
しては、「営業秘密」と殊更に区別して秘密管理性を満たさないような管理
措置をとることまでは求められるものではなく、保有者が管理するデータの
不正使用等が問題となった際に、主位的には（より保護の手厚い）「営業秘
密」としての保護を求めつつ、秘密管理性や非公知性が認められなかった場
合に備え、予備的に、「限定提供データ」としての保護を求めるといった対
応が考えられます。

　限定提供データの管理に関しては、企業が保有する価値ある情報の把握・評価、漏えい対策等について解説された経済産業省「秘密情報の保護ハンドブック」（平成28年2月／最終改訂：令和4年5月）において、限定提供データにも活用可能な内容も含まれているため、同書が参考になるものと考えられます。

〔表3〕「営業秘密」と「限定提供データ」の対照

	営業秘密	限定提供データ
非公知性	非公知なものに限られる	公知・非公知は問わない（オープンデータは除く）
管理態様	秘密として管理されている	・秘密として管理されていない ・電磁的方法により管理されている（アクセス制限等）
利用態様	・保有者内で利用 ・秘密保持契約を締結した限定的な者への提供	業として特定の者へ提供（ただし、第三者開示禁止義務が課せられる場合もある）

③　「限定提供データ」の保護

　限定提供データの保護を図るべく、「不正競争」の行為類型が追加され、限定提供データの不正な取得・使用・開示が損害賠償や差止めの対象とされました（不競法2条1項11号～16号）。

　もっとも、刑事罰については今後の状況を踏まえて引き続き検討するものとして、平成30年改正では導入が見送られました。

（1）不正取得類型

　特に悪質性の高い行為による限定提供データの取得等を規律する趣旨で、「窃盗、詐欺、強迫その他の不正の手段」により限定提供データを取得する行為および当該行為によって取得した限定提供データを使用しまたは開示する行為を「不正競争」の対象としています（不競法2条1項11号）。ここでい

う「その他の不正の手段」には、不正アクセス禁止法に違反する行為等によって、ID・パスワードや暗号化等によるアクセス制限を施した管理を破ることなどが想定されています。

(2)　著しい信義則違反類型

　限定提供データ保有者から当該データを示された者が、不正の利益を得る目的で、またはその限定提供データ保有者に損害を与える目的（図利加害目的）で、当該データを使用する行為（ただし、当該データの管理に係る業務に違反して行うものに限る）については、「不正競争」とされています（不競法2条1項14号）。

　本号の対象行為の主体は、適法に限定提供データを取得した正当取得者であるため、適正な行為を過度に萎縮させてしまうことがないよう、図利加害目的という主観的要件が課せられています。また、対象行為も横領や背任に相当するような悪質性の高い行為に限定すべく、「限定提供データの管理に係る任務」に違反する使用行為に限定されています。

(3)　転得類型

(a)　取得時悪意型

　限定提供データは、電子データという性質上、複製・移転が容易であり、第三者に転々流通して拡散してしまうおそれが大きいものといえます。

　そこで、限定提供データの取得時においてその限定提供データについて不競法2条1項11号に定める不正取得行為が介在したことを知っていた場合（同項12号）や、同項14号に定める不正開示行為であることまたはその限定提供データについて同項14号に定める不正開示行為が介在したことを知っていた場合（同項15号）のような特に悪質性が高い場合については、限定提供データを取得する行為およびその取得した限定提供データを使用または開示する行為を「不正競争」と位置付けています。

(b)　取得時善意型

　限定提供データの取得時に善意であったにもかかわらず、差止め等によっ

て突如として当該データの使用の停止を余儀なくされては、データを使用する事業活動への萎縮効果を与え、データ利活用の発展がかえって阻害されてしまうことになりかねません。

　そこで、不競法では、取得時に善意であり、その後に悪意となった場合には、限定提供データの使用行為を「不正競争」の対象には含めず、開示行為に限って規制の対象としています。すなわち、限定提供データの取得後においてその限定提供データについて不競法2条1項11号に定める不正取得行為が介在したことを知ってその限定提供データを開示する行為（同項13号）や、限定提供データについて同項14号に定める不正開示行為があったことまたは同項14号に定める不正開示行為が介在したことを知ってその限定提供データ開示する行為（同項16号）が「不正競争」とされています。

　(4)　営業秘密に係る不正競争行為との比較

　限定提供データに係る「不正競争」の対象は、営業秘密に係る「不正競争」と比較して、一部の行為類型において狭く規定されています（〔表4〕参照）。

　まず、転得類型（不競法2条1項12号、13号、15号、16号）において、営業秘密の場合には悪意に加えて重過失も要件とされているのに対し、限定提供データの場合には重過失は要件として求められていません。これは、限定提供データについては転々流通されることも予定されていることに鑑み、転得者の事業活動へ萎縮効果が及ばないよう、不正の経緯の有無の確認といった注意義務まで要求すべきでないという配慮に基づいたものです。

　次に、転得類型のうち取得時善意型（不競法2条1項13号、16号）については、善意でデータを取得した転得者の取引安全を図る趣旨で、使用行為が規制対象から除外されており（同項6号、9号と対照）、また取引によって取得した権原の範囲内での開示行為も適用除外とされています（同法19条1項8号イ）。

　また、限定提供データに係る「不正競争」に関しては、営業秘密侵害品の

譲渡等（不競法2条1項10号）に対応する規定は設けられておらず、限定提供データの不正使用により生じた物（物品、AI学習済みプログラム等）の譲渡等は規制の対象とされていません。

〔表4〕 「不正競争」の行為類型の比較

行為類型	営業秘密に係る不正競争行為	限定提供データに係る不正競争行為	営業秘密の場合との差異
不正取得型	4号	11号	なし
著しい信義則違反類型	7号	14号	なし
取得時悪意型	5号 8号	12号 15号	重過失は不要
取得時善意型	6号 9号	13号 16号	・重過失は不要 ・使用行為を除外 ・取引によって取得した権原の範囲内での開示は適用除外（19条1項8号イ）
※営業秘密侵害品の譲渡等	10号	規定なし	―

(5)　請求権者について

　不正競争によって「営業上の利益」が侵害されるなどした者は、不正競争を行った者に対して差止請求や損害賠償請求を行うことができます（不競法3条、4条）。そのため、限定提供データの提供者だけでなく、データ流通プラットフォームサービスを展開するプラットフォーマーや、限定提供データの管理を受託する業者についても、これらの者が「限定提供データ保有者」（同法2条1項14号参照）に該当する場合には、「営業上の利益」を侵害された者として差止請求等を行える場合があると考えられます。

　すなわち、プラットフォーマーが、提供者による取得者へのデータの提供

を媒介・促進する環境（サーバやクラウド等）を提供する役割や、提供者が
アップロードしたデータに情報タグを付加する（機械学習の「教師あり学習」
モデルにおける教師データを作成する等）といった加工等を行う役割を担う場
合には、プラットフォーマーにおいても、提供データや加工等したデータに
係る電磁的な蓄積・管理が想定されるため、「限定提供データ保有者」にあ
たると考えられます。

　また、限定提供データ保有者から当該限定提供データの管理を受託してい
る者（受託者）についても、自らの責任で電磁的に蓄積・管理していると評
価できるのであれば「限定提供データ保有者」にあたり、当該限定提供デー
タが受託者の管理下から不正取得される等したときには、差止請求等の請求
権者になる場合もあると考えられます。

（西川侑之介）

第 2 章

営業秘密漏えいへの対応

1　従業員・退職者から漏えいした場合の対応

Q9　営業秘密漏えい発覚の端緒・兆候

> 従業員による営業秘密の漏えいは、どのようなことから発覚しますか。また、どのような兆候があれば、注意が必要ですか。退職者あるいは退職予定者がいる場合に、特に注意すべきことがあるでしょうか。

▶▶▶Point

① 　同業他社の行動から発覚する場合があります。例えば、同業他社から顧客の多数に対してダイレクトメールが送られた場合や、同業他社から、当社が開発中の製品の類似品が販売された場合などです。

② 　また、従業員が、データを大量にコピーしている場合や、自己の業務と関連しないデータをコピーしている場合は、その従業員によるデータの持出し、ひいては漏えいが疑われます。

③ 　退職者が同業他社に転職していることがわかった場合には、営業秘密が持ち出されていないか調査を開始すべきです。

④ 　退職予定者がいる場合には、入退室記録やログをチェックするとともに、保存するように注意すべきです。

1　営業秘密漏えい発覚の端緒・兆候

　営業秘密漏えいを認識するきっかけはさまざまですが、典型的な場合として、顧客・取引先からの指摘、インターネットへの掲載、従業員からの申告が挙げられます。

(1)　顧客からの指摘

甲社の顧客Pに対して、同業他社である乙社からダイレクトメールが届いた場合に、その顧客Pから甲社に対し、乙社からきたダイレクトメールについて連絡が入ることがあります。

顧客Pが、甲社の担当者Qと長年のつきあいであるような場合には、同業他社乙からのダイレクトメールをざっくばらんに報告することもあるでしょう。

また、顧客Pが甲社の顧客であることを私事として秘している場合（例えば、甲社がカツラ業者でPがその愛用者である場合）には、顧客Pに対し乙社から勧誘（例えば、カツラ専用の理容店について勧誘）の連絡があれば、Pとしては、甲社に連絡を入れることもあるでしょう（大阪地裁平成8年4月16日判決・判時1588号139頁〔男性用かつら顧客名簿不正使用事件〕）。

(2)　取引先からの指摘

乙社から甲社の商品の類似品が販売されており、乙社から甲社の取引先Rに対して、その類似品の売込みがあったことにより、Rからの指摘により商品情報の漏えいが発覚することもあります。

(3)　インターネット掲載

たまたま甲社の従業員が、甲社の開発中の商品の類似品を、インターネット上で見つけたことが、きっかけとなる場合もあります。

(4)　従業員からの自己申告

従業員が、パソコンやUSBメモリの入ったカバンを電車に忘れた場合や、秘密情報をメールで送る際に送り先を間違った場合に、その従業員から申告がなされることもあります。

(5)　他の従業員からの通報

甲社の従業員Aが、それほど忙しいはずがないのに休日出勤や残業を頻繁に行っていたり、Aの業務と直接の関係のない情報にアクセスしていたり、大量の情報をコピーしていたような場合、秘密情報の持出しを準備している

危険があるため、他の従業員から通報がなされ、これが端緒となる場合もあります。

２　事実関係の把握・責任者への報告

上記のような端緒・兆候があれば、事実関係を明確にしたうえで、迅速に責任者に報告するべきです。

(1)　事実関係の明確化

事実関係は、口頭では不正確に伝わりやすいので、文書化することが求められます。一方、どのような事項について記載すべきかを、各自が判断すると、漏れが生じることもあります。そこで、必要事項を記入できるひな形を用意しておき、そのひな形に記入することにより事実関係を明確にするのが適切です。

必要事項としては、①情報漏えいを認識したきっかけ、②発覚の日時、③漏えいの日時、④漏えい内容、件数、⑤想定される原因等を記入すべきでしょう。

具体的なひな形としては、【書式１】を参考にしてください。

(2)　責任者への報告

上記のような、営業秘密漏えいに関するきっかけがあった場合は、事実関係を明確化したら、速やかに責任者に報告すべきです。

迅速に報告がなされないと、初動対応が遅れ、被害が拡大するおそれがあるからです。

【書式1】 情報漏えい情報共有シート（例）

件名	○○の情報漏えいについて		
報告者所属	○○事業部○○担当	発災当事者所属	○○事業部○○担当
報告者氏名	情報　太郎	発災当事者氏名	漏洩　次郎
報告者Tel	03-XXXX-XXXX	発災当事者Tel	03-XXXX-XXXX
報告者Mail	XXX@XX.XX	発災当事者Mail	XXX@XX.XX

下記の事項で、判明していることを記述する。

初報なので、不明な項目は不明として迅速に報告する事。

◆情報漏えいの情報のソース（誰が発見したのか、どこから漏えい情報を入手したのか）

◆情報漏えい判明日時

◆情報漏えい発生日時

◆情報漏えい内容

◆情報漏えい内容の件数

◆想定される原因

◆対応状況（行なっていれば記述）

・特に組織外からの通報の場合、相手が何を要求しているのかを記述

（出典：独立行政法人情報処理推進機構セキュリティセンター「情報漏えい発生時の対応ポイント集」23頁）

3　退職者あるいは退職予定者がいる場合に注意すべきこと

(1)　退職者の意識

　従業員が、何らかの理由により退職する場合、従来の経験や知見を活かして同分野の会社に転職することが多いのは当然です。さらに、退職する従業員としては、転職先において有利な立場を確保するために、「お土産」として、退職した会社で取り扱っていた情報を持参することに、あまり罪悪感を有していない場合が多いといえます。

(2)　漏えいの危険

　そのため、退職した従業員が同業他社に就職した場合は、多かれ少なかれ、転職先にとり有益となる情報を提供する危険があります。

　例えば、退職従業員が、在職中、同業他社から転職の勧誘を受けていたとか、転職先でも前職と同分野の研究室に配属されたとか、近接する時期に数名が同業他社に転職したというような事情があれば、営業秘密漏えいの危険大として対応すべきです。

　また、退職予定者が、特定の同業他社と接触しているとか、羽振りがよくなったような場合は注意が必要でしょう。

(3)　情報持出しの準備として疑われる行為

　従業員が会社から情報を持ち出す場合には、次のような準備行為が行われるのが通常ですので、重要な兆候として注意する必要があります（経済産業省「秘密情報の保護ハンドブック」（平成28年2月／最終改訂：令和4年5月）146頁。以下、「ハンドブック」といいます）。

①　（業務上の必要性の有無にかかわらず）秘密情報を保管しているサーバや記録媒体へのアクセス回数の大幅な増加

②　業務上必要性のないアクセス行為（例えば、担当業務外の情報が保存されたサーバやフォルダへの不必要なアクセス、不必要な秘密情報の大量ダウンロード、私物の記録媒体等の不必要な持込みや使用など）

③ 業務量に比べて異様に長い残業時間や不必要な休日出勤（残業中・休日中に情報漏えいの準備等を行う従業者が多いことから兆候となり得る）

④ 業務量としては余裕があるなかでの休暇取得の拒否（休暇中のパソコンのチェック等による発覚を恐れるため兆候となり得る）

(4) 退職予定者に対する確認・調査

退職予定者に対しては、①秘密保持義務、②資料、記録媒体の返還義務または消去義務を明確化した誓約書を、退職予定者から差し入れてもらうことが一般化しています。また、場合によっては、③競業避止義務契約を締結することもあります（Q28、Q29参照）。

さらに、退職予定者による、重要情報の不正な持出しがないかを調査すべきです。

具体的には、パソコンのログ等の保存・確認や、メール送信、インターネット利用履歴のモニタリングなどの調査が行われます。

(5) 退職後の調査

退職予定者の時点で、上記(4)記載の確認・調査がなされていればよいのですが、不十分である場合には、未返還物がないかどうかの確認、退職前におけるダウンロードデータのチェック、メール等のモニタリングをなすべきでしょう。

また、転職先が把握できていない場合には、元同僚への事情聴取や、OB会、同窓会での情報収集により、転職先を把握するように努めましょう。

(6) 退職者からの漏えいの予防策

営業秘密漏えいの多くは、退職者による営業秘密の漏えいです。三菱UFJリサーチ＆コンサルティング「人材を通じた技術流出に関する調査研究報告書（別冊）」（平成25年3月）53頁によれば、漏えい事案のうち、中途退職者による漏えいは全体の50.3％でした。

退職者による営業秘密の漏えいが絶えないのは、退職予定者が、秘密情報を転職先に対する「お土産」にして有利な条件で転職することを望んだり、

営業秘密を用いて自ら利益を得ることを思いつくからです。従業員に、そのような動機が生じなければ、退職後の漏えい等は起こりません。そのような動機が生じないようにするためには、従業員に対し研修を行い、営業秘密の重要性、秘密情報と一般情報の区別、秘密情報の取扱い、そして、漏えい等を行った場合の法的効果（差止め・損害賠償、刑事罰の内容）について、周知することが有効です（Q22参照）。

（室谷和彦）

Q10 初動対応

> 　従業員が情報を持ち出したおそれがある場合、初動としてどのような
> ことを行うべきでしょうか。

▶▶▶Point
① 　従業員が情報を持ち出したおそれがある場合、まずは、情報持出しの事
　　実関係を確認します。
② 　次に、その情報が漏えいし、または、拡散されるのを食い止めることが
　　重要です。
③ 　さらに、従業員や開示先に対する、民事責任・刑事責任の追及に備え、
　　事実関係を調査し、証拠を確保することが必要です。

1 事実関係の確認

　甲社の従業員Ａが、休日出勤や残業を繰り返し、Ａの業務と直接の関係の
ない情報にアクセスしていたり、大量の情報をコピーしていることが発覚し
た場合には、Ａによる情報の持出しが疑われます。

　そのような場合、事実関係を確認します（Q9参照。詳細については経済産
業省『秘密情報の保護ハンドブック』（平成28年2月／最終改訂：令和4年5月）
149頁（以下、「ハンドブック」といいいます））。

　(1)　情報へのアクセスの確認

　まず、従業員Ａが、どのような情報にアクセスしていたのか（特に、Ａの
業務と直接の関係のない情報にアクセスしているかどうかは重要です）を確認し
ます。

　具体的には、Ａの社内パソコンから社内サーバ等へのアクセスに関するロ

グについて、確認し保存します。

また、紙媒体の資料について文書管理台帳がある場合は、Aにより持ち出された文書がないか確認します。USBメモリ等の記録媒体についてリスト管理している場合は、Aにより持ち出された記録媒体がないか確認します。

執務室や研究室への入退出記録も確認します。

(2)　情報の持出しの確認

従業員Aが、情報を持ち出す方法としては、USBメモリ等の記録媒体にコピーして持ち出す、メールによりデータを送信する、クラウド等にアップロードするなどの方法が考えられます。

そのため、Aのパソコンについて、ログ等を確認するとともに、メール送信履歴、インターネット利用履歴について確認します（甲社としては、これらの措置を行うことについて、就業規則に定めておくと、手続が簡便です）。

また、社内のパソコンに届いたメールが、Aの個人アドレスへ自動転送される設定もあるので注意が必要です。

② 情報の漏えい、拡散の防止

上記の事実関係の確認により、従業員Aが甲社の情報を持ち出していることが確認された場合には、何よりも、その情報が、外部に漏えいすることを防ぎ、さらに、拡散を食い止めることが重要です。

(1)　物理的措置

Aからの情報漏えいを防止するため、甲社としては、Aが使用していた社内パソコンを回収して、使用を禁止するとともに、Aによるネット接続を禁止（私用のパソコンを含む）します。また、Aによる甲社システム（社内サーバー）へのアクセスを制限します。

(2)　本人からの事情聴取

また、Aから、情報持出しの理由、持ち出した情報の特定、開示（流出）経路について、事情聴取をします。

(3)　開示先への対応

Aのパソコンに残されたメール送信履歴やアップロードにより、開示先が判明することもあります。また、Aが自ら情報の開示先を明らかにする場合もあります。

開示先が明らかになった場合は、その開示先から情報の拡散が生じないように、警告書を発出する必要があります。

すでに、ホームページ等に、漏えいした情報が開示されている場合には、当該情報のインターネット上からの削除要請を行う必要があります。

3　調査および証拠の確保

情報を漏えいした従業員Aや開示先に対する責任追及に備え、事実関係を調査し、証拠を確保します。

(1)　関連データ

上記□で確認したAのパソコン、社内サーバのログ、管理リスト、入退出記録、メール送信履歴、インターネット利用履歴等について、詳細に調査したうえで、証拠として保存します。

(2)　関係者へのヒアリング

本人だけでなく上司や関係者からも事情を聴取して、書面化しておきます。

なお、事情聴取やその記録作成は、時間も労力もかかり、しかも、客観性を担保する必要があるため、弁護士により事情聴取を行うことは有用です。現に、人材派遣に関する顧客情報が従業員により持ち出された事案において、その顧客情報の使用が、弁護士による事情聴取により認められた事案があります（東京地裁平成14年12月26日中間判決（平成12年(ワ)第22457号）裁判所HP）。

4　損失の検証

上記③の調査および証拠の確保により明らかになった事実をもとに、どの

ような損失が発生するかを検証します。

　損失は、自社だけでなく、取引先、消費者等に対するものも検討します。また、直接的な損失だけでなく、間接的な損失も含めて検討します。そして、最悪の事態の発生を予測して損失を検証します。そのうえで、必要に応じて以下の対応を進めていきます。

①　漏えいした情報が個人情報の場合は、個人情報保護法に基づく報告を行う必要があります。また、被害者対応やマスコミ対応が必要になる場合があります。

②　刑事事件として扱う可能性がある場合は、証拠隠滅を防止するためにも、早期の段階で警察に相談しておくのが有益です。

③　共同研究の成果が漏えいしたような場合には、他社の営業秘密も漏えいしている可能性があるため、当該他社に対して対応を相談しておくべきでしょう。

5　デジタル・フォレンジックの活用

(1)　活用の場面

　従業員Aによる情報の持出しが疑われる場合、上記のとおり、従業員Aによる情報へのアクセスや持出しについて事実関係を確認する必要があります。また、責任追及に向けて、証拠を確保する必要があります。

　ところが、従業員Aによる情報へのアクセスや漏えいを、データから解析するには相当のスキルが必要です。

　さらには、従業員Aとしては、情報持出しが見つからないように、デジタルデータを削除したり、改ざんすることもあります。

　そのため、甲社としては、デジタル・フォレンジックを活用して、事実関係の調査や証拠保全を行うことも有用です。

(2)　デジタル・フォレンジックとは

　フォレンジック（forensic）は、「法廷の」「科学捜査の」「鑑識」といった

意味をもっています。したがって、デジタル・フォレンジックを、わかりやすくいい換えるなら「デジタル鑑識」といえるでしょう。

デジタル・フォレンジックの内容をおおざっぱに説明すると、犯罪捜査や法的紛争などで、コンピュータなどの電子機器に残る記録を収集・分析し、その法的な証拠性を明らかにする手段や技術の総称といえます（詳細については、服部誠ほか『営業秘密管理実務マニュアル』193頁以下）。

従業員による不正行為を調査する場合には、①従業員が使用していたパソコンやスマートフォンから、証拠隠滅のために削除されたデータ（電子メール、ドキュメントファイル、履歴等）を復元したり、②設定ファイルや履歴ファイルを解析して、USBの接続履歴やインターネットの閲覧履歴を抽出するなどして、情報へのアクセスや漏えいを証拠により明らかにします。

これらの作業には、相当のスキルが必要となるため、専門家に依頼するのが適切です。

(3)　活用例

デジタル・フォレンジックの活用例を紹介しましょう。

従業員Aは、甲社を3月末に退職する予定となっていました。有給休暇を消化するため、3月いっぱいは休みをとることになっていました。ずいぶん前から引継ぎを行っていたので、2月上旬からは、Aはヒマそうにしていました。ところが、2月中旬になると、Aが、長時間にわたって複合機を操作するようになりました。他の従業員Bが不審に思い、何をしているのかを見ていると、大量の名刺をスキャンしていたのです。Bから報告を受けた役員Cは、「競合会社に就職するのではないか」と不安になり、顧問弁護士Dに連絡しました。顧問弁護士Dは役員Cに対して、「退職するまでに、Aから誓約書をとるべきである。誓約書には、競業禁止条項を入れておこう」と提案しました。そこで、CはAと面談を行い、誓約書（守秘義務、貸与物等の返還、競業禁止）にサインを求めました。ところがAは、「競業禁止についてはサインができない」と回答しました。結局、Aは、守秘義務、貸与物等の

返還についての誓約書（競業禁止は記載されていない）にサインをしました。

　2月末になり、Aは、甲社から貸与を受け使用していたパソコンや携帯電話を返還しました。

　Cが確認のため、そのパソコンを起動すると、電子メールはすべて削除されていました。これを受け、CとDの間で協議がなされ、「競業禁止に応じないことからすれば、Aが競合会社に就職が決まっているのは確実であろう。名刺をスキャンしていたということからすると、取引先を奪うつもりであろう。そして、その競合会社との連絡について証拠隠滅するために、電子メールを削除したのであろう。他の営業秘密も持ち出した可能性が高いから、パソコンや携帯電話を解析すべきだ」との結論に至りました。

　Aは有給休暇を使って1カ月間休んでいるので、その間に、甲社は、業者に依頼してデジタル・フォレンジックを行いました。電子メールが復元され、Aと競合会社乙社との連絡内容が明らかになりました。

　これをもとに、甲社は、Aに対して処分をなし、さらに、乙社に対して、警告書（Aが送付した甲社の営業秘密を返還せよ。Aを採用したならば、乙社が営業秘密を使用したとして、損害賠償請求をなす）を送りました。その結果、乙社は、Aを採用することなく、甲社の顧客が奪われることもありませんでした。

　このように、デジタル・フォレンジックが、事件解決の決め手になる場合もあります。

（室谷和彦）

┌─ コラム④ ── 顧客名簿にダミー ─────────

　従業員や取締役が、会社から独立して競業する新会社を設立する場合、顧客名簿が持ち出されることがよくあります。特に、その独立の原因が、経営者と独立する者の間の不仲による場合には、独立する者は、顧客を新会社に移して、設立当初から利益を得ようと考え、その準備として顧客名簿（最近ではもっぱら顧客データ）を持ち出す例がよく見受けられます。

　顧客名簿がコピーされて持ち出され、新会社において、営業に用いられたとしても、その顧客名簿を用いたのか、それとも、過去の営業経験を手がかりに、独自に営業を行っているのかは、外部からは区別がつきません。つまり、顧客名簿が持ち出され、それを新会社において使用されていたとしても、持ち出された会社が、それを見つけることも、証明することも容易ではないのです。

　例えば、顧客の多くに新会社からダイレクトメールが送られている場合に、それを発見することも容易ではないし、運よく発見できたとしても、そのダイレクトメールの発送に顧客名簿が使用されていることを証明することは容易ではありません。

　これに対処するため、顧客名簿にダミーを入れておくという方法があります。顧客名簿の中に、例えば、代表者の親戚（姓が異なるほうがよい）を名簿に入れておきます。その場合に、住所は正確な住所を記載しておき、名前は架空の名前を記載しておきます。例えば、本当は「田中太郎」であるところを「田中大朗」と記載しておきます。持ち出した顧客名簿に記載されている顧客にダイレクトメールを送ると、ダミーにもダイレクトメールが届きます。しかも、その宛名は、実在しない「田中大朗」です。

　これにより、新会社がダイレクトメールを送ったことを発見するとともに、発送にあたり顧客名簿が使用されたことが証明されます。ダミーを数人入れておくと、より証明力が上がります。また、架空の名前は、外観は似ているが、称呼は異なるほうが有効です。変換ミスであるといういい訳が成り立たないからです。

　営業秘密不正使用の訴訟においては、使用の事実を証明することは非常に困難ですが、上記の方法により、使用の事実が証明された例が実際にありました。

　もっとも、顧客名簿にダミーを入れたからといって、事案により、常に不正

入手・不正使用を立証できるとは限りません。参考までに、一例を紹介します。

　顧客名簿にダミーを登録しておいた会社が、独立した元従業員がダミーEに対してダイレクトメールを送ったことを端緒に、元従業員に対して顧客名簿の使用差止め等を求めた事案において、裁判所は、ダイレクトメールの宛先にはダミーEが含まれていたこと、原告は10名あまりの顧客から、個人情報が漏れているのではないかという苦情を受けたことを認めながらも、次のように判示して顧客名簿の不正入手を否定しました（東京地裁平成28年9月8日判決（平成27年(ワ)第2690号）裁判所HP〔電話占いサービス顧客情報事件〕）。

　「本件顧客情報が約15万件に及ぶのに対し、被告らによるダイレクトメールの送付数はこれを相当下回ると解される上、本件の証拠上、これらが重複すると認められるのは10名余りにとどまることに照らすと、被告らがダイレクトメールの送付その他宣伝広告活動をするに当たり本件顧客情報を使用したとは認め難い。そうすると、被告らが名簿を購入したと主張する名簿業者や名簿の詳細、購入の具体的経緯等を何ら明らかにせず、その主張を裏付ける証拠を提出していないことを考慮しても、第三者が本件顧客情報を不正に入手した事実を認めるに足りる証拠はなく」、第三者が本件顧客情報を不正に取得したものを被告らが取得したとの主張についても失当とみるべきものである旨、判示しました。

（室谷和彦）

同業他社に転職した者に対する対応

> 退職者が同業他社に転職した場合において、退職時に、競業しない旨
> の誓約書に署名捺印していることを理由に、会社は、どのような対応が
> できるでしょうか。

▶▶▶Point

① 会社は、退職予定者から、退職後は競業しない旨の誓約書を求めるのが
通常です。この誓約書に反して、退職した後に同業他社に就職した場合
は、会社は、その転職者に対して、一定の要件のもと債務不履行責任を追
及することができます。

② また、会社は、一定の要件を満たす場合には、退職金の不支給や減額を
なすことができます。

③ さらに、転職先に対して、転職者が持ち込んだ情報について使用しない
よう、申入れを行うことが考えられます。

1 誓約違反

　競業しない旨の誓約書に署名捺印しているにもかかわらず、退職した後に
同業他社に就職する行為は、誓約に違反することになります。
　問題は、その誓約書の内容（競業避止義務）が有効かどうかです。この点
について、次にみていきましょう。

2 競業避止義務の有効性

(1) 合理性を欠く場合は無効

競業避止義務は、退職後の職業選択の自由を制限するものであるので、そ

の制限が合理的範囲を超え、職業選択の自由を不当に害する場合には、公序
良俗違反として無効となります。

　すなわち、競業避止義務は、合理性の範囲内でのみ認められます。そし
て、合理性の判断にあたっては、①使用者の利益（秘密保護の利益）、②被用
者等の契約期間中の地位、③競業が禁止される業務、期間、地域の範囲、④
代償措置の有無等を勘案するものとされています。

　裁判例では、「雇用者等の正当な利益の保護を目的とすること、被用者等
の契約期間中の地位、競業が禁止される業務、期間、地域の範囲、雇用者等
による代償措置の有無等の諸事情を考慮し、その合意が合理性を欠き、被用
者等の上記自由を不当に害するものであると判断される場合には、公序良俗
に反するものとして無効となる」（東京高裁平成24年6月13日判決（平成24年㈱
第920号）裁判所HP〔アメリカン・ライフ・インシュアランス・カンパニー事件〕）
という判断基準が示されています。

　(2)　有効な範囲

　経済産業省「秘密情報の保護ハンドブック」（平成28年2月／最終改訂：令
和4年5月）の参考資料5「競業避止義務契約の有効性について」には、裁
判例を詳細に検討したうえで、次の点がポイントであるとしています（同書
235頁から引用）。

●競業避止義務契約締結に際して最初に考慮すべきポイント
・企業側に営業秘密等の守るべき利益が存在する。
・上記守るべき利益に関係していた業務を行っていた従業員等特定の者が対
　象。
●競業避止義務契約の有効性が認められる可能性が高い規定のポイント
・競業避止義務期間が1年以内となっている。
・禁止行為の範囲につき、業務内容や職種等によって限定を行っている。
・代償措置（高額な賃金など「みなし代償措置」といえるものを含む）が設
　定されている。
●有効性が認められない可能性が高い規定のポイント

・業務内容等から競業避止義務が不要である従業員と契約している。

・職業選択の自由を阻害するような広汎な地理的制限をかけている。

・競業避止義務期間が2年超となっている。

・禁止行為の範囲が、一般的・抽象的な文言となっている。

・代償措置が設定されていない。

●労働法との関係におけるポイント

・就業規則に規定する場合については、個別契約による場合がある旨を規定しておく。

・当該就業規則について、入社時の「就業規則を遵守します」等といった誓約書を通じて従業員の包括同意を得るとともに、十分な周知を行う。

裁判例等の詳細については、Q29を参照してください。

③　競業避止義務違反の効果

競業しない旨の誓約書に署名捺印しているにもかかわらず、退職従業員が同業他社に就職した場合、競業避止義務が有効であれば、退職従業員は、次の責任を負います。

(1)　債務不履行責任

退職従業員は、債務不履行に基づく損害賠償責任を負います。

進学塾の講師2名が同じ塾で働く他の講師12名を勧誘して元勤務先の至近距離で学習塾を新設し、同時に生徒の名簿を利用して自分の塾に鞍替えするよう呼びかけたという事案で、競業避止義務を定めた就業規則違反を直接の理由として学習塾側の損害賠償（378万円）請求を認めています（東京地裁平成2年4月17日判決・判時1369号112頁〔東京学習協力会事件〕）。

なお、取締役には、会社法上、競業避止義務が規定されており（会社法356条、365条）、これに反して取引を行った場合、取締役等が得た利益が損害と推定されています（同法423条）。これに対して、退職後の取締役は、このような義務を負わないため、退職後に取締役に競業避止義務を負わせるには、合意が必要です。

(2)　競合行為の差止め

　また、競業避止義務に合理性が認められる場合には、必要な範囲で競業行為禁止の仮処分が認められています（東京地裁平成18年5月24日判決・判時1956号160頁〔教材開示等差止仮処分申立事件〕）。

　同決定は、①競業禁止条項制定の目的は会社の教材等の内容やノウハウを保持し、他の競業業者の手に渡らないようにすることにあり、正当な目的であると評価できること、②当該労働者は会社入社前には当該業務（教育業務およびコンサルティング業務）に従事した経験がなく、また、当該業務のノウハウをもっておらず、退職後2年間会社において身につけた当該業務を行ったことを制限することには合理的理由があり、労働者の職業選択の自由を不当に制限する結果になっているとまではいい難いこと、③競業禁止期間は退職後2年間であり、同業他社も同様の規定を設けており、期間が長期間で労働者に酷にすぎるとまではいい難いこと、営業・勧誘活動を行ってはならない対象となる顧客は、すでに取引関係が形成されている会社を指し、そうだとすると、対象範囲があまりに広すぎるとはいえないこと、④労働者が会社から支給された報酬の一部には退職後の競業禁止に対する代償も含められているといえること等を総合的に考慮し、競業禁止の合意を有効であると判断し、競業行為禁止の仮の差止めを認めています。

　大阪地裁平成27年3月12日判決（平成25年(ワ)第10955号）裁判所HP〔学習塾事件〕では、元従業員に対し、就業規則に定められた競業避止義務規定について、「本件規定においては、退職後、2年間に限り、会社で指導を担当していた教室（退職時に所属していた教室をいうものと理解される。）から半径2キロメートル以内（小中学生にとって通塾に適さない程度の距離と思われる。）の限度で、自塾を開設することのみを禁ずるものであって、上記圏外で開業することはもちろん、上記圏内であっても、競合他社において勤務することは禁じられていないこと、従業員の講師業務としての経験をいかして継続して講師業務を行うことは本件規定に所定の地理的、時間的範囲及び態

様以外ではなんら制約されないことからすると、本件規定が合理性を欠いて無効であるということはできない。また、以上によると、特段の代償措置が講じられていなかったとしても、上記合理性の判断に影響を及ぼすことはないというべきである」と判示して、差止請求を認めています。

(3)　退職金の不支給

退職後の競業行為が発覚した場合において、就業規則に退職金不支給条項がある場合は、退職金の全部または一部を不支給とする（あるいは、支給した退職金の返還を求める）ことも考えられます。もっとも、不支給条項がある場合でも、それが認められるのは、退職者の行為に背信性が認められる場合に限定されます（詳細についてQ12参照）。

4　転職先への連絡

退職者が、同業他社に転職していることが発覚した場合には、退職者が転職先に、退職前の会社から持ち出した情報を開示するおそれがあることから、退職者が持ち込んだ情報について使用しないよう、申入れを行うことが考えられます。

申入れを受けた転職先の会社としても、トラブルが生じるのを避けるため、転職者による情報持込みをしないよう対応する（コンタミ防止措置をとる）ことも、ある程度は、期待できます。

（室谷和彦）

Q12　退職金支給制限

甲社の退職金規程において、退職後同業他社へ転職したときは、退職金につき自己都合退職の半額とする定めがありました。従業員Ａは、退職にあたり全額を受領した後、同業他社に入社しました。甲社は、Ａに対して退職金の半額の返還を求めることができるでしょうか。

▶ ▶ ▶ Point

① 設例と同様の事案について、最高裁判所は、退職金につき自己都合退職の半額とする定めについて、有効としたうえで、半額を超えて支払った退職金の返還を認めました。

② もっとも、不支給や支給制限は、職業選択の自由の制限となるため、その有効性が認められるのは転職者の行為に背信性がある場合に限られると解されています。

1　はじめに

退職金支給制限の合意については、職業選択の自由に対する不当な制限にならない場合、すなわち、退職従業員の行為に背信性が認められる場合に限り、有効とされます。

どのような事案で、退職金支給制限が有効とされたか、その判断基準を把握いただくため、三つの裁判例を紹介します。

2　最高裁昭和52年８月９日判決・労経速58号25頁〔三晃社事件〕

(1)　事案の概要

甲社の就業規則において、退職後同業他社へ転職したときは、退職金につ

き自己都合退職の半額とする定めがあったところ、従業員Aの退職にあたって自己都合退職として計算された全額を受領した際、今後、Aが同業他社に就職した場合は就業規則に従い退職金の半額を返還する約束をしました。ところが、Aは退職後、同業他社に入社したため、甲社がAに対して退職金の半額の返還を求めました。

(2)　判　旨

最高裁判所は、次のように判示しました。

「被上告会社が営業担当社員に対し退職後の同業他社への就職をある程度の期間制限することをもって直ちに社員の職業の自由等を不当に拘束するものとは認められず、したがって、被上告会社がその退職金規則において、右制限に反して同業他社に就職した退職社員に支給すべき退職金につき、その点を考慮して、支給額を一般の自己都合による退職の場合の半額と定めることも、本件退職金が功労報償的な性格を併せ有することにかんがみれば、合理性のない措置であるとすることはできない。すなわち、この場合の退職金の定めは、制限違反の就職をしたことにより勤務中の功労に対する評価が減殺されて、退職金の権利そのものが一般の自己都合による退職の場合の半額の限度においてしか発生しないこととする趣旨であると解すべきであるから、右の定めは、その退職金が労働基準法上の賃金にあたるとしても、所論の同法3条、16条、24条及び民法90条等の規定にはなんら違反するものではない」。

3　名古屋高裁平成2年8月31日判決・判時1368号130頁〔中部日本広告社事件〕

(1)　事案の概要

退職金支給規程に、退職後6カ月以内に同業他社に就職した場合には退職金を支給しない旨の定めがある場合に、退職後6カ月以内に競業関係に立つ広告代理業を自営した従業員が、退職金の不支給は違法として、退職金の支

払いを求めた事案です。

(2)　判　旨

名古屋高等裁判所は、次のように判示して、退職金の支払いを命じました。

「本件退職金……が以上のように、継続した労働の対価である賃金の性質を有すること（功労報奨的性格をも有することは、このことと矛盾するものでないことは、前記のとおりである。）、本件不支給条項が退職金の減額にとどまらず全額の不支給を定めたものであって、退職従業員の職業選択の自由に重大な制限を加える結果となる極めて厳しいものであることを考慮すると、本件不支給条項に基づいて、……支給額を支給しないことが許容されるのは、同規定の表面上の文言にかかわらず、単に退職従業員が競業関係に立つ業務に6か月以内に携わったというのみでは足りず、退職従業員に、前記のような労働の対価を失わせることが相当であると考えられるような第1審被告に対する顕著な背信性がある場合に限ると解するのが相当である。すなわち、退職従業員は、第1審被告に対し本件退職金の請求権を、右のような背信的事情の発生を解除条件として有することになるものと解される。いわば、このような限定を付されたものとして、本件不支給条項は有効であるというべきである……。このように解することが、本件支給規定の中にあって本件不支給条項と同様に不支給を規定しているのが懲戒解雇の場合であることとも整合性を有するものと考えられる。そして、このような背信性の存在を判断するに当たっては、第1審被告にとっての本件不支給条項の必要性、退職従業員の退職に至る経緯、退職の目的、退職従業員が競業関係に立つ業務に従事したことによって第1審被告の被った損害などの諸般の事情を総合的に考慮すべきである」。

4　東京地裁平成22年4月28日判決・判タ1396号331頁〔コエンザイムＱ10事件〕

(1)　事案の概要

従業員Ａは、甲社に在職中、甲が保有する営業秘密であるコエンザイムＱ10の生産菌を、退職時に持ち出しました。Ａは、甲社を退職後、Ａ会社の代表取締役となっています。Ａ会社は、Ａから生産菌を取得しました。

甲は、Ａらに対して、コエンザイムＱ10の製造、輸入、販売の差止め、製品および生産菌の廃棄、損害賠償を求めるとともに、Ａに対して、上記行為等が原告の就業規則に定める退職金の返還事由である背信行為に該当する旨主張して、労働契約に基づき、Ａに対し、退職金の返還を求めました。

(2)　就業規則の定め

「32条2項　会社は、退職者が在職中に行った背信行為が発覚した場合、あるいは退職者が退職後に会社の機密漏洩等の背信行為を行った場合、すでに支給した退職金・退職年金を返還させ、以後の退職年金の不支給または減額の措置をとることができる」。

(3)　判　旨

裁判所は、Ａが持ち出した生産菌は甲社に還付されているとして、差止請求、廃棄請求を否定し、退職金の返還については、次のとおり判示して、Ａによる営業秘密の持出し等が甲社に対する背信行為であり、退職金の一部（Ａの積立て分を除く）の返還義務があると認めました。

「この規定は、退職金が功労報償的な性格を有するものであることにかんがみ、原告に対する背信行為を行った従業員の退職金受給資格を否定する趣旨の規定であり、就業規則の定めによって懲戒解雇された者には退職一時金を支給しない旨を定める本件退職一時金規程4条……とその趣旨を同じくする規定ということができる。

そうすると、本件就業規則32条2項所定の『背信行為』とは、本件就業規

則24条各号が定める懲戒解雇の事由に当たる行為を指すものと解されるが、他方で、退職金には、賃金の後払いとしての性格もあることからすれば、少なくとも、原告の元従業員に対する退職金全額の返還請求が正当なものとして是認されるためには、単に就業規則に定められた懲戒解雇の事由が存在するということのみで足りるものではなく、企業秩序維持の観点に照らし是認することのできない、原告に対する高度の背信性が認められる背信行為を行ったことが必要であるというべきである」。

「本件生産菌は旭化成及び原告が長年にわたるこのような研究開発によって取得した重要な事業用資産であり、しかも、平成16年当時、コエンザイムＱ10を原料として商業的に製造する主な国内メーカーは原告を含む４社のみであったこと」、Ａが「持ち出した上記各生産菌は、それ自体が原告の事業活動において秘匿性の高い営業秘密であること」、Ａは「不正な目的を持って、あえてこれらの生産菌の持ち出しに及んでいること」、Ａが持ち出した各生産菌がＡの意図したとおりに利用されることとなれば、「原告と競業関係にある他社によって、上記各生産菌が製品の製造等に直接利用されたり、それらを基にした更なる研究開発に利用されるなどといった事態を招き、ひいては、原告のコエンザイムＱ10及び診断薬用酵素に係る事業に重大な損失をもたらすおそれもあったことなどの諸事情を考慮すれば……原告に対する高度の背信性が認められる背信行為に該当するものと認められ、これによって退職金全額の返還を余儀なくされてもやむを得ないものと評価することができる」。

5　背信性の判断

　上記②、③の裁判例からすると、退職後の競業行為を理由に退職金支給制限（不支給・減額・返還）が認められるのは、相応の背信性があったときに限られるものと解されます。また、上記④の裁判例からすると、在職中の持出し等の行為が退職金返還事由である背信行為と認められるためには、高度の背信性が要求されるものと解されます。

（室谷和彦）

Q13 顧客データ持出し・顧客引抜き

> 　甲社の営業職従業員Aが退職し、その後、同業他社の乙社に転職しました。Aの転職後、Aが担当していた顧客との取引が次々と解約となりました。従来の甲社の顧客が乙社と契約をしているようです。確信はありませんが、Aは、退職前に甲社の顧客データを持ち出していたのだと思います。
>
> 　甲社は、Aと乙社に対して、どのような請求ができるでしょうか。また、そのためには、どのような証拠を用意する必要があるでしょうか。

▶▶▶Point

① 　まず、退職従業員であるAに対して、債務不履行（就業規則違反、誓約書違反）に基づく損害賠償請求が考えられます。

② 　また、Aおよび乙社に対して、不競法違反に基づく差止請求（不競法3条）および損害賠償請求（同法4条）をなすことが考えられます。

③ 　これらの請求が認められるためには、Aが、その顧客データを持ち出し、乙社に開示したことが認められる必要があります。そのためには、さまざまな証拠を用意しなければなりません。

1　Aに対する債務不履行責任

　元従業員Aが、在職中に顧客データを持ち出して、転職後に乙社に提供したのであれば、甲社としては、Aに対して債務不履行責任を問うことが考えられます。

(1)　就業規則、誓約書違反

　就業規則には、守秘義務、顧客情報持出し禁止が記載されているはずで

す。また、入社時や昇進時には、従業員Ａは甲社に対して秘密保持についての誓約書を提出しているはずです。それゆえ、従業員Ａが、在職中に顧客データを持ち出して、乙社に開示したのであれば、就業規則、誓約に反することになります。

さらに、退職の際、Ａが退職時誓約書を甲社に提出している場合は、退職後の秘密保持義務に違反し、また、複製物を有しないことの表明にも違反していると考えられます。

それゆえ、甲社としては、これらの違反を理由として、Ａに対して損害賠償を請求することが考えられます。

(2)　競業避止義務違反

Ａが、退職時に、競業避止義務を負う旨の合意をしていた場合には、その合意が有効である限り、同業他社に転職する行為は、競業避止義務違反となり、甲社はＡに対して損害賠償、差止めを請求することができます。

(3)　退職金の返還請求

同業他社への転職や秘密の漏えいがあれば、退職金の支給を制限する旨の規定が退職金規程に定められている場合（あるいは、その旨の合意をしていた場合）には、すでに退職金が支払われているのであれば、甲社はＡに対して、制限にかかる部分について、返還を求めることができます。

2　Ａと乙社に対する不競法違反に基づく責任

Ａが持ち出した顧客データが、不競法上の営業秘密に該当する場合において、乙社が顧客データを使用して顧客に対して営業活動を行っている場合には、甲社は、Ａおよび乙社に対して、不競法違反に基づき、損害賠償および顧客データの使用差止めを請求することが考えられます。

(1)　営業秘密の３要件——不競法２条６項

顧客データが営業秘密として保護の対象となるためには、その顧客データに非公知性、秘密管理性、有用性が認められなければなりません。

(2) 顧客データの秘密管理性

顧客データの営業秘密侵害が争われた実際の訴訟において、よく問題となるのは、秘密管理性です。

顧客データは、広く営業担当者がアクセス可能であるのが通常であるため、アクセス制限が設けられておらず、また、認識可能性が小さい場合があり、秘密管理性が否定される例が多いといえます。ID、パスワードを設定しておれば、それなしにはアクセスできないので、認識可能性も認められやすいといえます（詳細につきQ27）。

3 刑事告訴

従業員による持出し行為や退職者による開示行為（もっとも、在職中の開示申込み等を要する）にも、刑事罰が設けられています（不競法21条1項）。

例えば、Aが、顧客データの持出しにあたり、USBメモリにコピーしていたことが、ログから判明した場合のように、持出しについて客観的な証拠があるような場合は、刑事事件を活用するのも一つの方法です。

抑止効果が大きいだけでなく、捜査機関による証拠収集も期待できます。

平成27年改正により、告訴は必要条件でなくなりましたが（非親告罪化）、刑事事件として取り上げるのであれば、捜査機関に事件を認知させるために、告訴をなすべきでしょう。

4 持出し行為、使用行為の立証

上記の請求や刑事告訴は、いずれも、Aが、在職中に顧客名簿を持ち出して、転職後に乙社に提供した事実を前提とするものですから、これらの事実を証明するための証拠が必要です。

そのため、Aが使用していたパソコン、クラウド、メールサーバ等の調査（デジタル・フォレンジック）、関係者へのヒアリングを通じて、証拠を確保します（詳細についてQ10参照）。

　そして、訴訟においては、具体的態様の明示義務（不競法6条）、書類提出命令（同法7条）を活用しつつ、不正競争行為について立証を行います（詳細についてQ14参照）。

　もっとも、Aによる顧客名簿の持出し行為が明らかになったとしても、それを使用したことを証明するのは、容易ではありません。現行法では、技術上の秘密については、秘密を取得した者が生産等を行った場合は、秘密を使用したものと推定されますが（不競法5条の2）、営業上の秘密については、このような推定規定はないため、使用行為の立証は、極めてハードルの高いものとなります（なお、令和4年5月の時点において、経済産業省は、同条の適用範囲について見直しを検討している状況です）。

（室谷和彦）

Q14 訴訟における注意点

営業秘密に関する民事訴訟を行うにあたって、特に注意することがあるでしょうか。

▶▶▶Point

① 民事訴訟は、公開の法廷で行われるのが原則です（憲法82条）。しかし、訴訟の過程で営業秘密が公開されると、秘密保有者は、より損害を負うことになります。そこで、秘密情報を第三者に知られないように注意しつつ訴訟を進める必要があります。

② また、被告による営業秘密の不正取得、使用、開示の事実を、原告が立証するのは非常に困難です。原告の立証の負担を軽減する制度として、具体的態様の明示義務（不競法６条）、書類提出命令（同法７条）、および、技術上の秘密を取得した者の当該技術上の秘密を使用する行為等の推定（同法５条の２、平成27年改正）があるので、これらの制度を活用しつつ、立証活動を行う必要があります。

1 裁判の公開との関係

(1) 公開原則

憲法82条１項は、「裁判の対審及び判決は、公開法廷でこれを行ふ」と裁判の公開原則を定めています。一般人が傍聴できることにより、手続の公正さを担保し、司法に対する信頼を築く趣旨です。

また、訴訟記録は公開され、当事者でなくとも原則として閲覧できます（民訴法91条１項）。

(2)　公開停止

しかし、営業秘密に係る事項について、公開の法廷で陳述すると、訴訟において秘密が漏えいしてしまうことになります。

そこで、裁判官の全員一致により、営業秘密に係る事項の尋問を公開しないで行うことができます（不競法13条）。

(3)　閲覧制限

営業秘密が記載された書面が、第三者にも開示されると、秘密が外部に漏れてしまうことになります。ひいては、営業秘密を内容とする主張も証拠も、訴訟において提出できないことになりかねません。

そこで、営業秘密が審理の対象になる場合には、裁判所の決定により、当該秘密に関する記録の部分の閲覧等ができる者を、訴訟の当事者に限定することができます（民訴法92条）。

閲覧等制限は、当事者が申立てにより行います。申立てにあたっては、書面で、秘密記載部分を具体的に特定し、その部分が民訴法92条１項各号に該当することを疎明する必要があります。

営業秘密に関する訴訟では、原告が、営業秘密が記載された書面（準備書面、証拠）を提出するにあたっては、必ず、閲覧制限の申立てをなす必要があります。また、相手方から提出された書面についても、反論等において、原告の営業秘密が記載されている可能性がありますので、チェックして申立てをなす必要があります。判決書にも、営業秘密が記載されている可能性があります。判決書については、閲覧制限申立を行うことを忘れやすいので、注意が必要です。

(4)　秘密保持命令（不競法10条）

営業秘密が記載された準備書面や証拠を当事者が提出するにあたり、訴訟の相手方等により、訴訟追行以外での使用や他への開示がなされるおそれがあれば、そのような準備書面や証拠を提出することができなくなります。

そこで、当事者の申立てにより、裁判所は、訴訟の相手方等対して、秘密

保持命令をなすことができます（不競法10条）。具体的な手続については、裁判所ホームページに詳細な説明がなされています〈https://www.courts.go.jp/tokyo/saiban/sinri/sinri_himitsu/index.html〉。

　もっとも、秘密保持命令の制度は、手続が煩雑であること、違反の場合に刑事罰の規定がおかれていること（不競法21条2項6号）から、実務上は、当事者間で、秘密保持契約を締結したうえで、営業秘密が記載された準備書面や証拠が提出されるのが通常です。

(5)　営業秘密の特定との関係

　営業秘密に関する訴訟において、原告（営業秘密保有者）が、被告（営業秘密不正取得、不正使用した者）に対して、差止請求や損害賠償請求をなすには、審理対象となる営業秘密を特定する必要があります。しかし、その営業秘密が、裁判の公開原則により、公にさらされると、営業秘密保有者としては、自ら損害を拡大することになりかねません。また、当該訴訟においても、非公知性が否定されることになります。

　そこで、訴訟の早期の段階では、「営業秘密の特定を抽象的なレベルにとどめておき、被告の応訴態度や裁判所の訴訟指揮に応じて、適宜、具体的に営業秘密の内容を特定していく」（服部誠ほか『営業秘密管理実務マニュアル』59頁）ことが考えられます。例えば、訴訟提起段階では、「甲社○○支店顧客名簿　300名　氏名、住所、電話番号、過去の購入履歴が記載されたリスト」と特定しておき、訴訟が進行し、不正使用された情報を確定する段階では、その300名の顧客の氏名と住所の市区町村だけを表示するというような工夫です。

　これにより、原告の営業秘密を必要以上に明らかにすることを避けることができます。

　そのうえで、先に述べた閲覧制限を用いて、第三者が閲覧できないようにし、さらに、公開停止、秘密保持命令、インカメラ手続等により、原告の営業秘密が公にならないように手続を進めることができます。

2 被告による不正競争行為（営業秘密の不正取得・使用・開示行為）についての立証

(1) 立証の困難性

被告による不正競争行為（不競法2条1項4号～10号所定の行為）は、本来的に人の目に触れないところで行われることが多いため、営業秘密保有者としては、被告による不正競争行為を具体的に把握すること自体が困難ですし、それを立証することは、より困難といえます。

(2) 立証の負担を軽減する制度

被告による不正競争行為の立証の負担を軽減する制度として、具体的態様の明示義務（不競法6条）、書類提出命令（同法7条）、および、技術上の秘密を取得した者の当該技術上の秘密を使用する行為等の推定（不競法5条の2、平成27年改正）が設けられています。

(a) 具体的態様の明示義務（不競法6条）

不正競争に係る侵害訴訟において、原告が、被告の侵害組成物または侵害方法について具体的態様を主張した場合に、被告が、これを否認するときは、被告は、自己の行為の具体的態様を明らかにしなければならないとされています。

それゆえ、被告が、原告の主張について単純否認をする場合は、裁判所から、自己の行為の具体的態様を明らかにするよう釈明権を行使されることになります。

もっとも、被告において「明らかにすることができない相当の理由」があるときは、具体的態様の明示義務を免れます。相当の理由の典型例は、被告が採用している製造方法が、重大な営業秘密であるような場合です（経済産業省知的財産政策室編「逐条解説不正競争防止法　令和元年7月1日施行版」182頁によれば、「この点、平成16年改正により秘密保持命令制度が導入されたことを踏まえると、自己の具体的態様の内容に営業秘密が含まれていることで、ただち

に『相当の理由』があると解すべきではない」とされています）。

　(b)　書類提出命令（不競法 7 条）

　裁判所は、不正競争に係る侵害訴訟においては、当事者の申立てにより、当事者に対し、侵害立証または損害立証のため、必要な書類の提出を命ずることができます。

　ただし、書類所持者においてその提出を拒むことについて「正当な理由」があるときは、拒むことが許されます。

　書類提出の必要性や提出を拒む「正当な理由」の存否について、裁判官のみによるインカメラ審理を行うことができるものとされています（不競法 7 条 2 項）。

　この「正当な理由」としては、相手方が書類を保存していることを期待できない場合や相手方の書類に営業秘密が含まれる場合等が考えられます。もっとも、「営業秘密であれば直ちに提出義務が生じなくなるわけではなく、営業秘密を開示することにより書類所持者が受ける不利益と、書類が提出されないことにより訴訟当事者が受ける不利益とを比較衡量して判断を行うこととなる」とされています（前掲・逐条解説186頁）。

　(c)　技術上の秘密を取得した者の当該技術上の秘密を使用する行為等の
　　　推定（不競法 5 条の 2 ）

　平成27年改正において、営業秘密の不正使用行為の立証を容易化するために、一定の事実の立証責任を侵害者に転換する規定を設けました（不競法 5 条の 2 ）。すなわち、技術上の秘密を取得した場合において、その者が、その秘密を使用する行為により生じる物の生産等の行為をしたときは、当該営業秘密を使用したと推定するものとしました。

　技術上の営業秘密を不正に取得した者は、その営業秘密を使用することが通常であり、また、証拠の偏在を是正する必要性があるからです。

　本条により、営業秘密の不正使用行為が推定されるためには、下記①〜③の点を、被侵害者が立証する必要があります。

① 対象となる情報が被侵害者（原告）の営業秘密であり、生産方法等の技術上の情報であること。

② 侵害者（被告）による不競法2条1項4号、5号または8号に該当する営業秘密不正取得行為があったこと。

③ 侵害者（被告）が被侵害者（原告）の営業秘密を用いて生産することのできる物を生産等していること。

このように、本条の適用範囲は、非常に限定されており、広く営業秘密が取得された場合に、使用行為が推定されるわけではありません。

(3)　刑事記録の活用

上記のように、被告による不正競争行為を、原告が把握し、民事訴訟において立証することは困難です。

そこで、最近では、刑事告訴を行い、刑事事件を足がかりに証拠収集する方法が用いられています。

(a)　刑事確定訴訟記録

営業秘密侵害罪（不競法21条1項各号）の刑事事件が確定している場合には、刑事確定訴訟記録法に基づき事件の訴訟記録を閲覧することができます（同法4条1項）。当該事件は、弁論公開禁止事件ですが（同条2項1号）、営業秘密侵害罪の被害者であれば、「訴訟関係人又は閲覧につき正当な理由」（同条2項ただし書）があるものとして、閲覧の請求をすれば、閲覧が許されるものと考えられます。

(b)　不起訴事件記録

営業秘密侵害罪について捜査は行われたが、不起訴処分となった場合の捜査記録は、原則非公開とされています（刑訴法47条）。

例外的に、被害者等については、民事訴訟等において被害回復のための損害賠償請求権その他の権利を行使する目的である場合は、相当と認められる場合は、客観的証拠については、閲覧・謄写に応じるものとされています（法務省ホームページ「不起訴事件記録の開示について」〈https://www.moj.

go.jp/keiji1/keiji_keiji23.html〉。

　また、民事裁判所から不起訴記録の文書送付嘱託がなされた場合は、客観的証拠のほか、一定の要件を満たす場合は、供述調書についても閲覧謄写が認められています（前掲・法務省ホームページ）。

　(c)　証拠物についての証拠保全手続を用いた収集

　さらに、刑事事件において証拠物として押収された記録媒体の保存データについて、証拠保全（民訴法234条）を介して入手する方法もあります。すなわち、検察庁が保管している被疑侵害者のサーバについて、検察庁の一室を借りて証拠保全手続を行い、検証結果が記録化された検証調書を謄写することにより、証拠収集するというものです。

　大阪地裁令和2年10月1日判決（平成28年㈦第4029号）裁判所HP〔エディオン事件〕は、この方法により入手した証拠を用いて、不正取得・不正使用を立証したということであり、実務としても参考になります（苗村博子ほか「営業秘密侵害訴訟における刑事捜査記録の証拠利用」L＆T93号21頁）。

（室谷和彦）

Q15 刑事告訴

> 甲社の研究職従業員Aが退職し、その後、同業他社の乙社に転職しました。甲社から新製品Pの販売を開始しようとした矢先、乙社からP製品と類似したQ製品が発売されました。P製品の開発は、Aが担当していました。
>
> Aの退職前、サーバから、P製品開発に関する大量のデータがコピーされていることが確認されています。
>
> 甲社は、Aを刑事告訴しようと考えています。どのように進めればよいでしょうか。

▶▶▶Point

① 犯罪の事実、すなわち日時や場所、態様、被害の内容などをできる限り詳細に特定するよう裏付け資料とともに準備しましょう。

② 検察官など捜査機関への十分な説明に努めましょう。

1 不競法による罰則

(1) 刑事罰

不競法は、営業秘密の不正取得、使用、開示、領得行為のうち、一定の違法性の高い行為につき、刑事罰を科しています（営業秘密侵害罪、不競法21条1項各号）。具体的には、不競法21条1項各号に該当する行為をした者は、10年以下の懲役もしくは2000万円以下の罰金に処され、またはこれを併科されます（同項柱書）（詳しくはQ6参照）。

本件でも、仮にP製品開発に関するデータが不競法上の「営業秘密」（不競法2条6項）に該当する場合には、甲社在職中に甲社から当該営業秘密を

示されたＡが、図利加害目的で、その営業秘密の管理に係る任務に背いて、同法21条１項３号に規定する方法により、当該営業秘密を領得したとみる余地があり、仮にそのとおりであれば同号の営業秘密侵害罪の構成要件に該当します。

(2)　漏えいの経路と実行者

本事例は退職者による営業秘密の漏えいが疑われる事案ですが、本事例のように、営業秘密漏えい発生の経路や実行者としては、中途退職者（正規社員）によるものが多い傾向が指摘できます。平成24年度経済産業省委託事業である三菱ＵＦＪリサーチ＆コンサルティングの「人材を通じた技術流出に関する調査研究報告書（別冊）」（平成25年３月）が公表した統計をみても、「中途退職者（正規社員）による漏えい」が全体の50％を超えていることがわかります（同書53頁、152頁、図表３-95参照）。

2　非親告罪化と告訴のための準備

(1)　非親告罪化

平成27年の不競法改正前、営業秘密侵害罪は親告罪でした（平成27年改正前不競法21条３項）。これは、刑事裁判になれば当該営業秘密が原則公開されることから、この点を考慮してもなお刑事罰を科すことを求めるか否かの判断を被害者に委ねていたものです。ここで、親告罪とは、端的にいえば、被害者による告訴（刑訴法230条以下）がなければ公訴を提起（起訴）することができない犯罪のことをいいます。

しかし、その後、平成23年不競法改正により刑事訴訟手続において秘匿決定等の制度が導入され、刑事訴訟手続においても秘密状態が確保されるようになったことや、親告罪であることがかえって営業秘密侵害罪が軽い罪であるかのようなメッセージを与えかねないのではないか、といった理由により、平成27年、被害者の告訴がなくとも公訴提起可能な非親告罪へと改正されました。

　そのため、現在、営業秘密侵害罪の実行者の刑事責任を追及するために
は、被害者の告訴が法的には不要となっています。

　しかし、捜査機関側でも、営業秘密漏えいの被害がわからない限り捜査に
動きようがありません。そして、営業秘密の漏えいは、実行者としてもでき
る限り秘密裡に実行しようとするため、被害の発生自体が外部からわかりに
くく、そもそも漏えいしたとされる営業秘密は被害者に秘密管理されている
以上、被害者が被害に気付かない限り、外部者がその被害に気付くのが困難
であるという特殊性があります。

　そのため、捜査の端緒として、被害者による刑事告訴が重要であることに
はいまだ変わりありません。

　そして、非親告罪化したことにより、犯人を知ったときから6カ月を経過
する前に告訴をしなければならないという時間的制限（刑訴法235条本文）は
解消されました。もっとも、営業秘密侵害罪については、7年という公訴時
効がありますので、公訴時効の期間にはなお留意する必要があります（同法
250条2項4号）。なお、公訴時効は、検察官がいつまで公訴提起（起訴）す
ることができるか、という期間制限に関するものですので、告訴を同期間内
にすれば足りるというような誤解のないよう注意が必要です。

　(2)　告訴の準備

　(a)　捜査機関との事前相談

　告訴をしようとする場合、被害地を管轄する警察署や検察庁へ、事前に相
談に行くことが有用です。

　被害状況の説明や今後の段取り（スケジュール）に関する相談、告訴に向
けての準備（調査や確認事項の補充など）に関する助言や示唆などが捜査機関
から得られることもあります。

　また、告訴状をスムーズに受理してもらうためにも重要というべきでしょ
う。すなわち、捜査機関に告訴状および証拠を提出する際、その受理前に内
容の修正や補充を求められる場合もあり、適宜相談を繰り返すことも実務上

珍しくなく、告訴状を受理してもらうまで粘り強く対応する必要があります。そのため、事前に可能な範囲で捜査機関とコミュニケーションをとっておくことが大切なのです。なお、告訴や相談時から、どのような情報が営業秘密に該当するのかなどを適宜書面などにまとめながら、簡にして要を得た説明をするよう努めるとともに、当該営業秘密が外部に漏えいしないよう、捜査機関に注意を促すことも忘れないようにします。

(b) 事実関係の調査と証拠の収集整理

告訴する場合には、まずもって事実関係を調査し、裏付け資料の収集整理を行う必要があります。いつ、誰により、どこで、いかなる態様によって、どのような被害を受けたのか、といった犯罪事実が特定できなければ、告訴することは困難となります。捜査機関が事実上受理をしてくれなくなるか、仮に受理をしてもらったとしても、犯罪事実を立証できず、情報漏えいの実行者の刑事責任を追及することが困難となるのです。

そのため、犯罪の日時や場所、態様、被害の内容などは、可能な限り詳細に特定できるよう、事実関係の調査と裏付けとなる証拠資料の収集整理に努めましょう。

また、調査の過程で、同じ実行者による複数の営業秘密侵害（被害）が確認されることもあります。このような場合、種々の事情により、被害者にて、告訴時には被害の一部だけを告訴し、一部を告訴しないということを望む場合もあります。しかし、被害の一部のみを告訴し、一部を告訴しないまたは被害にあっている事実を秘匿するといった対応は、実行者の量刑に影響し得ることはもちろん、当該情報漏えい事件の全体像を捜査機関にて把握することを困難にしたり、被害の状況が捜査機関に過小に評価されたりする場合もあり、検察官による公訴提起をするか否かの判断にも影響を与えかねません（刑訴247条）。

そのため、被害が確認された場合には、できる限り、その全体像を明らかにしつつ、告訴の対象に含めることを検討すべきです。

　次に、告訴時やその後の刑事手続では、営業秘密侵害罪の構成要件に該当する行為ばかりでなく、被害者の事業や当該実行者の役職や職務権限、日ごろの業務内容や業務の流れといった周辺事情についても、事件やその全体像を把握・理解するために大切になります。

　初期の調査段階で、周辺の事情についても、証拠資料の収集整理とともに調査していきましょう。

　特に、実行者が退職者である場合、当該実行者の退職から時が経てば経つほど、実行者に関する資料（履歴書やタイムカードなど）を処分してしまっている、関係者の記憶が薄れるなど、証拠散逸のリスクが高まっていくのが通常です。

　そのため、関係各署へ当該実行者に関する資料の保管を指示するなど、証拠保全の観点からも迅速な初動対応が肝要となります。

　(c)　「営業秘密」の確認・精査

　以上の事実関係の調査においては、被害状況の確認と証拠の収集整理を重視すべきです。他方で、漏えいしたと思われる当該情報が、「営業秘密」（不競法2条6項）に該当するかを判断するための管理状況の確認や証拠化なども大切になります。いわゆる秘密管理性、有用性、非公知性などに関する状況の確認や情報・資料の収集、証拠化などにも早期に対応します。

　加えて、社内において、どの情報が「営業秘密」として保護してもらうべき情報であるのかなども精査しましょう。

　例えば、本件で漏えいした情報が、P製品を製造するうえで欠かすことのできない「合金α」を製造する方法に関する情報であるとします。この場合、具体的には、当該合金αの製造過程において、融点を20℃超える温度まで熱したスズを、当該合金αの質量の内20％の割合となるよう溶かし込むという情報が存在する場合、そもそもスズを用いていること自体が「秘密」であるのか、それともスズを用いていること自体は秘密ではないものの、当該スズを、融点を20℃超える温度にまで熱している点が「秘密」であるのか、

はたまたそうではなく当該合金α全体の質量に占める割合が20％であるという点が「秘密」なのか、もしくはこれらの組合せが「秘密」となるのかといった具合です。

　被害者として、何が秘密なのかを告訴前に十分精査しておかなければ、捜査機関に対する「営業秘密」の内容やポイントの十分な説明に窮することになりかねず、適切な秘密状態を確保した状態での取扱いにも不安が残ることになります。また、その後の刑事手続において、当該情報の適切な取扱いがなされないリスクも包含することになりかねません。

3　本件での対応

　本件では、サーバからP製品開発に関する大量のデータがコピーされているとのことです。当該コピーに関するログを含め、サーバのアクセスログ等を確認し、いつ、どのような行為が、どの端末からなされたのかなど確認していきましょう。また退職しているAの関与が疑われるとのことですので、資料散逸を防ぐべく、至急、Aのタイムカードや使用端末（パソコンなど）、当時の業務に関するメールサーバ、業務日報などAに関する資料を確保しましょう。

　また、確保後は、直近での不自然な残業の有無の確認や、各種ログ、Aのタイムカードと業務状況・内容に関する情報との整合を確認することが考えられます。

　そのうえで、当時のAの業務内容や周辺事情を含め種々の事実関係についても調査し、裏付け資料を収集整理しておきます。

　さらに、真に自社の営業秘密が使用されているといえるのかを可能な限り確認すべく、Q製品を市場から取得し、P製品や甲社の保有する情報との対比や確認作業などをしましょう。P製品の製造に関する営業秘密に、バグやダミー情報など本来含まれていることが不合理・不自然な情報を忍ばせている場合、Q製品に同様のバグやダミー情報が含まれているかを確認すること

ができれば、「営業秘密」の使用につき、より確度の高い検討が可能になるでしょう。

　また、当該情報の内どの情報が「営業秘密」（不競法2条6項）なのかを精査するとともに、その管理状況や有用性を確認し、整理しておきましょう。

　その後もしくはその過程で適宜、管轄の捜査機関に相談へ赴き、告訴状の受理に向けて、告訴状の作成など準備していくことになるものと思われます。

　なお、告訴後は、捜査機関から随時相談や問合せなど連絡が入ることが一般的です。例えば、追加での資料の提出、当該情報漏えいの件について事情に詳しい従業員等がいれば当該従業員等に対する聴取り、捜索差押えに関する相談その他情報共有などもあり得ます。

　そのため、告訴後の対応窓口も事前に決めておきましょう。捜査機関に円滑かつ迅速に捜査等してもらうためにも、可能な限り円滑迅速な対応に努めることが大切です。

（矢倉雄太）

コラム⑤　告訴状

告訴状のひな型は以下のとおりです。以下は、Q15の事例とは異なる事例（不正な手段による取得のケース）を想定したものです。

　　　　　　　　　　　　　　　　　　　　　　　　○○年○○月○○日

○○地方検察庁
検事正　□□□□　殿

告　訴　状

　　　　　　　　　　　　　　　　　東京都○○区○○町○丁目○番○号
　　　　　　　　　　　　　　　　　　　　　　　○○○ビル×階
　　　　　　　　　　　　　　　　　告訴人　株式会社○○
　　　　　　　　　　　　　　　　　代表者代表取締役社長　○○○○

　　　　　　　　　　　　　　　　　東京都○○区○○町○丁目○番○号
　　　　　　　　　　　　　　　　　　　　被告訴人　　甲

第1　告訴の趣旨
　被告訴人の下記行為は、不正競争防止法第21条1項1号の営業秘密侵害罪に該当するので、被告訴人の処罰を求めるために告訴する。

第2　告訴の事実
　被告訴人は、告訴人会社の営業部長の職にあった者であるところ、不正の利益を得る目的で、○○年○○月○○日午前○時○分頃、東京都○○区○○町○丁目○番○号○○○ビル×階所在の告訴人会社の役員室に無断で侵入し、同役員室において、代表者代表取締役社長○○○○がR製品の開発書類一式を含む営業秘密を管理する金庫を無断で開錠し、同金庫に保管されていたR製品に関する開発書類一式を、被告訴人が持参したカメラで撮影し、営業秘密を取得したものである。

第3　事情
　告訴人会社は、R製品をはじめとするはんだ製品やヒューズ製品を製造、販売する会社であり、被告訴人はかつて営業部長の職にあった者である（○○年○○月○○日付で告訴人会社を退職している）。被告訴人は、遊興費を得るため、告訴人会社が管理し、告訴人会社のR製品の製造に関する営業秘密が記載された告訴人会社のR製品の開発書類一式を無断で写

真撮影して、告訴人会社と競争関係にある乙社に対し売却することを企図
し、上記日時場所において、告訴人会社の営業秘密であるR製品の開発書
類一式を携帯電話のカメラで写真撮影し、○○年○○月○○日頃、○○県
○○市○○町○丁目○番○号所在の乙社において、乙社の取締役丙氏に対
し、営業秘密記録媒体である写真のデータを金○○○万円で売却したもの
である。

立証方法

1．告訴人会社の全部事項証明書
2．告訴人会社の代表取締役社長○○○○の陳述書
3．参考人A、Bの陳述書
4．告訴人会社の防犯カメラ映像が記録されたデータ（CD-R）
5．告訴人会社の時間外出退社管理簿

以上

　以上のように、「告訴の事実」は、基本的に一文で表現します。不競法21条
1項各号での規定されている構成要件の記載ぶりを参考にしながら、具体的な
事実関係を5W1Hを大切にしつつ記載する意識で、犯罪事実を可能な限り
特定した記載に努めます。

　事情についても、告訴する案件の全体像や具体的な事実関係が理解できるよ
う、可能な限り仔細に記載するように努めます。

　立証方法についても、告訴と同時に提出する証拠資料を準備しておきましょ
う。証拠資料については基本的に原本を提出することになります。事前に自社
の控えとして写しを取っておくか、捜査機関と相談のうえ、取り急ぎ写しを提
出しておき、後日捜査機関からの原本提出の要請を受けて提出できるよう段取
りしておきましょう。

　また、営業秘密侵害罪の構成要件該当性を裏付ける具体的な証拠資料は、可
能な限り立証方法として告訴状に添付する必要があります。

　告訴状については、捜査機関に受理してもらう前、捜査機関との間でやりと
りが発生する場合があります。具体的には、告訴状を捜査機関に対し提出しよ
うとする際、その受理前に、告訴状をみた捜査機関から、補充調査や告訴状案
の修正要望などがある場合があるのです。告訴人としては、早期に告訴状を捜
査機関へ受理してもらうためにも、迅速に、かつ可能な限りの対応に努めま
しょう。

（矢倉雄太）

Q16 刑事裁判手続における営業秘密の保護措置

> 　営業秘密を持ち出し、漏えいした元従業員を告訴した場合、その刑事裁判手続を通じて営業秘密がさらに漏えいすることはないでしょうか。刑事裁判手続では、どのように営業秘密が守られるのでしょうか。

▶▶▶Point

① 　秘匿決定（不競法23条）など平成23年の不競法改正で導入された営業秘密の保護規定を活用しましょう。

② 　営業秘密を守るためにも、刑事裁判手続への積極的な関与、検察官への十分な協力に努めましょう。

1 刑事裁判手続の原則と平成23年不競法改正

　刑事裁判手続では、公判期日や証拠調期日は、公開が原則です（憲法82条1項、2項、刑訴282条）。より詳細には、公開の法廷において、検察官による起訴状の朗読をはじめとし、起訴事実を立証するための証拠書類の取調べや証人尋問、本人質問が行われます。

　そのため、刑事裁判手続においては、営業秘密が公開の法廷の場で明らかになり、傍聴人などに対し、再度漏えいする可能性があるといえます。

　後述のような営業秘密の保護制度が導入される前は、営業秘密のさらなる漏えいが起こらないよう、刑事手続においては、裁判所の訴訟指揮や検察官の任意の工夫に頼っていました（小野昌延ほか編『不正競争の法律相談II』392頁）。

　このようななか、平成23年に、刑事裁判手続における適切な営業秘密の保護措置を講じるべく、後述の秘匿決定（不競法23条）などの導入を始めとす

る不競法改正が行われました。

　その後、元社員が、不正の利益を図る目的で、その情報の管理に係る任務に背き、会社の技術情報を領得した事案（名古屋地判平成26年8月20日（平成24年㋫第843号））〔ヤマザキザック事件第1審〕）において、営業秘密に該当する機械の製法などに関する情報は、公判前整理手続において秘匿決定がなされ、第1回公判期日においても法廷で明らかにしない方針が裁判所から示され、被告人質問も公判期日外で行われた旨の報道もあります。

2 刑事裁判手続における営業秘密の保護制度と活用上の留意点

(1) 秘匿決定（不競法23条）

　裁判所は、営業秘密侵害罪に係る事件を取り扱う場合において、当該事件の被害者もしくは当該被害者の法定代理人またはこれらの者から委託を受けた弁護士から、当該事件に係る営業秘密を構成する情報（「営業秘密構成情報」）の全部または一部を特定させることとなる事項（「営業秘密構成情報特定事項」）を公開の法廷で明らかにされたくない旨の申出があるときは、被告人または弁護人の意見を聞き、相当と認めるときは、その範囲を定めて、当該事項を公開の法廷で明らかにしない旨の決定をすることができます（不競法23条1項。いわゆる秘匿決定）。このような申出は、あらかじめ検察官に対してするものとされ、検察官はこの申出を受けたときは、意見を付して裁判所に通知するものとされます（同条2項）。なお、被告人その他の者から同人らの保有する営業秘密に関して同様の申出があるときも、公開の法廷で明らかにしない旨の決定をすることもできます（同条3項。いわゆる秘匿決定）。

　また、裁判所は、秘匿決定がなされた場合、必要があると認めるときは、検察官および被告人または弁護人の意見を聞き、決定で、営業秘密構成情報特定事項に係る名称その他の表現に代わる呼称その他の表現を定めることができます（不競法23条4項。いわゆる呼称決定）。

　なお、呼称等の決定については、被害者からも検察官を通じて積極的に提

案や説明をすべきです。例えば、合金Aの製造方法に関する情報のうち、当該合金Aを製造する際に70℃の金属αを混合するという方法の全部または一部が営業秘密であるとして、この「70℃」を「X℃」と表せば金属αはそのまま呼称してよいのか、それともそれでは足りず、「金属α」という物質が混合されていること自体が営業秘密のため、「金属α」を「特定物質」など別の表現にすべきか否かによって、呼称の内容は変わります。しかし、これは検察官では必ずしもわかりません。したがって、被害者としては、刑事裁判手続において適切に営業秘密の保護措置が講じられるよう、呼称等の決定についても、積極的に情報の提供や代替の呼称等の提案をするべきです。

なお、このような秘匿決定や呼称決定は、公判前整理手続や期日間整理手続においても決定することができます（不競法29条1号）。

(2) 起訴状の朗読（不競法24条）・証拠書類の朗読（同法28条）

秘匿決定がなされた場合、刑訴法291条1項の起訴状の朗読は、営業秘密構成情報特定事項を明らかにしない方法で行うことになります（不競法24条）。もっとも、検察官は、被告人に対して起訴状を示さなければなりません（同条2文）。

また、秘匿決定がなされた場合には、刑訴法305条1項または2項の規定による証拠書類の朗読は、営業秘密構成情報特定事項を明らかにしない方法で行うことになります（不競法28条）。

起訴状の朗読時や、証拠書類の朗読時には、このように営業秘密の保護措置が講じられることになります。なお、被告人に対し起訴状を示さなければならないのは、被告人の防御権の絶対条件として公訴事実を開示しなければならず、不開示とはできないからです。

(3) 尋問等の制限（不競法25条）・公判期日外の証人尋問等（同法26条）

裁判長は、秘匿決定があった場合、訴訟関係人のする尋問または陳述が営業秘密構成情報特定事項にわたるときは、これを制限することにより、犯罪の証明に重大な支障を生ずるおそれがある場合または被告人の防御に実質的

な不利益を生ずるおそれがある場合を除き、当該尋問または陳述を制限することができます。訴訟関係人の被告人に対する供述を求める行為についても、同様です（不競法25条）。

　また、裁判所は、秘匿決定をした場合、証人、鑑定人、通訳人もしくは翻訳人を尋問するとき、または被告人が任意に供述をするときは、検察官および被告人または弁護人の意見を聞き、証人、鑑定人、通訳人もしくは翻訳人の尋問もしくは供述または被告人に対する供述を求める行為もしくは被告人の供述が営業秘密構成情報特定事項にわたり、かつ、これが公開の法廷で明らかにされることにより当該営業秘密に基づく被害者、被告人その他の者の事業活動に著しい支障を生ずるおそれがあり、これを防止するためやむを得ないと認めるときは、公判期日外において証人尋問や被告人供述（刑訴法311条2項および3項）の手続をすることができます（不競法26条）。なお、このような公判期日外での証人尋問等は、公判前整理手続や期日間整理手続においても決定することができます（同法29条2号）。

　公判期日外で証人尋問等を実施できれば、証人等が公開の法廷で営業秘密構成情報特定事項を誤って発言してしまうようなリスクにも対応でき、訴訟関係人としてもいたずらに尋問等で萎縮することも防ぐことができるでしょう。

(4)　尋問等に係る事項の要領を記載した書面の提示命令（不競法27条）

　裁判所は、呼称等の決定をし、または公判期日外での証人尋問や被告人の供述を求める手続をする旨を定めるにあたり、必要があると認めるときは、検察官および被告人または弁護人に対し、訴訟関係人のすべき尋問もしくは陳述または被告人に対する供述を求める行為に係る事項の要領を記載した書面の提示を命ずることができます（不競法27条）。

　これにより、裁判所による訴訟関係人の陳述等の把握や理解を助け、円滑な審理に資することになります。

(5)　証拠開示の際の秘匿要請（不競法30条1項）

　検察官や弁護人の請求に係る証拠書類等は、相互に相手方にこれを閲覧する機会を与えなければならないとされています（刑訴法299条1項）。この際に、検察官または弁護人は、営業秘密構成情報特定事項が明らかにされることにより当該営業秘密に基づく被害者、被告人その他の者の事業活動に著しい支障を生ずるおそれがあると認めるときは、相手方に対し、その旨を告げ、当該事項が、犯罪の証明もしくは犯罪の捜査または被告人の防御に関し必要がある場合を除き、関係者（被告人を含む）に知られないようにすることを求めることができます（不競法30条1項本文）。ただし、被告人に知られないようにすることを求めることができるのは、当該事項のうち起訴状に記載された事項以外のものに限られます（同条1項ただし書）。

　なお、この規定は、公判前整理手続等において、検察官または弁護人が証拠を開示する場合に準用されています（不競法30条2項）。

　これは、主として、証拠開示を受けた者を通じて当該営業秘密の内容が第三者に知られることを防ぐためのものです。

(6)　訴訟記録の閲覧・謄写（刑訴法53条1項）

　刑事訴訟終結後は、刑事訴訟記録は、検察官（保管検察官）により保管されることになります（刑事確定訴訟記録法2条1項）。この場合、第三者により、刑事確定訴訟記録法に基づいて刑事訴訟記録の閲覧請求がなされることがあり得ます（同法4条、刑訴法53条1項）。

　もっとも、営業秘密が刑事訴訟記録に記載されており、被害者の事業活動に著しい支障を生ずるおそれがある場合には、マスキングした記録のみの閲覧が許可され、または閲覧を許可しない等の措置がとられることが期待でき、特に秘匿決定がなされている場合には、保管検察官が適切に運用してくれることも期待できます（刑訴法53条2項参照）。しかし、営業秘密も時間とともに情報としての価値（有用性）が陳腐化すると判断される可能性はあります。そのため、被害者としては第三者からの閲覧請求があり、仮に検察官

から問合せがあった場合には、都度、しっかりと当該情報の秘密管理性や有用性など、なお当該情報が「営業秘密」として十分に保護されなければならない理由を説明したり、適宜情報提供をしたりするなど、十分な協力に努めるべきです。

3 　小　　括

　以上概観したとおり、刑事裁判手続においては、平成23年不競法改正により、営業秘密の保護措置が設けられています。

　被害者としては、このような保護措置が適切に講じられるよう、検察官に対し、情報提供とともに適宜働きかけることになります。

　また、公判を担当する検察官は捜査担当の検察官とは別人となる可能性も高いです。そのため、捜査段階や告訴段階において検察に対し、営業秘密等に関する説明をしたからといって安心せず、公判担当の検察官が決まれば、公判担当の検察官とも十分な打合せをし、引き続き協力するよう努めることも大切となります。

　また、事件終結後も、なお記録の閲覧という営業情報漏えいのリスクがあることを理解し、刑事訴訟記録の保管検察官からの問合せが入った場合などには、少なくとも不足のないよう、必要な情報提供や対応をするよう気をつけましょう。

　なお、被害者は、一定の例外を除き、第1回公判期日後に訴訟記録の閲覧または謄写が可能です（犯罪被害者保護法3条1項）。そのため、被害者としては、情報漏えいの実行者に対し、民事責任を追及すること（民事訴訟の提起）を見据えて、刑事訴訟記録の謄写手続の活用も検討することになります。

（矢倉雄太）

┌─────┐
│ コラム⑥ │　近時の大型営業秘密漏えい事件（刑事事件）
└─────┘

　近時の営業秘密侵害に関する刑事事件として、下記の2件をご紹介します。

【東芝NAND型フラッシュメモリ事件】

　第1審：東京地裁平成27年3月9日判決・判時2276号143頁、控訴審：東京高裁平成27年9月4日判決（平成27年（う）第828号）

〈事件の概要〉

　本件は、東芝の提携企業の元技術者が、東芝のNAND型フラッシュメモリの仕様やデータ保持に関する信頼性検査の方法などの営業秘密を無断で複製し、韓国の半導体メーカーであるSKハイニックスに開示した事案です。本件は、平成26年3月に東芝がSKハイニックスに対し、およそ1100億円の損害賠償を求める民事訴訟を提起しており、同年12月に、SKハイニックスが東芝に対して278百万米ドル（日本円で約330億円）を支払うことで和解が成立しています。ところで、本案件の刑事事件については、平成26年に東芝が元技術者を告訴したところに端を発しています。

〈量　刑〉

　本件では、被告人に対して、懲役5年の実刑および罰金300万円が併科されています。

〈コメント〉

　本件は、営業秘密侵害罪で初めての実刑判決であるうえに、罰金の金額も判決当時の過去最高額というケースです。

【ベネッセ事件】

　第1審：東京地裁立川支部平成28年3月29日判決・判タ1433号231頁、控訴審：東京高裁平成29年3月21日判決・判タ1443号80頁

〈事件の概要〉

　本件は、通信教育等を業とするベネッセコーポレーション（以下、「ベネッセ」といいます）が業務委託先にベネッセの情報システムの開発等の業務を委託したところ、被告人は、当該業務委託先で同業務に従事し、営業秘密であるベネッセの顧客情報（「本件顧客情報」）を、これが記録されたベネッセのサーバ（「本件サーバ」）に業務用パソコンからアクセスするためのIDおよびパスワード等を付与されるなどして示されていました。本件ではこのような被告人が、不正の利益を得る目的で、その営業秘密の管理に係る任務に背いて、①二

度にわたり、業務用パソコンを操作して、本件顧客情報が記録された本件サーバにアクセスし、合計約2989万件の顧客情報のデータをダウンロードして業務用パソコンに保存したうえ、これとUSBケーブルで接続した自己のスマートフォンの内臓メモリまたはマイクロSDカードにこれを記録させて複製する方法により、上記顧客情報を領得し、②上記顧客情報のうち約1009万件の顧客情報について、インターネット上の大容量ファイル送信サービスを使用し、サーバコンピュータにこれらをアップロードしたうえ、ダウンロードするためのURL情報を名簿業者に送信し、名簿業者にダウンロードさせて記録させることにより、これらの顧客情報を開示した、という不競法違反（営業秘密侵害罪）の事案です。

〈量　刑〉

　本件では、被告人に対して、懲役2年6月の実刑および罰金300万円が併科されています。

〈コメント〉

　本件は、社会的耳目も大いに集めた刑事事件です。量刑も、実刑判決が出されているうえに、罰金300万円が併科されており、決して軽くない部類のケースといえます。

（矢倉雄太）

2　取引先による不正使用等への対応

Q17　見積りをとった会社からの類似品販売

> 　甲社は、自社が開発した文房具（P製品）について、製造委託を検討
> するため、乙社・丙社に対して、P製品の試作品の図面を渡して、見積
> りをとりました。甲社は、両社の提示する製造単価その他の条件を検討
> して、乙社ではなく丙社に製造委託をすることとしました。
>
> 　甲社が、P製品の販売を開始する直前に、乙社からP製品の類似品が
> 販売されていることが発覚しました。
>
> 　甲社は、乙社に対して、どのような請求ができるでしょうか。秘密保
> 持契約を締結している場合と、締結していない場合とで違いはあるで
> しょうか。
>
> 　また、権利行使にあたり、どのような点に注意すべきでしょうか。

▶▶▶Point

① 　不競法2条1項7号（不正開示行為等）および同法2条1項10号（営業
秘密侵害品の譲渡等）に基づく差止請求（同法3条）や損害賠償請求（同
法4条）のほか、所有権に基づく図面の返還請求やその他図面の著作権侵
害に基づく請求などを検討しましょう。

② 　秘密保持契約を締結している場合と締結していない場合とで、こちらの
争い方や先方からの争われ方に違いが出てくる可能性があり、結論を左右
するおそれもあります。営業秘密に該当するような図面等を第三者に開示
する場合には、事前に秘密保持契約の締結を原則行うべきです。

③ 　権利行使にあたり、営業秘密の「使用」といえるかも丁寧に分析検討し
ておくべきです。事実関係と裏付け資料の収集と整理も怠らないようにし
ましょう。

1 どのような請求が可能か

(1) 不競法に基づく請求

本件では、甲社は、乙社に対し、製造委託を検討するため、Ｐ製品の試作品の図面（「本件図面」）という技術上の情報（「技術情報」）を渡しています。これに対し、乙社は、Ｐ製品の類似品を販売しており、甲社の技術情報の使用が疑われます。そのため、不正の利益を図る目的で当該技術情報を使用しているといえる余地があり、不競法2条1項7号（不正開示行為等）に違反する可能性があるといえそうです。

また、仮に乙社の行為が不競法2条1項7号に該当する場合、乙社は、甲社の技術情報を使用して製造した物（Ｐ製品の類似品）を譲渡しており、このような行為は、同項10号（営業秘密侵害品の譲渡等）に違反すると思われます。

そのため、甲社としては、まず不競法2条1項7号および同項10号に違反することを理由として、当該営業秘密の使用の差止請求やＰ製品の類似品の製造販売に対する差止請求（同法3条1項）はもちろん、Ｐ製品の類似品の廃棄請求（同法3条2項）をすることが考えられます。

加えて、甲社は、乙社が故意または過失により上記不正競争行為を行ったことにより、営業上の利益を侵害されているように推察されますので、乙社に対し、差止請求とあわせて損害賠償請求（不競法4条）を行うことも検討しましょう。

なお、仮にＰ製品が市場で販売された場合に、Ｐ製品自体をリバースエンジニアリングすることなどにより、当該営業秘密が公衆の知るもしくは知り得るところとなるときは、口頭弁論終結時に「非公知」でないとの理由から、差止請求が難しくなる可能性に留意が必要です。

(2) 所有権に基づく請求

甲社が乙社に対し、製造委託を検討するためにＰ製品の試作品の図面を提

供した行為が、単に製造委託を検討するために貸与したものにすぎず、当該
図面の所有権を移転する趣旨まで含まない場合で、いまだ当該図面が乙社の
手元にある場合には、重ねて当該図面の所有権に基づく返還請求をも検討し
ましょう。大切な技術情報が記載された図面が、いつまでも被疑侵害者側で
確保されているというのは、さらなる情報漏えいのリスクの観点からも通常
避けるべきです。

　(3)　著作権に基づく請求

　また、著作権に基づく請求についても検討しましょう。もっとも、仮に本
件図面に著作権が成立している場合であっても、当該図面に従って無断でP
製品の類似品を製作する行為は、当該図面の著作権侵害とはならないと考え
られます（大阪地裁平成4年4月30日判決・判時1436号104頁〔丸棒矯正機設計事
件〕）。当該図面の著作権の保護範囲は、図面自体が複製や翻案、改変がなさ
れるなどの場合に限定されます。

　よって、著作権侵害に基づく差止請求として可能なのは、大まかには当該
図面の複製を止める、翻案を止める、当該複製や翻案された図面の廃棄（著
作権法112条各項）といった内容になると思われます。また、当該図面の複製
や改変・翻案といった著作権侵害行為に対し損害賠償請求（民法709条）をす
ることも考えられますが、賠償額は当該図面の著作権の保護範囲との関係で
定まりますので、不競法に基づく請求に比して金額面で劣る可能性に留意す
る必要があります。

2　秘密保持契約締結の有無が与え得る影響

　本件においてとり得る請求は以上のとおりであり、本件では不競法に基づ
く請求が中心的な請求になると考えられます。この場合、甲社としては、
「営業秘密」（不競法2条6項）に該当することを主張立証しなければなりま
せん。

　しかし、そもそも秘密保持契約を何ら結ぶことなく本件図面を乙社に提示

したとすれば、乙社からは、秘密管理性や非公知性を中心に、そもそも本件図面は「営業秘密」ではない、として争われる可能性があります。まして、当該図面が秘密情報であることや関係者外秘などであることの明示などもなく提供しているとすれば、この危険は一層高まります。例えば、乙社としては、本件図面を秘密保持契約を結ぶことなく開示を受けており、まして秘密情報であるとの明示もなく認識可能性もなかったなどと主張し、秘密として管理されていなかったといった具合です。秘密保持契約の締結の有無は、甲社にとっては不利な方向で、結論に影響を与え得るほどの違いがでる可能性があるでしょう。

　これに対し、本件図面の提示前もしくは提示時に、甲乙間で秘密保持契約を締結していれば、以上の観点で秘密管理性や非公知性が争われる余地は少なくともなくなると思われます。また、甲社としては、秘密保持契約を締結していることを、秘密管理性があることの裏付けとしても使用することが考えられます。

　また、秘密保持契約を締結していれば、同契約違反（例えば、秘密保持義務違反や目的外使用禁止義務違反）を理由とした請求をする余地が生まれます。具体的には、秘密保持契約に基づく請求の場合には、当該秘密情報（本件では図面）が不競法2条6項に規定する「営業秘密」に該当することの主張立証を必ずしも行う必要がなく、当該秘密保持契約の規定する秘密保持の対象情報（秘密情報）にあたることの主張立証で足りるものと思われます（ただし、秘密保持契約内の「秘密情報」が同項にいう「営業秘密」を指すものと解釈される可能性は否定できず、この場合には、両者の主張立証は共通することになります）。この点で利点があるといえるでしょう。なお、不競法に基づく請求と秘密保持契約に基づく請求のいずれにしても、そもそも当該図面に非公知性がなければ請求は難しいでしょう。

　以上の次第で、情報保有者が、「営業秘密」であると主張したい情報を第三者に開示する場合には、原則として秘密保持契約を締結しておくべき、と

いえます。

3　権利行使にあたっての留意点

(1)　営業秘密の「使用」

　本件のように、営業秘密を使用していることが疑われる乙社に対し、営業秘密の「使用」（不競法2条1項7号）を追及しようとする場合、立証がハードルとなることが多いです。すなわち、そもそも被疑侵害者が営業秘密を「使用」しているか否かがポイントになります。

　そのため、甲社としては、基本的に乙社販売に係る類似品はできる限り購入し、営業秘密を「使用」しているか否かを慎重に分析検討をする必要があります。例えば、試作品の図面に含まれるP製品特有の特徴的部分が共通しているなど、P製品の試作品図面を使用していなければ現れるはずのない点を複数挙げることができないか、その他こちらの営業秘密を使用している徴表（共通点など）をできる限り探します。両者の共通点が同種製品と比べて特異であることや選択の幅が広い部分であることなどの主張立証も検討することになります。もちろん不競法5条の2（立証責任の転換規定）の規定の活用も検討します。

　また、裁判例のなかには、営業秘密の使用が疑われる事案において、設計期間が通常4カ月半は要する機械について、営業秘密の保有者を退職した元従業員が、当該営業秘密の使用が疑われる会社に入社してから約40日で当該機械のネジ図面を送付して見積りの依頼までしていたことを、営業秘密の「使用」を肯定する方向の事実として用いたものもあります（大阪地裁平成15年2月27日判決（平成13年(ワ)第10308号）裁判所HP〔セラミックコンデンサー事件〕）。そのため、本件でも、甲社から乙社に対し、本件図面を提示してからP製品の類似品が販売されるまでの期間の確認、P製品の開発期間はもちろん同種製品を開発するのに通常要する期間の確認作業なども有用といえます。

　また、例えば、営業秘密をそのまま使用せずに「参考」程度に使われた場合、どこまで「参考」にされれば、不競法上の「使用」と評価できるのかという難しい問題があります。この分水嶺は、実務上も必ずしも判然とせず悩ましい問題の一つです（「使用」を否定した例として例えば、知財高裁令和元年8月21日判決・金判1580号24頁参照）。

　(2)　「営業秘密」（不競法2条6項）該当性

　もちろん、当該図面が「営業秘密」に該当することを裏付ける資料の収集や整理も怠らないようにしましょう。

　当該図面に㊙が付されているか否か、どのようにアクセス制限が講じられているか、社内の情報管理規程やその運用状況、従業員においてどの程度当該図面が「営業秘密」であるとの認識可能性があったかを示す事実関係と資料を収集し、整理します。

　また、当該P製品の試作品の図面の有用性に関する事実関係の確認、資料の収集整理も大切です。

　その他、本件の全体像と細部に至るまでの事実関係の確認と裏付け資料の収集整理を迅速に行うことも、営業秘密の漏えいが疑われる事案における初動対応として基本となります。

　(3)　図面の回収

　甲社としては、当該図面の回収が済むまで、十分に留意しましょう。仮にP製品の類似品の販売が止まり、損害賠償金の回収の目途が立ったとしても、特に交渉段階や民事訴訟での和解検討段階ではこれと並行して、第三者に対し当該営業秘密が開示されていないことや営業秘密が記載された図面の返還および返還完了（他に保有していないこと）の表明保証まで得ることを目標としましょう。

　営業秘密が記載された図面が甲社以外の第三者の下に存在する限り、そこからさらに漏えいするリスクは払拭できません。そのため、なお情報漏えいのリスクが拭えない危険な状態下にあることを十分に意識し、気を抜かずに

対応することが大切です。

(4)　その他の留意点

　以上のほか、本件のような情報漏えいが疑われるケースでは、情報漏えい先から第三者へのさらなる漏えいの危険が指摘できます。

　そのため、このようなさらなる漏えいのリスクを可能な限り回避するためにも、慎重でありつつも、迅速な初動対応が重要となります。初動対応の基本は、可能な限り、迅速に、事実関係の確認をし、裏付け資料を収集整理することです。本件では、乙社との製造委託契約書の有無や秘密保持契約書の有無、P製品の類似品の確保と「使用」の精査、当該図面の「営業秘密」該当性に関する情報の確認や資料の収集整理、対応検討などが肝となるでしょう。

　また、本件のように製造委託先として検討していた乙社であれば、P製品とは別件で何らかの取引が存在する可能性もあります。そのため、乙社との間における別件取引の有無の確認や、取引先としての重要性等も精査し、大局的にみて解決方法を検討することになるでしょう。さらに、このように大局的にみた適切な対応を円滑かつ十分に検討するためにも、当該製造委託先である乙社とつながりのある部門、例えば開発部門や営業部門、その他法務部門、知的財産部門、情報システム部門、担当役員などのメンバーにて対応チームを組み、十分なコミュニケーションをとって検討することが大切になります。

（矢倉雄太）

Q18 製造委託先からの類似製品販売

甲社は、自社が開発した樹脂（Ｐ製品）について、乙社に製造委託をなし、乙社においてＰ製品の製造を行い、甲社から販売しています。Ｐ製品の製造方法（レシピ）は、甲社が乙社に提供したものです。

最近、甲社は、丙社からＰ製品に類似した樹脂（Ｑ製品）が販売されていることを発見しました。乙社に確認したところ、Ｑ製品は、乙社が丙社から委託を受け、丙社に製造販売しているとのことでした。

甲社は、乙社、丙社に対して、それぞれどのような請求をすることができるでしょうか。

また、権利行使にあたり、どのような点に注意すべきでしょうか。

▶▶▶Point

① 乙社との関係では、製造委託契約等の契約上の責任（例えば秘密保持義務違反や開示情報の目的外使用の禁止義務違反など）の追及（差止めや損害賠償請求）を検討します。あわせて不競法２条１項７号（不正開示行為等）や同項10号（営業秘密侵害品の譲渡等）に該当することを理由に、差止め（同法３条）や損害賠償（同法４条）の請求も検討しましょう。

② 丙社との関係では、不競法２条１項８号（不正開示行為介在の認識と使用行為等）や同項９号（不正開示行為を知った後の使用行為等）、同項10号（営業秘密侵害品の譲渡等）に該当することを理由とする差止め（同法３条）や損害賠償（同法４条）の請求を検討しましょう。

③ 権利行使にあたっては、事前に事情の聴取など情報の収集をできる限りしておくとともに、営業秘密の「使用」にあたるのかを、Ｑ製品を取得するなどして丁寧に分析しましょう。また乙社との契約を解除するか否か検討し、解除する場合には事業がスムーズに移行できるよう、次の委託先の選定作業等も同時並行的に進めておきましょう。

1 乙社に対する請求

(1) 契約責任に基づく請求

本件で甲社は、乙社に対し、Ｐ製品の製造方法（レシピ）を提供してお
り、その乙社が、Ｐ製品と類似したＱ製品を製造し、丙社にこれを販売して
いるとのことです。そのため、乙社においてＰ製品の製造方法をＰ製品を製
造する以外の乙社の利益のために使用していることが疑われます。

そのため、まず、甲社が乙社との間で締結している製造委託契約におい
て、あわせて秘密保持条項や開示情報の目的外使用禁止条項などを合意して
いる場合や製造委託契約に関連して別途秘密保持契約を締結している場合な
どには、当該条項（契約）に違反したことを理由とする契約責任の追及を検
討することになるでしょう。

具体的には、契約違反に基づく差止請求や損害賠償請求（民法415条１項本
文や同契約内の損害賠償条項に基づく）を検討することになります。

また、契約違反を理由とする製造委託契約の解除（民法540条、541条本文）
の意思表示をするか否かも検討することになるでしょう。

(2) 不競法に基づく請求

また、本件では、以上のとおり乙社が甲社と丙社それぞれから製造に関す
る委託を受けており、乙社が甲社のＰ製品の製造方法に関する情報を無断で
使用して製造したと疑われるＱ製品を、丙社に販売しているとのことです。

そのため、乙社は、営業秘密保有者である甲社から示されたＰ製品の製造
方法を、不正の利益を図る目的で、丙社へ開示しているか、少なくとも使用
している可能性がありそうです。

そうすると、乙社は不競法２条１項７号（不正開示行為等）および同項10
号（営業秘密侵害品の譲渡等）に該当し、同法違反を問う余地があります。

そのため、乙社に対しては、不競法２条１項７号および同項10号に該当す
ることを理由に、差止め（同法３条）および損害賠償（同法４条）の各請求

を検討することになるでしょう。

　また、不競法21条1項4号などに違反することを理由に、乙社を刑事告訴（刑訴法230条）し、刑事責任を追及することも検討項目の一つでしょう。

2　丙社に対する請求

　甲社は、乙社との関係と異なり、P製品に関し丙社との関係では、何らの契約関係もありません。そのため、不競法に基づく請求が主たるものとなります。

　具体的には、乙社は、丙社から製造委託を受け、Q製品を丙社へ製造販売しているとのことですので、P製品の製造方法という営業秘密の開示を乙社から丙社が受けている可能性があります。

　そのため、丙社は、乙社による不正開示行為を介在したことを知りながら、または重過失によってこれを知らずに、営業秘密を取得ないし使用している可能性があり、不競法2条1項8号に規定する行為に該当する可能性があります。また、乙社が営業秘密であるP製品の製造方法を使用して当該Q製品を製造している場合、当該Q製品を丙社が販売することは、丙社において当該Q製品を譲り受けたときに、これが営業秘密の不正使用行為により生産された物であることにつき善意無重過失でない限り、営業秘密侵害品の譲渡であり、同項10号に該当する可能性が高いでしょう。

　そこで、甲社としては、以上の不正競争行為を理由に、差止め（不競法3条）や損害賠償（同法4条）の各請求を検討することになります。

　また、仮に乙社による不正開示行為の介在を知らず、または知らないことに重過失がないとしても、甲社からの警告後は、乙社の不正開示行為につき悪意になると考えられますので、不正開示行為を知った後に、当該営業秘密を使用もしくは開示する行為については、不競法2条1項9号に該当することになると考えられます。

　したがって、少なくとも警告後の行為については、不競法違反を理由とす

る差止めや損害賠償請求を検討することになるでしょう。

　なお、乙社および丙社に対して、共同不法行為（民法719条）を主張することを検討することになるケースもあるでしょう。

3　権利行使にあたっての留意点

(1)　営業秘密の「使用」

　営業秘密の「使用」行為の立証は、一般的に困難であることが多いです（Q17参照）。また、「使用」しているといい得るのか、「参考」にしているにすぎないのかも難しい問題です。

　すなわち、そもそも乙社が営業秘密を「使用」しているといえるか否かが、その立証とともにポイントになります。

　そのため、甲社としては、基本的にQ製品を購入し、営業秘密を「使用」しているか否かを慎重に分析検討をする必要があります。例えば、P製品の製造方法により製造した製品に特有の特徴的部分が含まれており共通しているなど、P製品の製造方法を使用していなければ現れるはずのない点を複数挙げることができないか、その他こちらの営業秘密を使用している徴表（共通点など）をできる限り探します。両者の共通点が同種製品と比べて特異であることや選択の幅が広い部分であることなどの主張立証も検討することになります。もちろん、不競法5条の2（立証責任の転換規定）の規定の活用も検討します。

　また、裁判例のなかには、営業秘密の使用が疑われる事案において、設計期間が通常4カ月半は要する機械について、営業秘密の保有者である会社を退職した元従業員が、当該営業秘密の使用が疑われる会社に入社してから約40日で当該機械のネジ図面を送付して見積りの依頼までしていたことを、営業秘密の「使用」を肯定する方向の事実として用いたものもあります（大阪地裁平成15年2月27日判決（平成13年(ワ)第10308号）裁判所HP〔セラミックコンデンサー事件〕）。そのため、本件でも、甲社から乙社に対し、本件P製品の

製造方法に関する情報提供をしてからQ製品が販売されるまでの期間の確認、P製品の製造方法の開発期間や同種製品の製造方法を開発するのに通常要する期間などの確認作業も有用といえます。

　また、Q製品が一般の市場で入手困難なBtoBの製品であるのか、BtoCの製品のように一般の市場で購入可能なものか否かによっても対応の困難性は変わってきます。いずれにしても、甲社名義でQ製品を購入しようとすると、甲社側の動きが丙社に勘づかれ、Q製品の入手が困難となったり、証拠を隠滅されたりするおそれがあるなど、先手を打たれてしまう可能性が高まります。

　そこで、一般的には、丙社側に面識のない甲社の従業員個人名義などで購入することなどを検討します。

　また、購入時には、ネット販売であれば、注文画面などはスクリーンショットをするなどし、納品時の納品書を保存する、店舗販売であれば、領収書をもらうなど、丙社がまさにQ製品を販売している事実の証拠化も忘れないようにします。なお、注文画面や納品書、領収書には、当該Q製品の製品名や型番などの記載があることが大切です。

　(2)　乙社からの事情聴取

　次に、情報漏えい事件の場合には、外部からはその情報や資料が収集困難な場合もあります。本件では「乙社に確認したところ」という事実関係になっていますが、仮に乙社が甲社に協力的態度を示しているのであれば、乙社からさらなる事情聴取を行い、情報と資料の収集を行い、適宜議事録を作成し証拠化するなどの対応をとることも一案です。

　情報としては、丙社への開示の有無はもちろん、丙社以外への開示の有無やQ製品以外の製品製造におけるP製品の製造方法の使用の有無、Q製品の初回受発注日や開発経緯などを含め、広く詳しく聞き取ることが肝要です。もちろん、乙社が丙社に対しP製品の製造方法を開示したことを認めているのか否かによっても、事情聴取お願い時の理由、いい回しや質問内容は、

ケース・バイ・ケースで柔軟に変わると思われますし、そうあるべきです。

　なお、一般的には不競法違反を理由とした警告後などは、相手方のガードも固くなるのが一般的であり、それゆえ有効な事情聴取の妨げとなることや、警告を受けて証拠の隠滅を図るなどの対応も懸念されます。

　そのため、警告をするタイミングは事情聴取との関係でも十分に留意しなければなりません。

⑶　乙社との契約解除

　また、甲社としては、今後乙社と製造委託契約を継続するのか否か、すなわち契約違反を理由に当該契約を解除するのか否かを検討することになるでしょう。

　乙社が甲社との間の製造委託契約の継続を望む場合、乙社としては甲社の信頼を取り戻さなければなりませんから、今後の契約条件として有利なものを甲社へ提案するケースも想定され、経営判断としてこれをのむ可能性も否定はできません。もっとも、漏えいした情報が営業秘密保有者にとって重要であればあるほど、信頼関係に入ったヒビは小さくなく、契約解除へと進む可能性も一般的には高まるでしょう。

　仮に甲社として乙社との製造委託契約を解除しようと考える場合、Ｐ製品の製造が一時的にストップし、市場への供給が止まってしまうというような事態は可能な限り避けたいところです。

　そのため、甲社としては、乙社との製造委託契約を解除しようと考える場合には、製造過程をスムーズに移行できるよう、契約の解除の前にもしくは同時並行して早期に、次の製造委託先の選定作業（テスト品の製作委託や確認作業を含む）を進めることが大切です。

　また、乙社との製造委託契約を解除する場合には、営業秘密であるＰ製品の製造方法が記載されたデータや紙媒体などの一切を回収することも肝要です。具体的には、当該製造方法の返還はもちろん、他の第三者に営業秘密を開示していないことを含め、返還完了（他に返還していないものが存在しない

こと）の表明保証を得ることを目標に、対応することになります。

⑷　「営業秘密」（不競法2条6項）該当性

当該製造方法が「営業秘密」に該当することを裏付ける資料の収集や整理、事実確認も怠らないようにしましょう（Q17参照）。

当該製造方法を記した書面やデータに「㊙」が付されているか否か、どのようにアクセス制限が講じられているか、社内の情報管理規程やその運用状況、従業員においてどの程度当該製造方法が「営業秘密」であるとの認識可能性があったかを示す事実関係と資料を収集し、整理します。

また、当該P製品の製造方法の有用性に関する事実関係の確認、資料の収集整理も大切です。

その他、本件の全体像と細部に至るまでの事実関係の確認と裏付け資料の収集整理を迅速に行うことも、営業秘密の漏えいが疑われる事案における初動対応の基本となります。

（矢倉雄太）

Q19 共通取引先・顧客へのダイレクトメールによる広告

> 甲社は、特定の職種の会員を対象とした通販事業を行い、定期的に「通販商品のご案内」という刊行物の配布とメール送信を行っています。乙社は、同業者ですが、最近、甲社と共通する購入頻度の高い優良顧客宛てに、共通する商品のダイレクトメールによる広告を行い、甲社の売上げに大きく影響しています。顧客情報が漏れていると思われます。どのように対処していけばよいでしょうか。

▶▶▶Point

① 顧客情報の「営業秘密」（不競法2条6項）該当性や「取得」、「使用」について精査しましょう。

② 漏えいが疑われる場合、初動対応・調査が重要となります。迅速かつ丁寧に実行しましょう。

③ 漏えい者と乙社に対する請求はもちろん、情報漏えいした顧客との関係も含め大局的に対応を検討しましょう。

1 顧客情報における留意点

(1) 「営業秘密」（不競法2条6項）該当性

顧客情報においては、「営業秘密」該当性の判断で留意すべき点があります。すなわち、顧客情報は、製品の製造方法といった技術情報と異なり、営業担当者をはじめ複数部署の人間が、ある程度自由に閲覧できるようにしなければ、業務の円滑な遂行が困難となる場合があり、厳格なアクセス制限を設けることが現実的でない場合も多いです。このような場合、従業員における当該顧客情報が秘密情報であるとの認識可能性を確保するために講じ得る

措置があるにもかかわらず、それを怠れば、当該顧客情報が営業秘密である
との従業員の認識可能性は乏しくなりがちです。

　また、特に営業担当者が自身の営業過程で名刺交換などをした顧客につい
ては、当該担当者において、「自身が獲得した情報であり、会社の営業秘密
ではない」といった誤解などが生じやすい点にも特徴があります。

　そのため、顧客情報については、特に㊙表示を確実に行う、パスワードを
定期的に変更し、パスワードを知っている従業員も限定する、社員教育など
で周知徹底するといったように、従業員の認識可能性を確保すべく、適宜の
対応を実施すべきです。なお、この点はもちろん技術情報をはじめ「営業秘
密」として対応すべき他の情報においても同様です。しかし、顧客情報にお
いては、以上のとおり業務上多くの従業員間で共有することが多い情報であ
る、という点で特に留意が必要となります（顧客情報に関する秘密管理性を否
定した事例として、大阪地裁平成11年9月14日判決（平成10年㈼第1403号）裁判
所HP〔顧問契約顧客情報事件〕、東京地裁平成18年7月25日判決（平成16年㈼第
25672号）裁判所HP〔訪問看護名簿事件〕、大阪地裁平成22年10月21日判決（平成
20年㈼第8763号）裁判所HP〔投資用マンション顧客情報事件—第1審〕、知財高
裁平成23年6月30日判決・判時2121号55頁〔LPガス業者顧客名簿事件〕、東京地裁
平成23年9月14日判決（平成22年㈼第29497号）裁判所HP〔服飾品事業者顧客名
簿事件〕、大阪地裁平成24年11月8日判決（平成23年㈼第12270号）裁判所HP〔装
飾雑貨事業者顧客名簿事件〕、東京地裁平成25年3月27日判決（平成23年㈼第16071
号）〔ヘッドハンティング候補者名簿事件〕、知財高裁平成28年3月8日判決（平
成27年㈣第10118号）裁判所HP〔コンサルティング事業者顧客情報事件〕などを
挙げることができます）。

　次に、顧客情報の場合、誰が顧客であるか自体が一般に知られていなけれ
ば、非公知性は認められるものと考えられます。これに対し、名簿に記載さ
れた顧客情報が、一般にアクセスし得る情報から入手することができるもの
である場合には、すでに公知であり、「営業秘密」（不競法2条6項）として

保護されない点に留意が必要です。もっとも、このような場合であっても、「一般的に知られている顧客の中から、取引締結に至る可能性の高い顧客を選択した情報は、効率的な営業活動を可能にする経済的価値を有するものであり、非公知性を認めることができよう」と指摘されます（茶園茂樹「営業秘密の民事上の保護」日本工業所有権法学会年報28号39頁〜40頁）。

本件でも、そもそも誰が顧客であるか一般に知られていない場合には、非公知であることに大きな問題はないものと考えられます。仮に一般にアクセスし得る情報から入手できる情報であるとしても、本件では「特定の職種の会員を対象」とし、「購入頻度の高い優良顧客に対し、共通する商品のダイレクトメールによる広告を行っている」ことから、甲社の顧客情報についても、このような取引締結に至る可能性の高い顧客を選択している部分があるのではないかと推察されます。そうすると、なお、非公知であるとして「営業秘密」に該当し、不競法により保護され得るものと思われます。

(2)　使用等の行為の立証ハードル

また、営業秘密保有者の顧客情報を、真に被疑侵害者が使用しているか否かの立証は、一般的に難しい傾向があります。具体的には、顧客情報は、不正競争行為が疑われる者においても、当該顧客から個別に適法に収集したり他のルートで取得したりすることが可能な類の情報であり、顧客名簿は個々の顧客情報の集積にすぎません。そのため、真に営業秘密保有者から取得した顧客名簿を使用して営業活動等を行っているのか否か、外部からは判別し難く、その証拠となる裏付け資料も見つけにくいという点に留意が必要となります。

そこで、顧客名簿・顧客情報内に、あえてダミー情報を紛れ込ませておくことが顧客情報を「使用」したこと、「取得」したことを立証する観点からは有用です。被疑侵害者が使用する顧客情報のなかにダミー情報まで紛れ込んでいないかを確認し、ダミー情報が合致すればするほど、顧客名簿を取得し、使用したといいやすくなるということです。例えば、本件においても、

乙社が顧客にダイレクトメールを送る際、甲社の従業員の情報がダミー情報として紛れ込んでおり、当該従業員にもダイレクトメールがなされているとか、その他のダミー情報も複数使用されていることが確認されているようなことがあれば、甲社の顧客名簿を取得し、使用したことの立証に役立ちます（ダミー情報については、コラム④も参照）。

2 初動対応・調査

(1) 情報漏えいの経路と実行者

本事例のように、営業秘密漏えい発生の経路や実行者としては、中途退職者（正規社員）によるものが多い傾向が指摘できます（Q15参照）。平成24年度経済産業省委託事業である三菱UFJリサーチ＆コンサルティングの「人材を通じた技術流出に関する調査研究報告書（別冊）」（平成25年3月）が公表した統計をみても、「中途退職者（正規社員）による漏えい」が全体の50％を超えていることがわかります（同書53頁、152頁、図表3-95参照）。

次に多いのが、現場従業員等のミスによる漏えいであり、全体の26.9％を占めます（同書53頁、152頁、図表3-95参照）。

このように、基本的には、元従業員や現職の従業員など営業秘密保有者の関係者による行為が発端となって情報漏えいをしているケースが多いことが指摘できます。

(2) 早期の事実確認と裏付け資料の収集・整理

特に、退職者による情報漏えいの場合には、退職者に関する資料が時間の経過とともに廃棄されるなど散逸するリスクがあり、資料の散逸防止の意味でも、また、さらなる情報漏えいのリスクなどの意味でも、「いつ、どこで、誰が、どのように」情報を漏えいしたのか、事実確認や裏付け資料の収集整理を基本とする初動対応・調査が重要です。

具体的には、顧客情報のデータファイルへのアクセスやコピーのログを確認し、いつ、どの端末によりアクセスやコピーがされたのか、不自然な時間

帯や不自然な行動をとるものがないか、当該ファイルに対するアクセスやコ
ピーに関する情報を分析検討すべきです。仮に特定の従業員や退職者の関与
が疑われる場合には、当該人物のタイムカードから時間の整合性や不自然な
残業の有無などを確認します。また、退職者の関与が疑われる場合、在職時
に当該退職者と仲のよかった従業員から、当該退職者の転職先などの情報を
含め事情を聴取することも検討します。なお、当該元従業員に、気付かれて
証拠が隠ぺいされるリスクがある場合には、まずは在職していた部署の上長
から事情聴取を先行して行うことも一案でしょう。

　従業員等の使用しているもしくは使用していた使用端末（パソコン等）を
当該従業員等の承諾なく調査する場合には、当該従業員等のプライバシーに
十分留意する必要があります。たとえ情報漏えいが疑われるとはいえ、調査
の過程で従業員等のプライバシー権侵害が成立することは可及的に避けなけ
ればなりません。そこで、例えば社内パソコンの私的使用を社内規程で明確
に禁止しており、またそれが単に社内規程に記載されているにとどまらず、
実質的にも周知徹底しておくことが一案です。このような場合には、プライ
バシー権侵害成立の可能性は高くなく、漏えいへの関与が疑われる従業員等
の使用端末（パソコン等）の確認調査をすることもあるでしょう。具体的に
は、メールサーバの確認や保存ファイル等業務内容の確認はもちろん、削除
メールや削除データがありそうであれば、復元も検討します。

　なお、本件のように、顧客にダイレクトメールが送られている事案であれ
ば、特に懇意にしている顧客などから、当該乙社からのメールを転送しても
らう、メールの受信画面の写真やスクリーンショットを撮るなど証拠化をす
ることも検討事項でしょう。

　また、顧客情報にダミー情報を紛れ込ませていた場合には、当該ダミー情
報が合致するかの確認も可能な限り進める必要があります。

　さらに、前述[1](1)の観点を大切にしつつ、当該顧客情報が「営業秘密」
（不競法2条6項）に該当すること、すなわち秘密管理性、有用性、非公知性

の３要件の充足を裏付ける事実関係や資料の調査、収集、整理も怠らないようにしましょう。

⑶　被害者（顧客）への対応など

次に、顧客情報が漏えいした疑いのある顧客への個別の通知の要否やタイミング、通知内容、ウェブサイト上での案内の要否やタイミング、その内容なども検討するケースもあるでしょう。

もっとも、このような通知や案内文に、乙社の営業秘密侵害行為を認める判決が下される前に、「乙社が営業秘密侵害行為をした」というような記載をすることは、かえって乙社に対する営業誹謗行為（不競法２条１項21号）として、甲社が責任を問われかねないリスクがあります。そこで、例えば乙社の名前は伏せる、あくまで事実の報告にとどめる記載にするなど、記載内容に留意しましょう。

さらに、多数の顧客が存在する場合、個別の顧客から多数の問合せが入る可能性もあります。そのため、さらなる混乱を招くことを防止するためにも、事前に問合せ窓口を設置し、典型的に想定される問合せへの回答例を準備する（想定問答の準備）対応も検討しましょう。

また、個人情報漏えい時の個人情報保護委員会等への報告は、令和２年個人情報保護法改正前は努力義務でしたが、同改正により義務化されました（改正後個人情報保護法22条の２第１項）。同改正は、令和４年４月１日施行です。そのため、個人情報保護委員会への報告の要否やタイミング、内容等についても検討しましょう。より具体的にはコラム⑦を参照してください。

３　とり得る請求

情報漏えいの経路や実行者などの詳しい事情が本事例からは必ずしも判然としませんので、具体的な根拠条文までは検討が難しいですが、不競法２条１項４号、５号、６号、８号、９号、10号などの該当性を検討し、差止め（同法３条）や損害賠償（同法４条）の各請求を検討することになるでしょう。

　また、漏えい者が特定の従業員であることが発覚した場合には、当該従業員の懲戒処分等の検討のほか、不競法違反を理由とする刑事責任および民事責任の追及（差止請求や損害賠償請求）、も検討しましょう。

　さらに、漏えい者が退職者（元従業員）であることが発覚した場合には、同退職者に対する不競法違反を理由とする刑事責任および民事責任の追及（差止請求や損害賠償請求）を検討しましょう。仮に、退職時に当該従業員との関係で、誓約書などで秘密保持義務や競業避止義務を課しているのであれば、各義務違反なども民事責任追及の一環として検討することになります。

（矢倉雄太）

3　外部者による漏えいへの対応

Q20　不正アクセス、ウイルス・ハッキングの場合の緊急対応

不正アクセスおよびウイルス（マルウェア）により機密情報が流出した場合、会社としていかなる対応をとるべきでしょうか。

▶▶▶Point
① 事前対応として、複数部署のメンバーで情報インシデント対応（情報セキュリティ上の脅威となる事象への対応）チームを構成することのほか対応の流れや担当などを決めておきましょう。
② レピュテーションリスク（会社に対する風評リスク）にも配慮しつつ、迅速に初動対応・調査、対外対応、被害者対応、プレスリリース、再発防止策の策定などの検討・対応を進めましょう。

1　事前対応

(1)　対応チームの構成

不正アクセスおよびウイルス（マルウェア）により、機密情報が流出したりサイバー攻撃を受けた場合（情報インシデントが発生した場合）、事業活動が止まってしまうリスクのほか、初動対応を誤れば別途のレピュテーションリスクに発展する危険もあります。そのため、情報インシデント時には、早急に適確な対応を行うことが特に大切になります。

情報インシデントの際に、早急な対応を実現するためにも、平時から、対応チームを構成しておくことが肝要です。具体的には、情報インシデント対応時には、さまざまな部門の関与が必要かつ重要になります。そこで、ITや

情報システムの部門、経営層、法務部門、広報部門等を中心に、対応チーム
を構成しておきます。また、事前に、連絡網や対応の流れ、チーム内での役
割分担など、情報インシデント時の対応を決めておきます。情報インシデン
トが発生したと疑われる場合などには、対応チームがすぐに動くことができ
るよう、準備しておくのです。

(2)　バックアップの保存方法

　また、情報インシデントの事前対応として、サーバに記録されているデー
タ等のバックアップを適宜取っておくことが大切であることはもちろんです
が、バックアップデータの保存方法にも十分留意しましょう。具体的には、
当該バックアップデータも、他のデータと同じようにオンライン接続されて
いる端末（デバイス）に保存することは避けるべきです。ハッキングやウイ
ルス攻撃を行う攻撃者にとって、バックアップが取られていることは想定の
範囲内であり、攻撃時にはバックアップデータをも探し出し、あわせて使用
困難な状態に攻撃するケースが多いです。そのため、バックアップデータ
は、基本的には、オフライン環境で保存するように注意しましょう。

(3)　社内ルールの整備

　また、不正アクセスやウイルスへの対策として、例えば常に使用している
アプリやソフトウェアは最新のものにアップデートする、セキュリティソフ
トのウイルスの定義を自動更新設定にしたり、こまめに手動で更新する、パ
ソコン端末などを業務外で使用しないといったルールづくりも大切です。

　現実の事案として、テレワーク中の従業員がSNSで知り合った第三者から
送られてきたメールを業務用のパソコンで開封しマルウェア（ウイルス）に
感染し、それに気付かないまま、当該パソコンを会社出勤時に社内ネット
ワークに接続したことで、社内システムがマルウェアに感染し情報漏えいが
起こった事例も報告されています（個人情報保護委員会ウェブサイト「テレ
ワークに伴う個人情報漏えい事案に関する注意事項」（令和2年9月23日）〈https://
www.ppc.go.jp/news/careful_information/telework/〉（最終閲覧日：令和4年2月1

日))。

　さらに、情報管理規程を設けている場合には、情報インシデント対応時の従業員の調査協力義務も明確に規定しておきましょう。情報インシデント時には、その経路の特定や詳しい事実関係の調査のため、従業員からの事情聴取や使用端末（パソコン）の調査などが必要になるケースが多いです。そのため、調査協力義務を課しておくことが、調査協力に対する必要性と妥当性を担保する意味でも、迅速かつスムーズな調査を実現するためにも、有用です。

(4)　従業員教育

　前述のテレワーク中の従業員の行為に端を発した情報漏えい事案のように、従業員など営業秘密保有者の関係者による行為が発端となり、情報漏えいが発生しているケースも少なくありません。

　いくらセキュリティソフトなど物理的な措置を講じても、人的要因を無視することはできません。そのため、日ごろからの従業員教育が大切になります。

　このように、情報インシデント予防の観点からも、情報インシデントに陥る事態はもちろん、情報管理やセキュリティに対する意識向上などを目的とした従業員教育を、平時から定期的に実施するなどの措置も、重要となります。また、このような措置を講じていることは、営業秘密の要件である「秘密管理性」（不競法2条6項）の観点からも有益でしょう。

2　情報インシデント対応

(1)　初動対応・調査

　情報インシデントの発生またはそのおそれがある場合、事前に構成していた情報インシデント対応チームを始動させます。仮に事前に対応チームを構成していない場合には、至急、情報インシデントチームを構成し、始動させます。

　そのうえで、情報漏えいによる被害状況の確認、被害の原因分析の対応を進めましょう。具体的には、アクセスログなど各種ログの保全やマルウェア感染端末の確保等をします。加えて、原因分析、証拠保全の観点から、デジタル・フォレンジックも実施します。ここで、デジタル・フォレンジックとは、情報通信の分野において不正アクセスや機密情報漏えいなどがあった場合（サイバーセキュリティインシデント）、その原因究明の手段として、パソコンやサーバなどの記録媒体やネットワーク機器のログなどを分析し、その証拠を見つけ出し保全する技術的作業の一般的な総称をいいます。

　このデジタル・フォレンジックについては、自社内で実施することも考えられますが、必要に応じて外注することも検討しましょう。外注先については、例えば独立行政法人情報処理推進機構（IPA）が、「情報セキュリティサービス基準適合サービスリスト」と題して公表しており、参考になります〈https://www.ipa.go.jp/security/it-service/service_list.html〉（最終閲覧日：令和4年2月1日）。デジタル・フォレンジックの外注先についても事業者のリストが公表されていますので、このサービスリスト内から選定するのも一案です。

　また、初動での調査は、まずはポイントを絞って迅速に調査することが大切です。具体的には、まずは被害状況と原因をはじめとするポイントに絞った調査を行い、その後多段階的に、徐々に詳細な調査を行っていくようスケジューリングすることが有用でしょう。すなわち、後述のようなプレスリリースや記者会見などは、すべての調査が終わってから行っていたのでは、時機を失する可能性が高く、後述のようにレピュテーションにも大きく影響します。そこで、早期に第1弾のプレスリリースや記者会見を実施するためにも、被害状況や原因などの大まかな情報が説明できるようにすべく、調査についても大まかな部分と詳細な部分とを分けて行うなど、迅速な対応が求められるのです。このように、大まかな被害状況や特に漏えいの原因の調査を先行させることは、以後の被害拡大措置を可能な限り早期に講じるために

も重要です。

　また、ウェブサイトやECサイトなどが停止している場合には、事前にとったバックアップデータの活用などによる早期復帰の対応や、原因調査のための事業の一時停止の要否なども検討する必要がある場合があります。

　(2)　対外公表とレピュテーションリスク

　情報インシデント対応を誤れば、レピュテーションに大きく影響することを意識する必要があります。

　例えば、初動対応・調査を五月雨式に行ったり、対外公表を行うか否か検討に時間を要したばかりに、1回目の記者会見やプレスリリース、被害者への個別連絡などの自社による公表前に、情報漏えいの事実が外部に漏れ、週刊誌やSNSで公表された場合、隠ぺい体質と揶揄されたり、炎上したりするリスクが低くありません。仮にこのような事態に陥れば、築き上げてきた自社のブランドイメージやレピュテーションが一瞬にして崩れ落ちる危険があるのです。

　以上の初動対応・調査とともに、プレスリリースなどの対外公表をするか否か、公表をするとして、「いつ」「どのタイミングで」「どのように」行うのかは、レピュテーションリスクを考え、速やかに、かつ慎重に検討・準備をし、対応を進める必要があります。

　対外公表としては、レピュテーションリスクを考慮すると、一度の公表ですべてを終わらせようとしたり、その結果第1弾の公表を遅らせるのではなく、むしろ可能な範囲で第1弾の公表を早期に行い、その後詳細な調査が進むなかで続報を随時公表する方法が望ましいように思われます。

　(3)　対外対応

　(a)　所管省庁への報告等

　また、所管省庁への報告や連絡が必要ではないかを検討しましょう。例えば、電気通信事業者は、電気通信業務に関し通信の秘密の漏えいが生じたときは、その旨をその理由または原因とともに、遅滞なく総務大臣に報告しな

ければならないものとされ（電気通信事業法28条）、その事実を知ったのち速やかに、その発生日時および場所、概要、理由または原因、措置模様その他参考となる事項について適当な方法により、報告しなければならないものとされています（同法施行規則57条）。加えて、電気通信事業者は、通信の秘密の漏えいを知った日から30日以内に、その詳細について、一定の様式（同規則様式50の2）に従って、報告しなければならないものとされます（同規則57条）。

そのため、自社の関係する業法により、所管省庁への報告等が義務付けられていないかを早急に確認し、同法に則った適切な対応をするよう、準備しましょう。

(b)　警察への相談・通報

また、サイバー攻撃による情報漏えい時には、サイバー攻撃を受けた被害者として、警察へ相談するか否かを検討しましょう。

令和2年11月2日頃に第三者による不正アクセスが発覚し、ランサムウェア（身代金要求型マルウェア）による攻撃を受けたカプコンの事例では、令和2年11月2日に社内システムの接続障害の原因がランサムウェアの攻撃によることがわかった当日中に、大阪府警察に通報した旨報告されています（株式会社カプコンウェブサイト「不正アクセスに関する調査結果のご報告【第4報】」〈https://www.capcom.co.jp/ir/news/html/210413.html〉（最終閲覧日：令和4年2月1日））。

なお、サイバー犯罪として代表的なものは、電磁的記録不正作出罪（刑法161条の2）、不正指令電磁的記録に関する罪（同法168条の2）、電子計算機損害等業務妨害罪（同法234条の2）、電子計算機使用詐欺罪（同法246条の2）、電磁的記録毀棄罪（同法259条）、不正アクセス禁止法2条4項、3条、11条、不競法21条1項1号などが挙げられます。サイバー攻撃の内容等により、適切なものを確認しましょう。

(c)　取引先対応

また、漏えいした情報のなかに、自社と取引関係にある第三者の情報が含まれている場合などはもちろん、一定の取引関係がある第三者との関係で、情報インシデントに関する報告や通知などが必要でないかも検討しましょう。

個々の取引先との間の契約において、「秘密情報に漏えいまたは漏えいのおそれがある場合には、速やかに連絡する」という趣旨の条項が契約書で合意されている場合もままあります。取引先への報告等が契約上の義務となっていないか確認しておき、義務となっている場合には、通知の内容やタイミングを含め検討しましょう。

(4)　被害者対応

顧客の個人情報が漏えいするなど、サイバー攻撃を受けた自社以外に、情報インシデントによる被害者が存在する場合には、この被害者に対する対応も検討します。

被害者に対する連絡内容としては、情報漏えいの事実に関する連絡やご迷惑をおかけすることの謝罪、個人情報が漏えいしていることにより他の事件に巻き込まれないよう注意いただくといった注意喚起がメインとなるでしょう。

被害者に対しては、可能な限り個別の連絡を行うべきですが、人数が多いなどの理由で個別対応をしていては準備に時間がかかり、連絡が遅滞することが見込まれるようであれば、それに先んじて、自社のウェブサイト上での公表等を行うことも検討します。

また、被害者に個別の通知やウェブサイト上で公表した後は、個々の被害者等から多数の問合せが入ることも想定されます。そのため、公表前の段階で、問合せ窓口を設置し、想定問答を用意しておくことも、円滑かつ適切な対応を行うために大切です。

なお、令和2年個人情報保護法改正により、個人情報が漏えいした場合

で、個人の権利利益を害するおそれが大きいものとして個人情報保護委員会規則6条の2で定めるものが生じたときは、同規則6条の3で定めるところにより、当該事態が生じた旨を個人情報保護委員会へ報告することが義務付けられます（令和2年改正法22条の2第1項）。

また、この場合、当該漏えいした個人情報の本人に対しても、個人情報委員会規則6条の6で定めるところにより、当該事態が生じた旨を通知することも義務付けられることになりました（令和2年改正法22条の2第2項本文）。本人への通知が困難な場合であって、本人の権利利益を保護するため必要なこれに代わるべき措置をとるときは、個別の通知は免れることができます（令和2年改正法22条の2第2項ただし書）。

なお、同改正法の施行日は、令和4年4月1日です。かかる対応についても留意しましょう。コラム⑦についてもあわせて確認してください。

(5)　再発防止策

原因の分析を終了した後は、再発防止策を検討することが大切です。特に、今後再発を防止するために会社としてどのような対策を講じるのかという点は、被害者はもちろん、株主をはじめとするステークホルダーを含め多くの関係者の関心事となります。そのため、原因分析の結果に基づいて、必要十分な再発防止策を検討し、適宜公表することも検討しましょう。

また、対応終了後には、事実経緯や対応内容、再発防止策に至るまで、一連の流れや対応を記録化しておきましょう。同記録は自社内における後進の教材となるとともに、今後のセキュリティ対策の参考情報として活用することも期待できます。

(6)　責任追及対応

また、デジタル・フォレンジック調査をはじめとする各種調査や、捜査機関による捜査により、サイバー攻撃の実行者が判明した場合には、不競法をはじめとする民事責任の追及のほか、刑事責任の追及も検討することになります。

しかし、現実には、サイバー攻撃は、海外のサーバを多数経由して行われる場合が多く、通常の調査や捜査機関の捜査をもってしても、その実行者を、人物または団体のレベルまで特定することは困難な場合が多いでしょう。

(7)　その他

独立行政法人情報処理推進機構は、平成26年7月に、経済産業省の協力のもと、「サイバーレスキュー隊」（J-CRAT）を発足させています。

J-CRATでは、標的型サイバー攻撃を受けた場合の相談や情報提供を広く受け付けており、提供した情報を分析して調査結果による助言を実施しています。また、標的型サイバー攻撃が予見され、その対策の対応遅延が、社会や産業に重大な影響を及ぼすと判断される組織や、標的型サイバー攻撃の連鎖のルートとなっていると推察される組織などに対しては、レスキュー支援・現場でのオンサイト支援を行ってくれることもあります。

そのため、標的型サイバー攻撃を受けた場合には、J-CRATへ情報提供をしながら相談し、助言を得ることなども一案でしょう。

なお、J-CRATの活動実績として直近3年度をみますと、以下の表のようになっています。

〔表5〕　J-CRAT活動実績

年度	相談件数	レスキュー支援件数	オンサイト支援件数
令和3年	375	94	9
令和2年	406	102	17
令和元年	392	139	20

（出典：IPAウェブサイト「サイバーレスキュー隊J-CRAT（ジェイ・クラート）」〈https://www.ipa.go.jp/security/J-CRAT/index.html〉（最終閲覧日：令和4年4月1日））

（矢倉雄太）

┌─ コラム⑦ ─┐ 令和２年個人情報保護法改正の関係
└─────────┘

1　令和２年改正前の個人情報保護法下での運用

　令和２年改正前法（以下、「改正前法」といいます）では、漏えいもしくは
そのおそれがある情報が、個人データ（個人情報保護法２条６項）または個人
情報取扱事業者が保有する加工方法等情報（同法施行規則20条１号に規定する
ものをいい、特定個人情報に係るものを除きます）の場合（個人データの場合
には滅失または毀損も含みます）、個人情報保護委員会（認定個人情報保護団
体や同委員会から権限委任されている事業所管大臣）への報告に努めるものと
されていました（「個人データの漏えい等の事案が発生した場合等の対応につ
いて」（平成29年個人情報保護委員会告示第１号））。

　また、個人情報保護委員会への報告の検討とともに、同告示が定める、①事
業者内部における報告および被害拡大の防止、②事実関係の調査および原因の
究明、③影響のある範囲の特定、④再発防止策の検討および実施、⑤影響を受
ける可能性のある本人への連絡等、⑥事実関係および再発防止策等の公表など
の措置をとることを検討することになります。

　しかし、告示をみれば明らかなとおり、これらの改正前法下での運用は、個
人情報保護委員会への報告は「努める」という努力義務にとどまり、上記告示
の定める措置も、「講ずることが望ましい」と示されるにとどまっていました。

2　令和２年個人情報保護法改正

　個人情報保護法に関しては、令和２年６月12日付で、改正法が公布されまし
た。同改正法の施行日は、令和４年４月１日です。

　同改正法では、以上の改正前法下での運用と異なり、個人情報が漏えいした
場合で、個人の権利利益を害するおそれが大きいものとして個人情報保護委員
会規則６条の２で定めるものが生じたときは、個人情報保護委員会規則６条の
３で定めるところにより、当該事態が生じた旨を個人情報保護委員会へ報告す
ることが義務付けられます（改正法22条の２第１項）。

　また、この場合、当該漏えいした個人情報の本人に対しても、個人情報保護
委員会規則６条の６で定めるところにより、当該事態が生じた旨を通知するこ
とも義務付けられることになりました（改正法22条の２第２項本文）。本人へ
の通知が困難な場合であって、本人の権利利益を保護するため必要なこれに代
わるべき措置をとるときは、個別の通知は免れることができます（同項ただし

書）。

　個人情報保護委員会への報告は、速報として、速やかに同時点で把握している事項を報告しなければならないものとされます。また、漏えいの事態を知った日から30日もしくは不正の目的をもって行われた行為による漏えい等については、当該事態を知った日から60日を報告期限として、報告が求められる事項についてすべて報告をすることが求められます（改正法22条の２第１項、改正施行規則６条の３）。

　報告を求められる事項としては、①概要、②漏えい等が発生し、またはそのおそれがある個人データの項目、③漏えい等が発生し、またはそのおそれがある個人データに係る本人の数、④原因、⑤二次被害またはそのおそれの有無および内容、⑥本人への対応の実施状況、⑦公表の実施状況、⑧再発防止のための措置、⑨その他参考となる事項となります（改正施行規則６条の３第１項各号）。

　紙幅の都合上、本コラムでは大枠を示すのみになってしまいますが、今後は、個人情報保護法の改正内容についても十分に確認し、情報インシデント対応時に、個人情報保護法が要求する対応に抜け落ちが出ないよう、留意しましょう。

（矢倉雄太）

第 3 章

営業秘密の管理

1　社内での秘密管理

Q21　就業規則・秘密管理規程・誓約書

　秘密情報が漏えいすることを防止するために、就業規則や秘密管理規程は、いかなる内容を規定すればよいですか。また、誓約書は、従業員または退職従業員との間で、いかなるタイミングにおいて、いかなる内容のものをとりつける必要がありますか。

▶▶▶Point

① 　就業規則においては、秘密保持義務の規定、並びに、懲戒処分・退職金の不支給・返還の定めが必要です。また、情報漏えいが生じた場合の不正調査に備えて、会社がモニタリングできる旨の規定を設けることが必要です。

② 　秘密管理規程においては、会社として保護すべき秘密情報、その必要性に乏しい情報を見極めたうえで、秘密情報の取扱いのルールを規定することが必要です。

③ 　就業規則や秘密管理規程で保護対象となる秘密情報の対象を包括的に規定した場合は、従業員らにおいて保護の対象となる秘密情報が何か把握できません。そのため、保護の対象となるべき秘密情報を例示するなどして一定程度具体化することが必要です。

④ 　しかしながら、就業規則や秘密管理規程では、秘密情報を網羅的に規定することには限界がありますので、役職や担当部署、時期に応じて秘密情報の対象をより具体化した誓約書の提出または合意書（秘密保持契約）の締結を行うことが望ましいといえます。

1 就業規則

(1) 視　点

就業規則においては、保護しようとする対象情報を明確化する規定（秘密保持に関する規定）、従業員が違反した場合の懲戒処分および退職金の不支給・返還を定めた規定、並びに、会社が従業員の業務用パソコン等をモニタリングできる規定が必要です（コラム⑧「就業規則　抜粋」を参照）。

(2) 秘密保持に関する規定

秘密情報が漏えいすることを防止するためには、従業員に対して会社が秘密として管理しようとする情報が明確化されることが必要です。すなわち、従業員において、具体的に就業規則をみていかなる情報が秘密情報に該当するか認識できる規定が必要です。

ただし、多くの場合、就業規則のみでは会社が秘密として管理する対象情報を網羅的に列挙することが困難です。その場合には、秘密管理規程（後記②）および誓約書・秘密保持契約書（後記③）により、保護の対象となる秘密情報を明確化する必要があります。

(3) 懲戒処分に関する規定

秘密情報の漏えい防止を実効的なものにするためには、秘密管理規程のみならず、違反した場合に懲戒処分の対象となることを就業規則において明記しておくことが必要です。そして、懲戒処分の実効性を確保するため、実害の発生を待たずに、漏えいに際して情報の持出しがあった時点で処分の対象となることも明記すべきです。

(4) 退職金の不支給および返還条項

退職金については、その支給要件や支給基準が就業規則等で明確に定められ、労働者と使用者との間の労働契約の内容となっていれば、使用者には退職金の支払義務があることになります。

そのため、退職金は、原則として不支給条項がなければ、使用者は、退職

金の支払いを拒むことができません。

一方、不支給条項が規定されている場合には、退職金支給前については、退職金請求権が発生しておらず、また、退職金支給後には、解除条件成就による消滅によって従業員は、法律上の原因なくして、退職金を受領していることになるため、会社は、理論上、当該従業員に不当利得返還請求を行うことができます。

しかし、従業員の予見可能性を確保し、紛争を防止するためには、会社が返還を求められる条項を規定しておくことが必要です。

そして、労働者に勤続の功を抹殺するほどの著しい背信行為が認められる場合には、会社は、従業員に対して、退職金を不支給とすること、または、支給した退職金の返還請求が認められます（東京地裁平成22年4月28日判決・判タ1396号331号）。

また、就業規則においては、当該従業員が懲戒解雇を実施した場合に限らず懲戒解雇事由があった場合についても退職金を不支給または返還請求できる旨規定することが必要です。

2 秘密管理規程

秘密管理規程において、会社として真に保護すべき秘密情報を見極めたうえで、秘密情報の取扱いのルールを規定しておくことが必要です。具体的には、規程の適用対象となる役員および職員の範囲、秘密情報の定義、秘密情報の分類、秘密情報の分類ごとの対策、管理責任者、秘密情報およびアクセス権の指定に関する責任者および秘密保持義務等を規定することが必要です。もっとも、就業規則のみでは会社が秘密として管理する対象情報を網羅的に列挙することが困難です。そのため、秘密管理規程においては、何が秘密情報か明確に認識できるように、秘密情報を具体的に規定することが必要です（規定例については、コラム⑨「秘密管理規程」を参照してください）。

③　誓約書の提出および秘密保持契約の締結

　就業規則や秘密管理規程では、秘密情報を網羅的に規定することが困難な場合があります。その場合には、以下のタイミングで秘密情報の対象をより具体化した誓約書の提出を受け、または、従業員と合意書（秘密保持契約）を締結することが必要です。

　①　入社時、プロジェクト参加時、部署の異動時、退職時など

　②　在職時（プロジェクト終了後、部署の異動後など）

　また、研究・開発活動または営業活動の事業活動で取得した情報が会社に帰属することを明確に規定しておく必要があります（規定例については、コラム⑭「退職時誓約書」参照）。

（白木裕一）

┌─ コラム⑧　就業規則（抜粋）─────────────

　秘密保持義務に違反した場合に、懲戒処分の対象となること、および退職金の一部または全部が支給されない場合があることを就業規則において明記しておくことが必要です。

　また、従業員の情報端末やサーバ内のデータ（ログ記録等）を確保するために、モニタリングの規定が必要です。

就業規則（抜粋）

第○条　秘密保持義務

1　従業員は、在職中、及び退職後においても、以下の経営上、営業上または技術上の情報（以下「秘密情報」という。）について、厳重に秘密を保持し、会社の事前の許可なく、いかなる方法によっても開示または漏えいしてはならない。

　(1)　会社の商品またはサービスの企画・開発・設計にかかる資料・マニュアル等の情報

　(2)　会社の顧客、及び取引先（以下「顧客等」という。）の名称・氏名・住所・連絡先等、及び顧客等との取引内容・取引予定に関する情報

　(3)　会社が第三者に対して秘密保持義務を負担する情報

　(4)　会社の役職員及び株主に関する個人情報

　(5)　その他、会社が秘密管理規程などで秘密として管理し、または秘密として指定された情報

2　従業員は、配置転換時または退職時において、自己が保有する秘密情報を含むデータ、書類その他一切の資料について、会社の指示に基づき、廃棄・消去または返却の措置を講じなければならない。

第○条　懲戒処分

　従業員が次の各号の一に該当するときは懲戒処分に付する。

　①　会社の秘密情報を開示・漏えいし、または、開示・漏えいのための準備行為をしたとき

　……

第○条　退職金の不支給及び返還

1　従業員が懲戒解雇された場合、または秘密情報の開示・漏えいその他の懲戒解雇事由に該当する行為を行った場合には、会社は、退職金の一部または全部を支給しない。

　2　退職した従業員が、在職中に懲戒解雇事由に該当する行為を行っていたこと、または退職後に会社の秘密情報の開示・漏えい行為等の行為を行ったことが発覚した場合には、会社は、従業員に、すでに支給した退職金の全部または一部の返還を求めることができる。

第○条　モニタリング

　1　会社は、情報システムの適正な使用、及び会社の秘密情報の保護のために必要と認める場合には、従業員が会社の業務に使用するパソコン等の電子端末（以下「業務用端末」という。）を使用して送受信した電子メール、並びに、業務用端末内及び会社の業務に使用するサーバ内に保存蓄積されたデータ等を監視・閲覧する措置を講じることができる。

　2　従業員は、会社が前項の措置を講じるために必要な協力を行う。

（白木裕一）

コラム⑨　秘密管理規程

　秘密管理規程においては、秘密として保持すべき情報、その扱い方法について明確に認識できるように規定することが必要です。

　以下、秘密管理規程の参考例として、平成28年2月に経済産業省が策定し、令和4年5月に最終改訂した「秘密情報の保護ハンドブック〜企業価値向上に向けて〜」（以下、「ハンドブック」といいます）に添付された参考資料2「第2　情報管理規程の例」（抜粋）を紹介します（なお、第8条などで規定されている情報管理基準については、ハンドブック180頁「秘密情報管理基準（例）」を参照してください）。

秘密情報管理規程（抜粋）
第1章　総　則

第1条（目的）略

第2条（適用範囲）

　この規程は、役員及び従業員（以下「従業員等」という。）に適用されるものとする。

第3条（定義）

　この規程において各用語の定義は、次に定めるところによる。

①　「秘密情報」とは、会社が保有する情報のうち、第7条の規定により、

秘密として保持すべきと決定した情報、又は同条の規定による秘密として保持すべきと決定をしていない情報であって、当該情報の内容、性質及び管理態様等から会社が秘密であることを認識できるもので不正競争防止法第2条第6項に規定する営業秘密に該当する情報をいう。

② 「文書等」とは、文書、図画、写真、ストレージ（フラッシュメモリ（SSD、USBメモリ、SDカードなど）、光学ディスク（CD、DVD、ブルーレイディスクなど）、磁気ディスク（ハードディスクなど以下「ストレージ」という。）等の記録媒体に情報を記載又は記録したものをいう。

③ 「電子化情報」とは、ストレージやオンラインストレージ（クライドサービス等）に電磁的に記録される情報であって、情報システムによって処理が可能な形態にあるものをいう。

④ 「物件」とは、物品、製品、設備その他の文書等以外のものをいう。

第4条（秘密情報の分類）

秘密情報として管理するため、次のとおり分類を定める。

① 極秘　　　これを他に漏らすことにより会社が極めて重大な損失若しくは不利益を受ける、又はそのおそれがある秘密情報であり、原則として指定された者以外には開示してはならないもの。

② 社外秘　　極秘以外の秘密情報であり、原則として社内の者以外には開示してはならないもの。

第2章　秘密情報の管理体制

第5条（管理責任者）

1．会社の秘密情報の管理を統括するため秘密情報の管理に係る統括責任者（以下「統括責任者」という。）を置く。統括責任者は、役員の中から取締役会の指名により決定する。

2．各部門長及び各部門内の業務分掌単位の長は、それぞれ秘密情報管理責任者（以下「管理責任者」という。）として、本規程に定めるところにより、所管する部門及び業務分掌単位における秘密情報の管理の任にあたる。

第6条（情報管理委員会）略

第7条（指定）

1．管理責任者は、別途定めるところにより、会社が保有する情報について、秘密情報として指定するとともにその秘密情報の分類を指定し、その秘密保持期間及びアクセスすることができる者（以下「アクセス権者」という。）の範囲を特定するものとする。

２．管理責任者は、前項により指定された情報を含む文書等、電子化情報
　及び物件に、秘密情報である旨を明示する。

３．略

第8条（秘密情報の取扱い）

　従業員等は、本規程及び情報管理基準に従い秘密情報を取り扱わなけれ
ばならない。

第3章　従業員等

第9条（申告）

　従業員等は、業務の過程で秘密情報として指定された情報の範囲に含ま
れるものを取得し、又は創出した場合は、遅滞なくその内容を管理責任者
に申告するものとし、管理責任者は第7条第1項に従い秘密情報の分類を
指定するものとする。

第10条（秘密保持義務）

１．従業員等は、管理責任者の許可なく、秘密情報をアクセス権者以外の
　者に開示してはならない。

２．従業員等は、管理責任者の許可なく、秘密情報を指定された業務以外
　の目的で使用してはならない。

第11条（誓約書等）略

第12条（退職者）略

第13条（教育）略

第14条（監査）略

第4章　社外対応

第15条（秘密情報の開示を伴う契約等）

　人材派遣会社、委託加工業者、請負業者等の第三者に対し、会社の業務
に係る製造委託、業務委託等をする場合、又は、実施許諾、共同開発その
他の秘密情報の開示を伴う取引等を行う場合、当該会社との契約において
相手方に秘密保持義務を課すほか、秘密保持に十分留意するものとする。

第16条（第三者の情報の取扱い）

１．従業員等は、第三者から情報の開示を受ける場合、当該情報を秘密と
　して取り扱うべきか否か、及び当該情報の開示につき、当該第三者が正
　当な権限を有することの確認をしなければならない。

２．前項に定める場合において、従業員等は、当該第三者が正当な権限を
　有しないとき又は正当な権限を有するか否かにつき疑義のあるときに
　は、当該情報の開示を受けてはならない。

３．従業員等は、第1項により開示を受ける情報については、当該第三者

との間で、その使用又は開示に関して会社が受ける制約条件を明確にしなければならない。

4．第1項により開示を受けた情報を使用又は開示する場合は、前項の会社が受ける制約条件に従うものとし、当該情報は会社の秘密情報と同等に取り扱うものとする。

（以下、略）

（白木裕一）

```
コラム⑩　入社時誓約書
```

　入社時に従業員等から提出を受ける誓約書で秘密保持に関するものの一例を紹介します。従業員等が創出または取得した情報が会社に帰属することを確認する規定として3項が、また、会社が意図せず他社の情報を侵害することを防止する規定として4項および5項が規定されています。

秘密保持に関する誓約書（例）

　私は、貴社への入社にあたり、以下の事項を誓約します。

1　私は、貴社在職中及び退職後も、貴社就業規則及び貴社情報管理規程を遵守し、以下に定める貴社の保有情報（以下「秘密情報」という。）について、厳重に秘密を保持し、貴社の事前の許可なく、いかなる方法によっても、開示または漏えいしません。

　(1)　貴社の製品開発に関する技術資料、製造原価及び販売における価格決定等の貴社製品に関する情報

　(2)　貴社の顧客及び取引先（以下「顧客等」という。）の名称・住所・連絡先等及び顧客等との取引内容に関する情報

　(3)　以下、略

2　私は、配置転換時又は退職時においては、自己が保有する秘密情報を含むデータ、書類その他一切の資料について、貴社の指示に基づき、廃棄・消去または返却の措置を講じます。

3　私は、貴社の業務に関連して創出または取得した秘密情報は、その情報の帰属は、貴社にあることを確認します。

4　私は、第三者の秘密情報を含んだ媒体（文書、写真、USBメモリ、DVDその他情報を記載又は記録するものをいう。）を一切保有しておらず、貴社の業務に従事するにあたり、第三者が保有する一切の秘密情報を、貴社に開示し、又は、使用しません。

5　貴社に入社する前に第三者に対して守秘義務又は競業避止義務を負っている場合は、必要な都度その旨を上司に報告し、当該守秘義務及び競業避止義務を守ることを約束いたします。

6　本誓約書に違反し、貴社に損害が生じた場合には、貴社に生じた一切の損害を賠償することを約束します。

令和○年○月○日
株式会社○○　御中
　　　　　　住所
　　　　　　氏名　　　　　　印

（白木裕一）

159

Q22 社員教育・研修

営業秘密の管理の研修では、いかなる内容の研修を行うべきですか。

▶▶▶Point

① 会社が保有している秘密情報は、他社に知られていないからこそ価値がある情報であり、いったん外部に流出された場合には、被害回復が困難な状態に陥ります。研修においては、従業員に対して、秘密情報を保護することの重要性を認識してもらうことが重要です。

② 従業員において秘密情報の管理の重要性を認識してもらうためには、過去の漏えい事例を紹介するとイメージがわきやすいものと思われます。民事事件（ポスコ事件およびSKハイニックス事件など）、のみならず、刑事事件（東芝NAND型フラッシュメモリ事件およびベネッセ事件など）を紹介することが望ましいです。

③ 研修を通じて、従業員には、社内にいかなる秘密情報があるのか、また、秘密情報の種類・内容および情報の性質に即してどのような管理方法が行われているかを再認識してもらうことが必要です（実態把握）。

④ また、研修を通じて、従業員には、就業規則や社内の秘密管理規程において、秘密情報の保持につきいかなる規定がなされ、違反した場合に、いかなる罰則が適用され、損害賠償責任を負うことになるのかについても、説明を行い、周知しておくことが必要です。

1 秘密情報保護の必要性（総論）

(1) 秘密情報の被害回復困難性、甚大性および侵害容易性

会社が保有している秘密情報は、他社に知られていないからこそ価値があ

る情報であり、いったん外部に流出されると、大量に持ち出され、回復困難な状況に陥ります。

研修は、従業員に、秘密情報の保護の重要性を再認識してもらう重要な機会です。

(2) 秘密情報が不競法で保護されるべき要件

(a) 三つの要件（非公知性、有用性、秘密管理性）

不競法2条6項は、①秘密管理性（秘密として管理されていること）②有用性（有用な営業上または技術上の情報であること）③非公知性（公然と知られていないこと）の三つの要件を満たした情報が「営業秘密」になると規定しています。従前、三つの要件のうち、「秘密管理性」の要件を欠き、営業秘密と認められず、法的保護を受けられない裁判例が多くありました。

研修では、秘密管理性の要件が満たされるためにいかなる管理が必要かという点を各従業員において意識できるようになることが目標の一つといえます。

(b) 「秘密管理性」が認められるための要件

平成27年11月に改訂された経済産業省「営業秘密管理指針」（以下、「27年ガイドライン」といいます）において、「秘密管理性」の要件が満たされるためには、会社（営業秘密管理保有企業）の秘密管理意思（特定の情報を秘密として管理しようとする意思）が具体的状況に応じた経済合理的な秘密管理措置によって従業員等に対して明確に示され、結果として、従業員等が当該秘密管理意思を容易に認識できる（すなわち、認識可能性が確保される）必要があると表記されました。そして、同指針では、上記要件が不競法によって差止め等の法的保護を受けるために最低限の水準を示すものとして明記されました。平成31年1月23日に最終改訂された営業秘密管理指針（以下、「現ガイドライン」といいます）も、全く同様の表記がなされています。

したがって、研修においては、最低限、上記基準を満たすような管理を行うことが必要であることを従業員に伝えることが必要です。

2　過去の裁判例の紹介

　以下のとおり、営業秘密の不正開示および不正使用に関する民事裁判では、（和解により解決しているものの）被告会社は極めて高額な解決金額（和解金額）を支払うこととなり、また、刑事裁判では、罰金とともに実刑判決が言い渡されています。

　以下の裁判例を紹介することによって、秘密情報の漏えいにより、民事上および刑事上のいずれも重い責任が発生し得ることを従業員において認識させることができます（あわせて、刑事事件についてはコラム⑥「近時の大型営業秘密漏えい事件（刑事事件）」を参照してください）。

(1)　民事事件

(a)　ポスコ事件

　平成24年4月19日、新日鐵住金（当時）は、提携関係にある韓国の鉄鋼大手ポスコおよび日本法人ポスコジャパン（東京都中央区）並びに技術流出に関与したとされる新日鐵住金の元従業員に対して、新日鐵住金が保有する製造技術を不正に取得・使用したことを理由に不競法に基づく損害賠償請求（約1000億円）および差止請求の訴訟を東京地方裁判所に提起しました（なお、ポスコに不正に取得・使用されたという技術情報は、変電所や電柱にある変圧器に使用される方向性電磁鋼板の製造技術であり、通常の鋼板と異なり結晶体を一定の方向にそろえて結晶化させることで磁化しやすい特性をもたせるものでした）。

　最終的には、平成27年9月30日に、ポスコと新日鐵住金は、ポスコ側から新日鐵住金に300億円が支払われることで和解が成立しました。

(b)　SKハイニックス（東芝NAND型フラッシュメモリ）事件

　平成24年3月13日、東芝は、韓国SKハイニックスに対して、東芝の業務提携先であるサンディスクの元従業員から技術情報（携帯電話等の記憶媒体であるNAND型フラッシュメモリの仕様およびデータ保持に関する検査方法等）

について不正に開示を受け、使用したとして不競法に基づく損害賠償請求
（1100億円）を行いました。

　その後、最終的には、平成26年12月に東芝と韓国SKハイニックスとの間
で、約330億円が支払われることで和解が成立しました。

　(2)　刑事事件

　　(a)　SKハイニックス事件（前掲(1)(b)の元社員の刑事事件）

　（前記(1)(b)事件の事実関係に基づき）平成24年3月13日に、東芝の業務提携
先であるサンディスクの元従業員は、警視庁に不競法違反（営業秘密開示の
罪）で逮捕されました。

　その後、平成27年9月には、東京高等裁判所において、懲役5年（実刑）
および罰金300万円の判決が言い渡され、確定しました。

　　(b)　ベネッセ事件

　ベネッセコーポレーションは、顧客情報に関するデータベースを保守管理
会社「シンフォーム」に委託していたところ、同社はさらに複数の管理会社
に委託しており、その一つから派遣されていた元システムエンジニアが業務
上貸与されていたパソコンから私物のスマートフォンに顧客情報（氏名・住
所等）を複製しました（その結果、約2000万人の個人情報が約500社（6次取得
者）まで流出したとされています）。

　1審である東京地方裁判所においては、懲役3年6カ月（実刑）、罰金300
万円の判決が言い渡されていましたが、2審である東京高等裁判所において
は、私物のスマートフォンの持込みを禁じなかった点に企業側の落ち度が認
められるとして1審よりも軽い懲役2年6カ月が言い渡されました。

3　社内の情報の洗出しおよび分類

　会社が保有する情報は、情報ごとに経済的価値が全く異なりますし、ま
た、流出した場合の損失の大きさも全く異なります。各情報の重要性を無視
して、すべて管理の対象とし、また、厳格な管理を行うことになると、費用

と手間を要するだけではなく、情報の円滑な運用が阻害されることになります。そのため、会社は、自社が保有する情報を把握したうえで保護すべき秘密情報を選別し、さらにその重要度により、管理のレベル（厳秘（極秘）と社外秘）を分けることが必要です。

　研修においても普段取り扱っている情報が闇雲に秘密情報として保護の対象となっていないか、逆に本来保護すべき情報が漏れていないか、また、秘密情報としての管理方法が十分なものといえるかといった点等を再度振り返ることが必要です。

④　管理方法──社内における管理方法を把握すること

　研修では、従業員において、①社内にいかなる秘密情報があるのか、また、②秘密情報の内容および性質に即して、社内でいかなる管理方法が実践されているかを再認識させることが必要です。

　そして、会社が、従業員に対して、ⓐ接近の制御に資する対策、ⓑ持出し困難化に資する対策、ⓒ視認性の確保に資する対策等のそれぞれに対して、いかなる具体的措置を講じているかを明確に伝え、従業員が各対策の具体的な意義を理解することが必要です。

⑤　社内の秘密情報の管理体制の再認識

　研修では、④で紹介した秘密情報の具体的な管理方法が秘密（情報）管理規程（およびさらなる細則というべき情報管理基準）に実際に規定されていることを明確に示したうえで、従業員において日々かかる規程に従った運用がなされることの重要性を伝える必要があります。

　そして、研修においては、秘密情報規程および就業規則の該当部分を明示したうえで、かかる管理規程に違反した場合の懲戒処分として、人事上いかなる処分を受けるかを示すことで、従業員は、秘密情報保護の重要性を再認識することができます。
（白木裕一）

┌─────────┐
│ コラム⑪ │　個人情報を流出した場合の損害賠償額
└─────────┘

　会社の秘密情報の漏えいとともに、会社の顧客の個人情報が漏えい（流出）することが往々にしてあります。では、顧客等の個人情報が流出した場合に、会社は、顧客に対してどの程度の損害賠償をしなければならないのでしょうか。以下、個人情報が流出した事案に関する過去の裁判例について、事案の概要とともに個人情報が流出した場合にどの程度の賠償が命じられたかについて紹介します。

① 　**宇治市住民基本台帳データ流出事件**（大阪高裁平成13年12月25日判決・判例自治265号11頁）

〈事案の概要〉

　市のシステム開発委託業務に関し、再々委託先のアルバイト従業員が住民基本台帳のデータを不正にコピーしてこれを名簿販売業者に販売する等して、一定期間インターネット上でその購入を勧誘する広告が掲載された事案につき、市の使用者責任を認め、損害賠償請求が認容された事案です。

〈流出した個人情報〉

　氏名、性別、生年月日、住所、転入日、転出日、世帯主名、続柄

〈認定された一人あたりの損害賠償額〉

　慰謝料1万円および弁護士費用5000円

② 　**TBCグループウェブサイト流出事件**（東京高裁平成19年8月28日判決・判タ1264号299頁）

〈事案の概要〉

　エステティックサロンを経営する被告がインターネットのウェブサイト上で開設するアンケートに答えた原告らの個人情報がインターネットのサーバ管理会社のミスにより第三者による閲覧が可能な状態におかれて当該個人情報が流出した事案において、被告らが原告らに対し損害賠償義務を負うことが認定された事案です。

〈流出した個人情報等〉

　氏名、住所、電話番号、メールアドレス、職業、年齢、性別およびエステに関心があり被告に個人の情報を提供した事実

〈認定された一人あたりの損賠償額〉

　慰謝料3万円（ただし、二次被害が確認できず、被告から3000円の支払いを

受けた一人は、1万7000円）および弁護士費用5000円

③　**ヤフーBB会員情報流出事件**（大阪高裁平成19年6月21日判決（平成18年(ネ)第1704号）公刊物未登載）

〈事案の概要〉

　インターネット接続等の総合電気通信サービスの会員であった第1審原告らが同人らの個人情報を外部漏えいした点について同サービスを提供しているY1およびY2に対し、個人情報の適切な管理を怠った過失があるとして損害賠償請求を求めたところ、Y1およびY2のいずれについても使用者責任が認められた事案です。

〈流出した個人情報〉

　住所、氏名、電話番号およびメールアドレス等

〈認定された一人あたりの損害賠償額〉

　慰謝料5000円および弁護士費用1000円（ただし、郵便振替支払通知書の送付による一部弁済（500円相当）を肯定しました）。

④　**ベネッセ顧客情報流出事件**（東京高裁令和元年6月27日判決・判時2440号39頁、東京地裁平成30年12月27日判決・判タ1460号209頁、大阪高裁令和元年11月20日判決・判時2448号28頁等）

〈事案の概要〉

　Q22の②(2)(b)ベネッセ事件を参照してください。

〈流出した個人情報〉

　個人の氏名（漢字フリガナ）、住所、電話番号、生年月日、性別等

〈認定された一人あたりの損害賠償額〉

　1000円〜3000円の範囲で慰謝料が認定されています。

（白木裕一）

Q23　パートタイム（アルバイト）、派遣社員への対応

　パートタイムおよびアルバイト（以下、「パートタイム等」といいます）、並びに、派遣社員に対しても正社員と同様に就業規則や秘密（情報）管理規程を設け、入社時または退職時に誓約書を取り交わすべきでしょうか。また、派遣元との間で派遣契約を締結する際に留意すべき点はありますか。

▶▶▶Point

① 　パートタイム等も正社員と同程度・同内容の義務を負わせる必要があり、正社員と同様に就業規則および秘密（情報）管理規程において秘密情報の保持義務を定め、違反した場合に懲戒事由に該当し、懲戒処分の対象となることを明記すべきです。

② 　パートタイム等のなかでも、短期での勤務が予定されており、会社との信頼関係の醸成が困難とであると想定される場合には、できる限り、当該従業員が秘密情報（技術情報、営業情報、個人情報を問わず）と接触しないような管理体制を構築することが重要です。

③ 　派遣社員は、会社（派遣先）との間で雇用契約がないため、派遣社員につき、就業規則で規律できず、ましてや、秘密情報を漏えいした場合に解雇を含め懲戒処分に科す規定を設けられません。しかしながら、派遣社員に対しても正社員と同様に秘密情報保護を要請する必要があることから、秘密管理規程の対象としたうえで、誓約書の提出を受けること、または、秘密保持契約を締結することが必要です。

④ 　派遣元との法律関係は、派遣契約に拘束されることになります。そのため、派遣契約には、派遣元が派遣社員に対し、誓約書の提出義務および秘密管理規程の遵守を履行させる義務があるか、秘密情報が漏えいされた場合に、損害賠償額が制限されていないかを検討する必要があります。

1 　パートタイム等

(1)　就業規則および秘密管理規程

　パートタイム等に対しても、正社員と同程度・同内容の秘密保持義務を課す必要があります。

　すなわち、正社員同様に、就業規則および秘密管理規程において、秘密情報の保持義務を定め、違反した場合には、懲戒事由に該当し、懲戒処分の対象となることを明記する必要があります。

　また、就業規則のみならず、秘密情報の対象を具体化し、運用のルールを定めた秘密（情報）管理規程がパートタイム等にも適用されることを明記しておくことが必要です。

(2)　入社時・退社時の誓約書の提出（ないし秘密保持契約の締結）

　また、創出または取得した情報が会社に帰属することを意識付けるためにも、パートタイム等に対して入社退社時に誓約書の提出義務を課すことが必要です。

(3)　短期の勤務が予定され信頼関係の醸成が困難な場合があること

　パートタイム等は、雇用期間が短時間であることから、会社に対する帰属意識が低く、自己の利益を優先して秘密情報を外部に漏らしてしまう場合があります。ついては、パートタイム等ができる限り秘密情報と接触しない業務体制（秘密管理体制）を構築する必要があります。例えば、パートタイム等が顧客と接触する業務を担当する場合、顧客への商品購入の勧誘やその説明を行う業務を行うとしても、顧客情報の提供を受ける際には、正社員に引き継ぐことで顧客情報との接触を避けるなどの運用が考えられます。

2 　派遣社員

(1)　派遣契約における法律関係（直接雇用契約がないこと）

　派遣社員は、派遣元企業との間で雇用契約を締結していますが、派遣先企

業との間には、雇用契約等直接の契約関係がありません。

したがって、派遣社員に対しては、派遣先企業の就業規則が適用されず、派遣先企業の秘密（情報）管理規程の適用対象にもなりません。

そのため、派遣先企業は、原則として、派遣社員に対しては、派遣元企業を介して、自社における秘密情報の取扱いを遵守してもらうこととなります。

⑵　派遣社員から誓約書提出を求める必要が高いこと

しかし、派遣社員と派遣元企業との間の雇用契約においては、（契約雛形を利用した）概括的一般的な秘密保持義務の規定しか定められないことも少なくありません。

その場合には、派遣社員は、具体的にいかなる情報が派遣先企業の秘密情報に該当するか容易に認識できず、秘密管理性の要件を欠き不競法による保護を図ることが困難である場合も少なくありません。

⑶　派遣社員から誓約書の提出を受けること（合意書を締結すること）および規定すべき事項

そのため、派遣先企業としては、派遣社員が派遣先企業の秘密情報に接触する可能性がある場合には、派遣社員から直接「秘密保持誓約書」の提出を受けること、または、秘密保持の合意書を締結しておくことが望ましいといえます（派遣社員におきましても、通常、秘密を漏えいする意思がない限り、かかる誓約書を提出すること（合意書の締結）について、比較的理解が得やすいものと思慮されます）。

そして、派遣先企業が派遣社員から取り付ける秘密保持誓約書（合意書）の内容としては、正社員の場合と同様、「対象となる秘密情報の範囲」、「秘密保持義務の内容」、「秘密情報の会社への帰属」、「他社の秘密情報の使用の禁止」および「義務違反の場合の損害賠償義務」などといった項目を規定することが望ましいといえます。

とりわけ、「対象となる秘密情報の範囲」については、「職務上知り得た秘

密事項一切」などといった概括的一般的な内容ではなく、情報のカテゴリーや保存媒体等を示すなどして、保護されるべき秘密の範囲をできる限り明確に特定しておくことが必要です。

　また、秘密保持義務の内容については、営業秘密の記録媒体の複製・社外持出し・送信の禁止のみならず、営業秘密の適正管理のため、「作業室内に携帯電話の持込みを禁ずる」、「ID・パスワードを他人に譲渡し、あるいは開示してはならない」といった具体的な義務まで明確に規定することで、秘密保持義務がより実効的に機能するといえます。

⑷　派遣先との派遣契約締結時の留意点

　派遣先企業は、派遣元企業との間で締結した派遣契約において、派遣社員によって秘密情報が漏えいされ、損害が生じた場合には、派遣元も派遣社員とともに損害賠償義務を負うと規定することも可能です。

　そして、派遣先企業と派遣元と間の派遣契約において、損害額の制限がなされている場合には、かかる損害賠償額の制限規定について、削除および修正を求めることが望ましいです。

（白木裕一）

Q24　秘密管理の具体的方法

　機密情報が①紙媒体②電子媒体で管理されている場合、または、③物件自体に化体されている場合、具体的にはどのような管理方法が考えられますか。従業員に特定の情報を秘密である旨認識させるためには、いかなる措置をとればよいですか。

▶▶▶Point

① 　秘密情報の漏えい防止対策を十分に検証することなく無制約で実施した場合、管理コストが過大になるだけではなく、秘密情報の活用が不当に制限されることになります。そのため、管理目的を明確に設定したうえで、対策を講じることが必要です。

② 　平成28年２月に経済産業省が公表し令和４年５月に最終改訂した「秘密情報の保護ハンドブック」（以下、「ハンドブック」といいます）においては、五つの対策の目的ごとに対策が提示されており、参考になります。

③ 　ハンドブックで紹介されている対策は、媒体ごと（①紙媒体、②電子媒体、③物件そのもの）に管理方法が異なります。そして、同一の秘密情報も記録している媒体が多ければ、多いほど、管理コストが増大し、漏えいのリスクおよび法的保護を受けられないリスクが高まります。

④ 　ハンドブックで紹介されている対策のなかでも、アクセスできる者の制限およびそのセキュリティ対策は、過去の裁判例においても、法的保護を受けるうえで重視されることが多く、ルールの策定および現実の実施運用において最初に取り組むべき課題です。

171

1 五つの対策の目的

(1) 目的を設定せずに対策を講じることのデメリット

　秘密情報の漏えい防止対策は、目的（何のために当該措置・対策を講じるかという点）を設定せず、また、当該措置・対策の効果を検証することなく無制約で実施した場合、管理コストが過大になるだけではなく秘密情報の活用が不当に制限されることになります。

　そのため、会社の秘密情報に対する管理方法および管理体制を検討するにあたっては、目的を明確に設定したうえで、当該目的を達成するために有効な対策を講じることが必要です。

(2) 五つの目的にそった対策

　ハンドブックにおいては、以下の五つの目的を達成する必要な対策が提示されており、社内における秘密情報の管理方法および管理体制を設定するにあたり非常に参考になります（ハンドブック21頁ないし24頁参照）。

　(a) 接近の制御

　秘密情報を閲覧・利用等することができる者（アクセス権を有する者）の範囲を適切に設定したうえで、施錠管理・入退室制限等といった区域制限（ゾーニング）等により自らが権限を有しない秘密情報に現実にアクセスできないようにすることで、アクセス権を有しない者を対象情報に近づけないように対策を講じます。

　アクセス権を有する者が、本当にその情報について知るべき者かという観点から適切に限定したうえで、「接近の制御」に係る対策を講ずる前提として、まず、社内の規程等により、アクセス権設定に係るルールを策定することが必要となります。

　今後、テレワークが普及・常態化していくと思われますが、外部からの情報へのアクセスをよりきめ細かい単位で制御することが求められます。

(b)　持出し困難化

　秘密情報が記載された会議資料等の回収、事業者が保有するノートパソコンの固定、記録媒体の複製制限、従業員の私物USBメモリ等の携帯メモリの持込み・利用を制限することなどにより、当該秘密情報を無断で複製したり持ち出すことを物理的、技術的に阻止する対策を講じます。

　そして、テレワークの実施にあたっては、重要情報のレベルに応じたアクセス制限、PC等への格納制限、実施を認める場所の吟味、組織ネットワークに接続する際にはVPN（仮想的専用回線）等を用いて暗号化する等の対策を別途講じることが必要となります。

(c)　視認性の確保

　職場のレイアウトの工夫、資料・ファイルの通し番号の管理、録画機能付き防犯カメラの設置、入退室の記録、パソコンのログ確認等により、秘密情報に正当にまたは不当に接触する者の行動が記録されたり、他人に目撃されたり、事後的に検知されたりしやすい環境を整えることにより秘密情報の漏えいを行ったとしても見つかる可能性が高い状態であると認識させるような状況を作出します。

　そして、テレワークの実施にあたっては、自宅、サテライトオフィスなど職場と同レベルでの視認性を確保することが困難であるため、テレワークに伴う秘密情報・重要情報へのアクセス履歴、操作履歴（ウェブへのアクセスログやメールの送受信履歴など）等のログ・認証を記録することが視認性の確保のための対策として必要と考えられます。

(d)　秘密情報に対する認識向上（不正行為者のいい逃れの排除）

　秘密情報の取扱い方法等に関するルールの周知、秘密情報の記録された媒体へ秘密情報である旨の表示を行うこと等により、従業員等の秘密情報に対する認識を向上させることを目的としています（これにより、同時に、不正に情報漏えいを行う者が「秘密情報であることを知らなかった」、「社外に持ち出してはいけない資料だと知らなかった」、「自身が秘密を保持する義務を負っている

情報だとは思わなかった」といったいい逃れができないようになります)。

　(e)　信頼関係の維持・向上等

　従業員等に情報漏えいとその結果に関する事例を周知することで、秘密情報の管理に関する意識を向上させます。また、働きやすい職場環境の整備や適正な評価等によって企業への帰属意識を醸成したり、仕事へのモチベーションを向上させます。これらの取組みによって、職場のモラルや従業員等との信頼関係を維持・向上させます。

2　媒体ごとの対策

　秘密情報の漏えい防止のためには、個別の文書ファイル（電子情報の場合には、記録媒体や電子ファイル名、フォルダ名）に「㊙」「厳秘」など秘密であることの表示を行い、会社の秘密意思に対する従業員の認識可能性を確保することが必要です。加えて、ハンドブックにおいては、媒体ごと（①紙媒体、②電子媒体、③物件そのもの）に異なる管理方法が紹介されています。

　以下、媒体ごとに目的（ⓐ接近の制御、ⓑ持出し困難化、ⓒ視認性の確保）を達成するために具体的な対策・措置を紹介します。

　(1)　紙媒体に対する目的達成のための措置

　　(a)　接近の制御のための対策

　①　書類・ファイルを書棚や区域（倉庫、部屋など）に保管し施錠管理を行うこと（例：業務時間のみ解錠する、管理者が鍵を管理し、入退室の際の鍵の貸出しは、許可制にする、重要性の高い情報等は、認証システムによる入室管理を行う等）。

　②　自社内の秘密情報をペーパーレスにして、アクセス権を有しない者が秘密情報に接する機会を少なくすること。

　③　電子化された秘密情報について印刷できるデータの内容や印刷できる者、印刷の目的も限定する、また、あわせてその印刷物の廃棄方法にも留意すること。

④　書類の廃棄方法を徹底すること（例：シュレッダーによる裁断・廃棄を行うこと、ゴミ箱は、廃棄後取り出すことができない鍵付きゴミ箱に限定すること、信頼できる専門処理業者に依頼して焼却・溶解処分すること）。

　(b)　持出し困難化のための対策

①　秘密情報が記された会議資料等を適切に回収すること。

②　コピー偽造防止用紙（コピーできないものや浮出し文字によって不正コピーであることを明らかにするもの等）を使用することで不完全な複製物しか作成できないようにすること。

③　コピー機の使用を制限すること（例：従業員等のIDカードとコピー機を連動させ、同一のIDカードで1日あたり印刷できる枚数を制限すること）。

④　プロジェクト終了時に参加した従業員等が有している秘密情報が記録された書類や記録媒体の返還を求めること。

　(c)　視認性の確保のための対策

①　職場の整理整頓を徹底すること（例：不要な書類等を廃棄すること、書棚を整理すること等）。

②　秘密が記録された資料が保管された書棚等が従業員等からの死角にならないようにすること。

③　秘密情報が記録された廃棄予定の書類等は、廃棄されるまでの間は、引き続き秘密情報として管理し続け、廃棄場所は、複数の従業員等の目の届く位置に設置すること。

④　秘密情報が記録された書類やファイルの複製を禁止したうえで、保管する媒体等に通し番号をつけて管理し、これらを貸し出す場合には、誰に貸し出されているかわかるように、貸出し時および返却時の、その日時、氏名、貸し出した資料名等を記録して管理すること。

⑤　従業員等のIDカードとコピー機やプリンター等を連動させたうえで、IDカードによる認証がなければ印刷できないように設定したうえで、誰が、いつ、いかなる資料を何枚印刷したか等を記録すること。

(2)　電子媒体に対する目的達成のための措置

(a)　接近の制御のための対策

① 情報システム上のIDを付与し、そのIDを認証するためのパスワードを設定しておくこと。

② 秘密情報の分類ごとにアクセス権設定のルールを明確に規定し、かかるアクセス権者だけが電子データ等（電子データ、分離されたフォルダやサーバ等）にアクセスできるようにしておくこと。

③ 秘密情報が記録された情報の分類等を行ったうえで（例：秘密情報をネットワークにつながっているパソコンに保存しないこと、アクセス権を有する者のIDでログインしたパソコン等に限りその電子データを閲覧できる状態にすること、フォルダを分離すること等）、アクセス権を有する者のIDに限りアクセスできるようにすること。

④ 記録媒体（USBメモリ等）、サーバ、パソコンにおいてデータ消去を徹底した形で廃棄を行うこと（パソコンの廃棄については、コラム⑫「パソコンの廃棄」参照）。

(b)　持出し困難化のための対策

① 秘密情報の社外持出しを物理的に阻止すること（例：ノートパソコン等を持ち出せないようにセキュリティワイヤで固定すること、使用者の不在時にノートパソコン等を机の引出しやロッカー等に格納・施錠すること）。

② 電子データを暗号化し、アクセス権がない従業員等がアクセスし当該データを入手しても閲覧できないようにすること。

③ 遠隔操作によるデータ消去を可能とするパソコン・電子データを利用すること（例：遠隔操作によるパソコン内のデータを消去できるツールの利用、情報機器について、一定の回数認証に失敗した場合に重要情報等を消去するツールの利用等）。

④ 社外へのメール送信およびウェブアクセスを制限すること（例：電子データにメールに添付できない設定にしたり、メールの送信容量を制限した

りすることで、秘密情報である電子データを外部にも持ち出すことを制限すること）

⑤　社内におけるパソコンやUSBメモリ等の記録媒体の利用は、会社貸与品のみとしたうえで、私物の記録媒体の持込みを制限すること。

⑥　不自然な時間帯（例：深夜帯や休日）・アクセス数・ダウンロード数を検知した場合に上司等に通知がなされる設定を行い、その旨を社内に周知させること。

⑦　パソコンやネットワーク等において、誰が、どの端末から、いつ、どの秘密情報にアクセスし、いかなる操作を行ったかといったログを取得し、保存すること。

(c)　視認性の確保のための対策

①　外部へのメール送信の際には、すべてまたは一部のメールについては、上司への承認を必要とすること、または、自動的に上司等にもCC（カーボン・コピー）メールが送信されるように設定すること。

②　従業員のメールの送受信内容を必要に応じて閲覧する場合があることを周知すること。

③　電子データを印刷した場合には、印刷者等の氏名やIDの透かしが印刷されるように設定すること。

(3)　物件自体に対する目的達成のための措置

(a)　接近の制御のための対策

プラントのレイアウト、金型、試作品等物件自体が秘密である場合には物件が置かれた工場や部屋等を施錠管理すること。

(b)　持出し困難化のための対策

①　退社時の荷物検査、セキュリティタグによる退社時の情報持出しのチェック等を行うこと。

②　私物のスマートフォンについて重要な秘密情報が保管されている区域などでは、持ち込むことを禁止すること。

③ （生産ラインのレイアウトの情報が持ち出されないために）工場へのカメラ等の撮影機器の持込みを制限すること。

(c) 視認性の確保のための対策

① 秘密情報が保管されている区域等の「写真撮影禁止」「関係者以外の立入り禁止」の表示をすること。

② 秘密情報が記録された書類・電子媒体が保管された区域が見えやすいように防犯カメラを設置すること。

③ 秘密情報の保管区域等への入退室について記録をとり（例：台帳管理、ICカード）、保存するとともにその旨周知すること。

3 記録媒体ごとに対策を講じる必要性

複数の媒体で同一の秘密情報を管理している場合には、特定の媒体のみに秘密管理措置を講じていたとしても、秘密情報の管理として充分といえず、すべての媒体において秘密管理措置を講じる必要があります。すなわち、電子媒体に関する秘密管理措置としては充分な措置をとりながら、紙媒体の管理を疎かにしたために、秘密管理性が否定されることも十分にあります。

例えば、投資用マンション顧客情報事件では、顧客情報に関し、磁気情報として保存されている情報は、アクセス制限されていたものの、契約者台帳ファイルは、従業員個人が管理しているとして、秘密として管理されていないと認定されました（大阪地裁平成22年10月21日判決（平成20年(ワ)第8763号）裁判所HP）。

また、互助会会員情報事件においても、会員情報データについては、アクセス制限がされているものの、会員情報が記載された資料原本そのものは、秘密として管理されているとは、認められないと認定されました（知財高裁平成28年12月21日判決（平成28年(ネ)第10079号）裁判所HP）。

よって、同一の秘密情報についても記録している媒体が多ければ多いほど、管理コストが増大し、漏えいのリスクおよび法的保護を受けられないリ

スクが高まるといえます。そのため、会社の秘密情報保護の観点からは、ペーパーレス化を進めるなどして記録・保存する媒体の数を増やさないようにすることも重要です。

4　アクセスできる者の制限およびそのセキュリティ対策の重要性

　裁判所は、秘密管理性の有無につき、秘密情報にアクセスできる者の制限およびアクセスに対するセキュリティ対策の有無を秘密管理性の判断に際して、従来、重視してきました。

　そのため、社内の秘密情報の管理体制を構築するうえで、あまり手がついていない状況にある場合には、接近の制御のための対策の一つであるアクセスできる者の制限およびアクセスに対するセキュリティ対策から取りかかってはいかがでしょうか。　　　　　　　　　　　　　　　　　　（白木裕一）

コラム⑫　パソコンの廃棄

　パソコンは、画面上のゴミ箱を空にしてもデータが完全に消去されておらず、ハードディスクからの復元が可能です。ファイルの内容は、ハードディスク内に残っているため、復元ソフトを使うとハードディスクやパーティションから削除されたデータを復元することも可能です。

　また、パソコンを使用開始の状態に戻す、すなわち、初期化処理を行ったとしても特殊なソフトウェアを利用すれば復元が可能です。

　そのため、パソコンのデータ消去は、非常に注意が必要です。

　そして、データ消去が不十分な状況で悪意のある人にパソコンがわたった場合、会社の秘密情報や個人情報を抜き取られ悪用され、会社は、競争力の源泉たる秘密情報を失い、その結果信用が失墜するおそれがあります。また、会社が特に残存データ消去に向けた廃棄方法をとっていないことにより、従業員においても、パソコンに記録された秘密情報についての会社の秘密管理意思を容易に認識できません（すなわち、認識可能性が確保されません）。これでは、パソコンに記録された秘密情報が秘密管理性を欠いているとの認定を受け、不競法による保護を受けることができません。

　そこで、パソコンのデータを完全に消去する措置が必要不可欠ですが、具体的な方法としては、以下の三つの方策が考えられます。

　①　ソフトウェアによる消去：データ消去ソフトを使用して消す。
　②　物理的破壊：データが入っている部分（ハードディスク）を取り出して、物理的に破壊する。
　③　電磁消去：特殊の装置で強磁気をかけて消す。

　①②の方法は、専門的な技術や知識がなくとも可能ですが、パソコンについて詳しくない、または、データが入っている部分がどこかわからない場合には、信頼できる専門業者に依頼したうえで、パソコン上のデータが完全消去されたことの証明書を発行してもらうことが望ましいといえます。

（白木裕一）

Q25　情報の種類と秘密管理

技術情報は、営業情報よりも秘密管理性が認められやすく保護されやすいといえますか。開発中の技術情報などの管理方法は、どのように行うべきですか。

▶▶▶Point

① 技術情報は、有用性が高く、また、その内容を特定することが容易です。そのため、顧客情報などの営業情報と比して、従業員等において会社の秘密管理意思を容易に認識できる（認識可能性が確保される）ことが多く、秘密管理性が認められる場合が多いといえます。

② しかし、裁判上、技術情報だからといって無制限に秘密管理性が肯定されるのではなく、何らか一定の対策がとられていることを理由に、認識可能性が確保され、秘密管理性が肯定されています。また、技術情報は、漏えいすると会社に莫大な損害が発生するリスクがあります。そのため、Q24で説明した五つの目的に沿った対策が必要となってきます。

③ 開発中の技術情報については、従業員等の頭に入っている情報は、秘密として管理できませんので、会社で管理できるようにするためには、技術ノウハウの内容を紙媒体や電子データに記録化したうえで、会社の管理の対象とすることが必要です。

④ また、開発中の技術情報のうち、実験担当者等が自ら計測したデータなども自分のノートやパソコンのみで保管している場合も少なくありません。このような場合に備えて、秘密保持の対象を具体化・明確化した誓約書の提出や秘密保持契約を締結することが望ましいといえます。

1 技術情報の有用性の高さおよび特定の容易性

　技術情報は、有用性が高い情報が多く、また、その内容および対象となる範囲を特定することが容易である場合が多いです。

　そのため、営業情報と比して、従業員等において会社の秘密であるとの認識可能性が肯定されることが多く、比較的、「秘密管理性」が認められることが多いといえます。

2 技術情報であっても無制限に秘密管理性は肯定されない

　しかし、裁判上、技術情報だからといって無制限に秘密管理性が肯定されてはおらず、何らか一定の対策がとられていることを理由に、当該技術情報の客観的な認識可能性が担保され、秘密管理性が肯定されています。また、技術情報は、漏えいすると会社に莫大な損害が発生するリスクがあります。

　例えば、機械効率データ事件（大阪地裁平成19年5月24日判決・判時1999号129頁）においては、裁判所は、水門開閉機用減速機の全体を示す図面である「組立図」について、技術情報であるものの、「原告において、それにアクセスすることを許された従業員に対し、それが社外に漏洩してはならない秘密である旨を認識させる措置を講じていたとは認められないから、不正競争防止法上の営業秘密の要件としての秘密管理性を欠くというべきである」旨の認定がなされています。

　また、技術情報は、開発に向け多額の費用および時間を要して得られる場合も少なくなく、漏えいによって会社に生じる損害は、甚大かつ回復困難な場合も少なくありません。

　とりわけ、会社の研究開発の結果得られた当該技術情報を特許出願することなく、技術ノウハウの形で秘密保持したまま、活用する場合には、当該技術情報の漏えいにより、会社の技術戦略そのものが崩れるおそれが高く、より被害は、甚大といえます。

3 技術情報の具体的な保護の方策

そのため、技術情報についても、Q24において説明したとおり、五つの目的に沿った対策（接近の制御、持出し困難化、視認性の確保、秘密情報に対する認識向上（不正行為者のいい逃れの排除）および信頼関係の維持・向上等）を講じる必要があります。

そして、（従業員における）秘密情報である認識向上（不正行為者のいい逃れの排除）を図る具体的な対策について経済産業省「秘密情報の保護ハンドブック」（平成28年2月／最終改訂：令和4年5月）では、以下の三点について紹介しています（61頁～67頁）。

① 秘密情報の取扱い方法等に関するルールの周知

　　秘密情報の取扱い方法等に関する社内の規程の内容について、従業員等が認識できるように継続的に研修を行うこと。

② 秘密保持契約書（誓約書を含む）の締結

　ⓐ 秘密情報を扱う従業員等と秘密保持に関する契約を締結したり、従業員等に対して誓約書を提出させること。

　ⓑ 単に「秘密を守る」という抽象的な内容にとどまらず、「持出し禁止（持出しが許される場合はその条件）」等の具体的な義務を規定すること（コラム⑩「入社時誓約書」参照）。

　ⓒ 入社時・採用時、退職・契約終了時、在職中（部署の異動時、出向時、プロジェクト参加時、昇進時等取り扱う情報の種類や範囲が大きく変更されるタイミング）など、各タイミングに即した誓約書の提出、または、秘密保持契約書を締結し、対象となる情報の的確な特定を行うこと。

〈秘密保持の対象となる情報特定方法の具体例〉

　ⅰ 概括的な概念による特定

　　「～に関するデータ」「～についての手順」という情報カテゴリーを

示すことにより特定する方法（例：「新技術Aを利用して製造した試作品
Bの強度に関する検査データ」「Bの製造におけるC工程で使用される添加
剤及び調合の手順」）。

　ⅱ　媒体や保管場所等による特定

　　　秘密情報が記録された媒体の名称や番号等により情報を特定する方
法（例：「『厳秘（極秘）』と表示された情報」「ラボノートVに記載された
情報」「書庫Wで施錠管理されている情報」など）。

③　秘密情報であることの表示

　ⓐ　秘密情報が記載された媒体への表示

　　　社内規程に基づいて秘密情報が記録された媒体等（書類、書類をと
じたファイル、USBメモリ、電子文書そのもの、電子文書のファイル名、
電子メール等）に秘密情報とわかるように表示すること。

　ⓑ　直接表示することが困難な物件への表示

　　　工事の生産ラインのレイアウトや金型等、それ自体に秘密情報があ
ることを表示が困難なものについては、秘密情報にあたる物件が保管
されている場所に「無断持出し禁止」「写真撮影禁止」といった掲示
をしたり、物件リストを作成して従業員に周知させること。

4　開発中の技術情報に関する管理上の留意点

　開発中の技術情報のうち、従業員等の頭に入っている情報は、秘密として
何も管理しようがありません。そのため、開発中の技術情報を文書または電
子データ等の形で記録したうえで、記録媒体に秘密情報であることを明示す
ることが必要です。

　そして、開発中の情報が漏えいし、または、かかる技術情報に基づき特許
出願がなされた場合などに備えて、当該研究者のみならず、補助者等も含め
た関係者の氏名等も記録しておく必要があります。

　また、技術担当者等が自ら計測したデータや実験結果を自分のノートやパ

ソコンのみに保管している場合には、これらの情報が会社の保有情報であるとの意識が乏しいことが少なくありません。

　したがって、かかる技術情報が会社に帰属することを明確にすべく、上記③②ⅰ「概括的な概念による特定」方法を参考にして対象情報の特定をした形で、会社は、技術担当者との間で秘密保持契約を締結する、または誓約書の提出を受ける必要があります。

（白木裕一）

Q26 従業員が創出した情報

> 従業員が創出した情報（技術ノウハウや顧客情報）は、誰に帰属するものですか。会社として、当該情報を守るためにはいかなる工夫が必要ですか。

▶▶▶Point

① 特許法における職務発明や、著作権法における職務著作以外で、情報の帰属を定める法律はありません。しかし、会社の業務として従業員が創出した情報は会社に帰属すると通常考えますので、社内規程において会社に帰属する旨を明記して帰属先を明らかにしましょう。

② 従業員が創出した情報を会社の重要な情報として保護するためには、会社の定めた秘密情報に該当することを明確にし、従業員に秘密保持義務を課すことが必要です。

③ 従業員に対して、情報管理規程等の社内規程を周知し、研修等により日常的に秘密情報に対する認識を高めるとともに、有効な秘密保持義務を課すことが必要です。

④ 従業員が創出した情報や記憶にとどめている情報については、特定することが困難なので、情報を可視化する仕組みをつくる必要があります。

1 情報の帰属

(1) 帰属先の不明瞭性

　会社には、取引先の顧客情報や研究開発業務で見出した製造ノウハウなど、従業員が創出する情報が存在します。これらの情報に関して、従業員は、自己に帰属するという意識が強いですし、他方で、会社としては、業務

上創出した情報はすべて会社に帰属すると考えるでしょう。特許法35条における職務発明や著作権法15条における職務著作の規定では、従業員が行った特許発明や創作した著作物の権利の帰属について定められています。しかし、特許発明に該当しないものや著作物に該当しない従業員が創出した情報の帰属を定めた法律はありません。

(2)　規程の必要性

　情報の帰属を定めた法律がない以上、会社と従業員との間で取決めがない限り、帰属が不明瞭な状態が生じてしまい、従業員と会社との間で情報の帰属や利用に関する認識の齟齬が生じてしまいます。

　会社にとって、従業員が創出した情報であっても、会社の競争力の源泉となる重要な情報については、会社に帰属させなければなりません。

　そこで、就業規則その他の社内規程によって、従業員と会社との間で、一定の情報の帰属に関する取決めをつくり、従業員が業務上創出した情報についても、会社に帰属するということを明示する必要があります。会社の社内規程により定めていれば、一定の情報の帰属は、会社に帰属することとなります。もっとも、業務を離れて従業員が独自に創出した情報は、従業員の固有の情報で会社に帰属するということはいえないでしょう。

2　秘密情報としての保護の必要性

　就業規則その他の社内規程において、一定の情報を会社に帰属させたとしても、当該情報を従業員が漏えいする可能性はあります。特に従業員が創出した情報であれば、従業員は、自己固有の情報と意識していることも多く、そのまま自由に使用できると考えている場合があり、漏えいするリスクが高いものといえます。

　従業員が創出し、会社に帰属することとなった情報は、会社の秘密情報として、従業員に対して秘密保持義務を課して、漏えいを防止する必要があり、そのために社内体制の整備が必要です。

3　社内体制の整備

(1)　社内規程による秘密保持

社内規程に、従業員が創出した情報は会社に帰属するという内容の規定、会社の秘密情報に該当するものについては、従業員の秘密保持義務を定めた規定が必要となります。また、一定の場合に、秘密保持誓約書を提出しなければならないという旨の規定を定めることも有用です。

(2)　周　知

社内規程を整備したとしても、従業員が認識していなければ、当該規程も意味がありません。また、従業員が社内規程における秘密情報の範囲を認識していなければ、秘密情報であるとの認識も生じません。そもそも、従業員の創出した情報については、従業員は、会社の情報であるという認識が希薄な場合がありますので、社内規程を周知させる必要があります。

社内規程の内容およびその運用について、研修をしたり、朝礼で伝えるなどして、周知させる必要があります。

(3)　秘密保持誓約書の取得

秘密保持誓約書の提出については、入社時点や退職時点に提出を求めることは一般的となっています。しかし、入退社の場合だけではなく、昇進したときやプロジェクトに参加するときなど、大きな変化がある時点でも従業員に秘密保持誓約書を提出させるべきです。

秘密保持誓約書の内容としては、秘密保持義務の対象となる秘密情報をできるだけ具体的に記載し、従業員に従業員が創出した情報も含まれているということを認識させることが重要です。また、誓約書において、従業員が創出した情報を含む秘密情報は、会社に帰属するものと確認する旨の規定を入れることも有効です。

(4)　管理措置形骸化の予防

秘密保持義務の社内規程を定めたり、秘密保持誓約書の提出を受けた場合

であっても、秘密情報の管理体制が形骸化していれば、会社が守りたい秘密情報に対する秘密保持義務が認められない可能性があります。

　そこで、現状の管理運用状況を把握し、日常的な運用と規定とのかい離が生じていないかを確認する必要があります。

　従業員たちが秘密情報の複製物を勝手に保管している実態等が明らかになれば、当該運用を改善していくことが必要です。従業員への周知を行う研修や朝礼の際に、現状の確認もあわせて行うのが効率的であると考えられます。

４　秘密情報保護のための管理の工夫

(1)　情報の可視化

　従業員が創出した情報が、書面やデータで残さていなければ、会社の管理の対象となる秘密情報とはいえません。従業員の頭の中にのみあるような情報については、会社は把握していないことになりますので、会社が管理できていない情報となります。また、対象が特定できない当該情報は、情報の帰属および秘密情報としての前提を欠きますので、社内体制を整備したとしても、秘密保持義務を課すことができませんし、会社が情報を管理できていないので不競法上の営業秘密における秘密管理性の要件も欠くといわざるを得ません。

　そこで、会社としては、従業員が創出した情報を可視化するようにしておく必要があります。従業員の秘密情報に対する予見可能性を確保し、職業選択の自由に配慮するという観点からも秘密情報を可視化することが重要です。技術情報や営業情報の場合の一例を以下に検討します。

(2)　技術情報の場合（Q25参照）

　開発部においては、実験のデータ、シミュレーションのプログラム・結果、設計図面、製造方法など、多大な秘密情報に接することになります。

　秘密情報のカテゴリーをリストにして、管理しましょう。従業員が創出す

る情報として、製造ノウハウや実験データなどが考えられます。

　例えば、「Aの製造に関する手順」や「Bの設計情報」など、カテゴリーに分けて、日常的に生じる情報を書かせて整理しましょう。

　日々生じる実験データについては、記録をつくらせて日付順でカテゴリーに分けられたフォルダに保管します。

　整理した開発製品ごとにフォルダやノートとして保管する場合は、秘密としての表示（㊙等）の表示をしておく必要があります。また、ノートなどの紙媒体や記録媒体については施錠可能なキャビネットに保管し、鍵は上司が管理するようにします。データについては、フォルダやファイル名に秘密である旨の表示を付して、アクセス権の付与によって管理しましょう。

(3)　営業情報の場合

　営業担当者の創出する情報として考えられるのは、顧客から受領する名刺、取引価格などが考えられます。

　名刺や申込書などの顧客情報については、集積されることで有用な情報となりますので、管理方法としては一元管理を行うことが有効と考えられます。すなわち、名刺や申込書など、営業担当従業員が収集してきた情報（創出した情報）については、すべて管理責任者へ提出させ、管理責任者において管理する体制です。

　申込書や伝票や名刺などをファイリングした紙媒体は、ファイルの背表紙に秘密である旨の表示（㊙など）を記載します。そして、施錠可能なキャビネットに保管して、施錠する鍵については、管理責任者が管理します。少なくとも業務時間外については施錠して管理する必要があります。

　データとして管理するものについては、データへのアクセスのIDやパスワードによるアクセス制限が考えられます。

（清原直己）

コラム⑬　AIと営業秘密

1　AI

　近年、機械学習を利用したAI技術が利用されています。AIとは、Artificial Intelligenceの略称であり、いわゆる人工知能といわれるものであり、明確な定義は存在しません。

　機械学習とは、多数のデータのなかから一定の規則を発見し、その規則に基づいて未知のデータに対する推測・予測等を実現する学習手法の一つとされています。機械学習の手法には、教師あり学習、教師なし学習、ディープラーニング（深層学習）という手法があります。

　いずれの機械学習の手法を利用するにしても、データを利用して、学習済みモデルを生成し、学習済みモデルをソフトウェアとして利用することになります。

　したがって、ソフトウェアとして価値の高い学習済みモデルを生成するために、学習用のデータの価値が高まっています。

2　法律上の保護制度

　データは、所有権の対象とはなっておらず、アクセスできる者は自由に利用できるという側面があります。

　AI技術として学習済みモデルを生成するためには、生データを収集し、そのデータを加工して学習用データセットを生成するという過程を経ます。

　その後、学習用データセットを機械学習により学習済みモデルというソフトウェアを生成することになります。

　学習用データが、特許発明に該当すれば特許法による保護、著作物に該当すれば著作権法上の保護を受けることができます。しかし、特許発明や著作物に該当するケースは少ないと考えられています。保護法制度としては、不競法上の営業秘密や限定提供データによる保護が考えられます。

3　営業秘密の必要性

　AI技術を利用したソフトウェア開発においては、大量のデータが必要とされています。顧客データ、生産管理データ、その他ノウハウが化体したデータ等は、多大な労力と費用をかけて入手したものです。

　したがって、データを保有している者は、当該データの管理については、不競法上の営業秘密に該当するような秘密管理を心がける必要があります。

191

　仮に秘密管理していたデータを、不特定の第三者に対し販売あるいは利用させるサービスを行う場合、秘密管理意思が喪失したとして秘密管理性を欠くということになり得ます。このような場合には、限定提供データとして保護する必要があります（経済産業省「限定提供データに関する指針」（平成31年1月23日）13頁参照）。限定提供データに関してはＱ8を参照してください。

4　契約の必要性

　AI開発の場面において、上記のとおりデータが重要であり、また、開発過程における生データ、学習用データセット、学習済みモデルなどのノウハウの帰属・利用条件や、学習済みモデルを用いて出力されたAI生成物の権利関係など、利害関係が多数含まれますので、あらかじめ利用条件については契約で定めておく必要があります。

　契約に関する具体的な内容は、経済産業省「AI・データの利用に関する契約ガイドライン　1.1版」（令和元年12月）を参照してください〈https://www.meti.go.jp/press/2019/12/20191209001/20191209001-1.pdf〉。

（清原直己）

Q27　顧客名簿の管理

顧客名簿・顧客データを管理するうえで、具体的にはいかなる方法をとるべきでしょうか。

▶ ▶ ▶Point

① 　顧客名簿や顧客データなどの顧客情報は、企業の競争力の源泉となる情報として重要な営業上の情報であり、個人情報として漏えいを防止しなければならない情報です。漏えいしてしまうと、さまざまな責任を負うこととなるので漏えいを防止する管理方法が必要となります。

② 　顧客名簿・顧客データの秘密情報として従業員に対して秘密保持義務を課すことも重要ですし、不競法上の保護を受けられるように管理することが有用です。

③ 　不競法上の営業秘密として争われている裁判例を概観すれば、秘密管理性がよく争われていますので、秘密管理しているとの評価を受けられるように工夫することが重要です。

④ 　顧客情報には個人情報を含むものが多数あり、個人情報保護法上求められる管理をする必要があります。

1　顧客名簿・顧客データの漏えい防止の必要性

(1)　顧客情報の重要性

顧客情報には、顧客の氏名、住所、連絡先など顧客の属性を示す情報と購買履歴などの情報が含まれます。顧客名簿や顧客データに関する定義はありませんが、整理のため、顧客情報を紙媒体で管理しているものを顧客名簿、電子データで管理しているものを顧客データというものとします。

属性を示す情報は個人情報保護法上の個人情報（同法2条1項）に該当することが多いので、取扱いには注意が必要です。

また、営業上の観点からみれば、属性を示す名刺記載の情報だけでは、秘密性も有用性もないといえますが、集積されることで有用になり、さらに購買情報等が付加された顧客情報であれば、重要な情報といえます。

(2)　漏えいした場合のリスク

個人情報を含む顧客情報が漏えいすれば、個人情報保護法違反になり、会社の市場における優位性が失われてしまいます。個人情報保護法違反となれば、個人情報保護委員会に対する報告、立入検査等や罰則（同法26条、145条、173条〜174条、179条等）を受けることになります。また、漏えいした各人に対する損害賠償責任や会社のレピュテーションが下がるリスクもあります（漏えいした場合の対応に関するQ19も参照してください）。

重要な情報である顧客情報の漏えいを防止する管理方法が求められます。

(3)　漏えいのルート

漏えいは、従業員、退職者、取引先およびそれ以外の第三者からの発生が考えられます。顧客情報の管理としては、各ルートからの漏えいを防止するように管理しなければなりません。

2 顧客情報の管理

(1)　顧客情報の管理上の困難性

顧客情報は、事業活動において日常的に使用される情報で、日々変化するものなので、厳しい管理措置をとることは、事業活動に支障をもたらしてしまいます。例えば、顧客名簿の紙ファイルに、㊙マークをつけて、金庫に入れて保管し、代表取締役でないと金庫を開けることができないようにすれば、秘密として管理されており、漏えいの防止という意味でも厳重ですが、営業担当者は顧客の情報にアクセスできなくなりますので、日常の業務を行うことができません。

　顧客情報の性質上、管理が困難な点として、日常業務における使用の容易さが求められ、他方で漏えいを防止しなければならないという厳重な管理が求められる点が挙げられます。

(2)　第三者からの漏えいの防止

　第三者からの不正アクセスに備える方法としては、ネットワークに接続されない機器で管理したり、ファイアーウォールの導入やセキュリティソフトの導入などが考えられます（経済産業省「秘密情報の保護ハンドブック」（平成28年2月／最終改訂：令和4年5月）94頁以下、以下「ハンドブック」といいます）。

(3)　従業員からの漏えいの防止

　従業員が顧客情報を漏えいさせないために、就業規則等において、顧客情報を秘密情報の範囲に含め、従業員に秘密保持義務を課すこと、秘密保持誓約書を提出させること、従業員に対する秘密保持に関する研修を行うことが必要です。

　従業員に顧客情報に対する秘密保持義務を課し、顧客情報に対して秘密保持義務を負っていることを周知することで、漏えいを防止する必要があります。

(4)　めざすべき管理方法

　従業員等に対して、顧客情報を漏えいさせないように秘密保持義務を課すことは重要ですが、当該義務は漏えいした後の情報取得者である第三者の利用には及びません。

　そこで、漏えいしてしまった場合に損害が拡大するのを防止するためには、顧客情報を使用している第三者に対して、顧客情報の使用の差止めや損害賠償請求をする必要があります。そのためには、顧客情報が不競法上の営業秘密（同法2条6項）に該当する必要があります。

　また、個人情報保護法上、個人情報については安全管理措置の構築義務（同法23条）が求められます。

　したがって、個人情報保護法上の安全管理措置の要請を満たしつつ、営業秘密としての秘密管理性が認められるような管理方法をめざすべきだといえます。

3　秘密管理性

(1)　不競法上の営業秘密該当性

　顧客情報の営業秘密該当性について、よく争点となるのが、「秘密として管理」されていたか（秘密管理性）という点です。秘密管理性は、情報の性質、保有形態、情報を保有する企業等の規模等の諸般の事情を総合考慮し、合理性のある秘密管理措置が実施されていたか否かという観点から判断されることが多いです（経済産業省知的財産政策室編「逐条解説　不正競争防止法（令和元年7月1日施行版）」44頁）。

　また、秘密管理措置としては、会社が顧客情報を秘密として管理しようとする意思（秘密管理意思）が、秘密管理措置によって従業員等に明確に示され、従業員等が秘密管理意思を容易に認識できる程度の管理がされていることが必要とされています（経済産業省「営業秘密管理指針」（平成15年1月30日／最終改訂：平成31年1月23日）6頁、以下、「営業秘密管理指針」といいます）。

　また、顧客名簿と顧客データのように複数の媒体で同一の営業秘密を管理する場合には、各媒体に対して秘密管理措置を講じる必要があります（営業秘密管理指針13頁）。

(2)　裁判例からみる秘密管理性が認められる管理方法

　(a)　顧客名簿に関する管理方法

　紙媒体としてファイルにつづっている顧客名簿については、施錠できるキャビネットに保管し、就業時間外は施錠し、当該鍵は部長など上司が管理しているものについては、秘密管理性が認められています（東京地裁令和2年6月11日判決（平成30年(ワ)第20111号）裁判所HP）。他方で、顧客カルテが入っているファイルの背表紙に㊙マークが付されていた場合で、ファイルの

保管には施錠等の措置がとられておらず、従業員が日常的にLINEアプリを通じて従業者間で共有していた事案では秘密管理性は否定されています（知財高裁令和元年8月7日判決・金判1579号40頁）。

　したがって、顧客名簿の管理方法としては、ファイルの背表紙に秘密である旨の表示（㊙）を付したうえで、施錠できるキャビネットで、執務時間外は施錠し、鍵は上司が一元的に管理するという方法が有効だと考えられます。管理運用上、従業員が、写しを自由に使える状況にならないように気をつけなければなりません。

　(b)　顧客データに関する管理方法

　顧客データとして、顧客情報を電磁的記録として保管する場合に、パスワードを付していたものの従業員であれば閲覧でき、閲覧を明確に禁止されていなかった事案では、秘密管理性は否定されています（東京地裁令和3年3月23日判決（平成30年(ワ)第20127号等）裁判所HP）。

　他の裁判例をあげると、会社の規模（資本金3000万円、従業員31名）や販売情報の数（2万件以上）から、相応の情報管理体制が求められるとして、顧客情報を管理部で一元的に管理し、管理部への入室制限や、パスワードを設定することでアクセス権者を限定し、顧客情報に関する開示手続等を課すことで閲覧を制限し、就業規則等によって守秘義務を従業員に課すとともに、その周知に努めていたと認定された事案では、秘密管理性が肯定されています（東京地裁平成25年10月17日判決（平成23年(ワ)第22277号）裁判所HP）。

　また、他の裁判例においては、顧客情報等が管理されているシステムへログインするために、従業員にユーザーIDやパスワードを付与していたものの、他の従業員のユーザーIDやパスワードが容易に推知することができ、他の従業員のユーザーIDおよびパスワードを使用してシステムを利用することが行われ、他の従業員のパスワードの利用について何らかの措置も講じられておらず、従業員各自に機密情報管理規程が周知されていなかった事案では、顧客情報等について利用者に秘密として管理されていることを認識し

得る措置がおよそ講じられていなかったとまではいえないが、顧客情報等へのアクセスする際の認証としての役割をはたしていなかったとして、秘密管理性が否定されています（東京地裁平成30年1月19日判決（平成28年(ワ)第6672号））。

　顧客データの管理については、会社の規模や扱う顧客情報の量によっても異なるところですが、最低限IDおよびパスワードによるアクセス権者を制限するとともに、秘密管理規程等の社内規程の周知を徹底する必要があるものと考えられます。IDおよびパスワードを記載した付箋をパソコンに貼り、アクセス制限として機能しないような運用には気をつけなければいけません。

(3)　従業員の認識可能性の担保

　裁判例からすると、従業員の秘密情報であるとの認識可能性の点から、就業規則等における規定、誓約書の提出および研修等による従業員への周知によって、顧客情報が秘密情報に該当することおよびその取扱いに関して従業員に認識させているかどうかを重視しているように見受けられます。

　また、運用面において、形骸化しないように、顧客データの出力物や顧客名簿のコピーなど、紙媒体を従業員たちが使う場合には、使用後に当該紙媒体を回収するか、破棄させることで、会社の秘密管理意思に対する従業員の認識可能性を高めることが必要です。

4　個人情報保護法上求められる管理措置

　顧客情報のなかには、氏名・住所・連絡先など個人情報（個人情報保護法2条1項）を含み、顧客名簿や顧客データは、個人情報データベース等（同法16条1項）に該当する場合は、会社は個人情報取扱事業者（同条2項）となります。

　個人情報取扱事業者は、個人データの漏えい、滅失またはき損の防止その他の個人データの安全管理のために必要かつ適切な措置を講じる必要があり

ます（個人情報保護法23条）。

　個人情報保護委員会の発表する「個人情報の保護に関する法律についてのガイドライン（通則編）（平成28年11月／一部改正：令和4年9月）」の「8（別添）講ずべき安全管理措置の内容」には、個人情報取扱事業者の行うべき安全管理措置として、基本方針の策定、個人データの取扱いに係る規律の整備、組織的安全管理措置、人的安全管理措置、物理的安全管理措置および技術的安全管理措置に関する手法の例が示されています。

　秘密情報の管理措置として重なる点として、組織的安全管理措置、人的管理措置、物理的安全管理措置、技術的安全管理措置があります。

　組織的安全管理措置として、組織体制の整備を行うことを求められているところ、例えば、個人データを取扱う従業者が複数いる場合には、責任者をおいて、責任者による取扱い・運用を監督する体制の構築が求められています。これは、秘密情報の秘密管理措置としても、責任者を秘密情報である顧客情報の取扱いの責任者として兼務する形で秘密情報の管理者として機能させることができます。

　また、人的安全管理措置として、個人データを取扱う従業者の教育として、定期的な研修を行うことが例として挙げられています。秘密情報の取扱いに関する研修もあわせて行うことは効率的です。

　物理的安全管理措置および技術的安全管理措置として、個人データの取扱い管理区域の設定、持出し禁止、アクセス制御等を定めることが求められています。個人データの取扱い従業員とそれ以外を区別して物理的技術的にアクセスを制御する体制を構築することが求められています。例えば、個人情報データベース等を取り扱える場所の限定、取り扱うことのできる機器の制限およびユーザーアカウント制御等により使用できる者を管理することが求められています。

　なお、個人情報保護法改正の内容は、コラム⑦を参照してください。

5　顧客情報の管理

　個人情報保護法上求められる安全管理措置は、営業秘密に対する秘密管理性の要件が満たされる管理方法と重なっています。

　顧客情報のうち、個人情報を含むものは、個人情報保護法上の安全管理措置を構築する義務があります（同法23条～25条）ので、個人情報保護法上要求される安全管理措置を講じることで、顧客情報に対する営業秘密の秘密管理性が肯定される方向に働くものと考えられます。

（清原直己）

Q28 退職時誓約書

> 　従業員の退職時に秘密情報が漏えいすることを防止するためには、い
> かなる措置をとるべきですか。

▶▶▶Point

① 　退職予定者に対する対応策を事前に決めておき、退職予定者には在職中
に現状を確認しておく必要があります。

② 　退職予定者が接してきた秘密情報や保有する秘密情報を確認しましょう。

③ 　退職者から秘密情報を漏えいされないためには、秘密保持義務を課す秘
密保持誓約書の提出を求めましょう。

④ 　誓約書が有効に機能するような規定を考える必要があります。

⑤ 　退職者の行動を監視し、秘密情報漏えいが懲戒事由に該当する場合は退
職金の不支給ができるように社内規程を整備することで、秘密情報の漏え
いを心理的に抑止することも有用です。

1　事前の対応策の必要性

　退職した後、退職者の行為を特定することは困難であることが多いので、
退職前の在職中に確認すべきことは確認しておく必要があります。

　また、退職が決まってから実際に退職するまでそれほど長い期間を確保で
きないことも多いので、退職者に対する対応方法を即座に実行できるように
あらかじめ定めておく必要があります。

　対応策の方針は、漏えい防止と、漏えいした場合に責任追及可能となるよ
うにしておく必要があります。漏えいの兆候についてはQ9を参照してくだ
さい。

2 漏えい防止策

(1)　現状の確認

退職の意思表示が示された時点で、退職者に対してインタビューをして、今後の予定や、保有している秘密情報の媒体等について確認します。これにより、誓約書の内容等を定めます。

(2)　アクセス権のはく奪

退職者が重要な秘密情報に接することがないよう、アクセス権をはく奪します。例えば、IDやパスワードでのアクセス権限のレベルを下げることや、貸与しているパソコンなどの回収を行います。また、重要な秘密情報の保管場所への入室ができないようにするなどの方法もあります。

(3)　データ保全

データへのアクセス履歴、メールなどの疑わしい痕跡を削除されてしまわないように会社から貸与したパソコンや携帯電話を回収し、内容を確認し、データを保全します。そのために、社内規程に、メールの監視や貸与したパソコン等の確認をすることを定める規定を設けておく必要があります。

削除されてしまっていれば、デジタル・フォレンジック（詳細についてはQ10⑤を参照）によりデータの保全を行います。

3 責任追及のために

退職者に秘密情報を漏えいされないためには、退職者に秘密保持義務を課す必要があります。しかし、退職者とは、会社は雇用関係が終了しますので、会社の就業規則等に規定した退職後の秘密保持義務が退職後にも有効であるとは当然にはいえません。そこで、退職時に退職者と秘密保持誓約書または秘密保持契約書を締結して、退職者に秘密保持義務を課す必要があります。

4　誓約書の内容

　秘密保持誓約書の記載例については、コラム⑭「退職時誓約書」の記載を参照してください。誓約書の取得には、心理的な秘密情報漏えいの抑止効果も期待できます。

(1)　義務内容の設定

　秘密情報に対する秘密保持義務を課すとともに、競業他社への転職、起業を行わせないようにするために競業避止義務をあわせて課すかを検討する必要があります。

　競業避止義務は、退職者に対する制約が大きいので、退職者にとっては抵抗感が出てしまいます。秘密保持義務のみの誓約書とするか、競業避止義務も含めるかという点については、退職者の地位や転職先等から検討しなければなりません。

(2)　秘密情報の特定

　秘密保持義務を負う範囲を明確にすることは重要です。秘密保持義務の対象を明確にすることで、退職者に対して秘密保持義務を強く認識させることができます。また、抽象的な記載は、退職者にとっては転職した際にどの情報を秘密として保持しなければならないのか不明確となり、誓約書の提出に対して抵抗感が出てしまいます。

　秘密情報の漏えいを防止するためには、秘密保持誓約書の秘密情報については具体化しておくことが重要です。

　また、どのような秘密情報を対象とするかの記載については退職者の地位や部署によって、変更する必要があります。

(3)　有効性の問題

　過度に広範な秘密情報を規定した誓約書（例えば、秘密情報として「業務上知り得た一切の情報」とだけ規定する場合など）の提出を求めると、当該誓約書の有効性に問題が生じてしまいます。

203

　過度に広範であるとして公序良俗に反するとして無効とされる可能性があります。

　また、退職者の職業選択の自由の保障から、契約上の秘密保持義務の範囲については、合理的といえる内容に限定して解釈すべきとし、当該事案においては秘密保持の対象の具体的な定義はなく、その例示すら挙げられていないとして、主張する情報が秘密保持義務の対象に該当しないとした裁判例（東京地裁平成20年11月26日判決・判時2040号126頁）があります。

　秘密保持誓約書における秘密情報を広く抽象的な記載にしてしまうと、結果として秘密保持義務を有効に課せない事態が生じてしまいますので注意が必要です。

(4)　媒体等の返却

　退職予定者に、いかなる情報を保持しているかについてインタビューをして、詳らかにさせる必要があります。

　また、判明した退職予定者が保有する秘密情報の媒体等については、秘密情報を含む媒体およびその複製物について、返還および廃棄するような条項を入れる必要があります。それに加えて、退職予定者に、複製物等を保有していないことの表明保証条項を入れておくことも重要です。

(5)　秘密保持義務の期間

　秘密保持義務の有効期間の定めについて、企業からすれば、秘密保持義務を課す期間は無期限としたいという要望も強いでしょう。しかしながら、仮に無期限とすると、秘密情報の内容や種類等によって合理性を欠き、有効性に疑義が生じる可能性がありますので、注意する必要があります。

　期間の定め方としては、秘密情報が陳腐化し利用価値がなくなる程度の期間を見込んで設定しましょう。

5　誓約書を提出しない場合

(1)　退職者に誓約書の提出を拒まれないようにする

　退職者が誓約書を提出しない場合に、誓約書の提出を強制することはできません。退職者から誓約書の提出を拒まれないような体制づくりが重要となります。

　そのためには、従業員に秘密情報保護の重要性を認識させることや、入社時だけにとどまらず、部署異動時・プロジェクト参加時などにも秘密保持誓約書をとるようにして、秘密保持誓約書の提出に対するハードルを下げましょう。また、就業規則には、退職後の秘密保持義務・競業避止義務を負う旨を明記して、誓約書の提出によって、退職者の義務内容が変化しないという説明をすることで誓約書を提出する抵抗感を軽減することも有用です。

(2)　誓約書を提出しない場合

　誓約書の提出を拒まれないような体制をつくったにもかかわらず、退職者が誓約書を提出しない場合には、退職者が秘密情報を漏えいする可能性がありますので、退職予定者の行動を監視して漏えいの防止を図る必要があります。

　また、仮に誓約書が提出されなかったとしても、誓約書を求め続けることは、退職者に一定の情報が会社の秘密情報であるということを知らしめるという点で重要です。誓約書記載の情報が秘密情報であるとの退職者の認識可能性が担保できます。

6　退職金の不支給・減額の規定

　退職者が秘密情報の漏えいをした場合に、退職金の不支給・減額の規定を就業規則に設けることも有用です。退職金の不支給・減額規定があることで、秘密情報を漏えいしようと考える退職予定者の心理的抑止効果が見込まれます。また、その後の退職者の行う行動によっては、退職金の不支給・減

額の措置をとることで、被害回復の観点からも一定の効果があります。

　退職金について、中退共制度を利用している場合には、注意が必要です。中退共制度は、独立行政法人勤労者退職金共済機構（以下、「共済機構」といいます）から退職者に退職金が支払われる制度です。会社は、一定の場合に共済機構に対して減額支給の申出をすることは可能です（中小企業退職金共済法10条5項）。しかし、一度支払われてしまうと、会社は、退職金の返還請求の主体としては認められません（大阪地裁平成23年11月8日判決（平成30年㈠第12270号）裁判所HP）。

（清原直己）

```
┌──────────────┐
│ コラム⑭  退職時誓約書 │
└──────────────┘
```

　退職時に従業員等から提出を受ける誓約書の一例を紹介します（入社時の誓約書についてはコラム⑩を参照してください）。

　競業避止義務を退職時の誓約書に含めるかどうかについては検討する必要があります。退職者が接してきた情報によって秘密情報の内容が異なります。

　例えば、開発部長と新人営業担当者では接してきた情報が異なりますので、秘密情報の内容や競業避止義務の必要性は異なります。開発部長であれば、競業避止義務を設ける必要性は高いですが、新人営業担当者に競業避止義務を求める必要性は低いと思われます。

秘密保持誓約書（例）

　私は、○年○月○日付にて、貴社を退職いたしますが、貴社秘密情報に関して、下記の事項を遵守することを誓約致します。

記

第1条（秘密保持）

　私は、退職後においても、次の貴社の秘密情報に関し、これを秘密として保持し、第三者に開示、漏えい又は使用しません。

①　○○製品開発に関する技術資料（実験データ、製造方法、製品図面、仕様書等）

②　○○製品の価格情報（製造原価、販売価格等）

③　……

（顧客情報の場合）

①　顧客名簿記載の顧客情報（氏名、住所等）

②　顧客ごとの商品売り上げ情報（購入商品の種別、購入数量、購入額等）

③　……

第2条（秘密情報の返還）

　私は、貴社を退職するにあたり、在職中に入手した業務上の資料、及び顧客から貴社の業務に関して交付を受けた資料について、紙、電子データ及びそれらが保存されている媒体（USBメモリ、DVD、ハードディスクドライブその他情報を記録するもの）の一切を貴社に返還、消去又は廃棄し、自ら保有していないことを誓約致します。

第3条（秘密情報の帰属）

207

第1条各号の秘密情報及びこれに基づく権利は貴社に帰属することを確認いたします。貴社に対し当該秘密情報が私に属している旨の主張を行いません。

第4条（期間）

本誓約書記載の事項について、○年間有効であることを確認いたします。

競業避止義務を追加する場合には、次のような例が考えられます。競業避止義務の有効性についてはQ29を参照してください。

第5条（競業避止義務の確認）

貴社を退職するにあたり、退職後1年間、貴社からの許諾がない限り、次の行為をしないことを誓約いたします。

① 貴社で従事した○○製品の開発に係る職務を通じて得た経験や知見が貴社にとって重要な企業秘密及びノウハウであることに鑑み、当該開発及びこれに類する開発に係る職務を、貴社の競合他社（競業する新会社を設立した場合にはこれを含む。以下同じ。）において行うこと

② 貴社で従事した○○に係る開発及びこれに類する開発に係る職務を、貴社の競合他社から契約の形態を問わず、受注又は請け負うこと

第6条（補償手当）

私は、本誓約書の遵守のため、貴社給与及び退職金のほか、補償手当○○円の交付を受けたことを確認いたします。

令和○年○月○日

株式会社　　御中

　　　　　　　　　　　　　　　　住　所
　　　　　　　　　　　　　　　　氏　名　　　　　　　印

（清原直己）

コラム⑮　秘密保持休暇

1　秘密保持休暇とは

　秘密保持休暇とは、退職の理由を問わず、退職が決定した従業員に対し、退職までの一定期間休暇を取得させ、その間に種々の義務を負わせる制度です。

　秘密保持義務は、退職後に当然に負うということはいえないのですが、従業員であれば在職中なので秘密保持義務を負っています。そこで、休暇とすれば、業務に従事しませんので、最新の秘密情報に触れない期間が生じます。それにより、最新の秘密情報に触れさせないことで、退職予定従業員が保有する秘密情報が会社の最新のものとはならないようにすることができます。

　秘密保持休暇は、労働条件に関する内容ですので、就業規則や労働契約に規定しておく必要があります。

2　秘密保持休暇規定の有効性

　秘密保持休暇規定においては、退職予定従業者に対して、業務命令として休暇をとらせる規定となっていることがあります。しかし、無期雇用の従業員であれば、2週間前の予告によりいつでも退職することができます（民法627条1項）。

　そうすると、いかに秘密保持休暇規定を設けて業務命令として休暇を命じたとしても、退職者が辞職の意思表示を示してしまうと2週間で終了してしまいかねません。そこで、規定を設けたうえで、従業員と合意するほうが無難といえるでしょう。また、その際の従業員については、ある程度経済的に保障しなければ従業員との合意に達しない可能性が高いので、秘密保持休暇中の賃金については、業務には従事しないが、全額に近い金額を支払う必要があるでしょう。

　ところで、退職予定従業員が、退職日までに有給休暇をとることがあります。会社としては、この間に退職予定従業員からの情報漏えいの有無についての確認・分析が可能です。しかし、退職予定従業員のなかには、退職日まで有給休暇が残っていない人がいます。このような場合には、秘密保持休暇制度において、会社が情報漏えい等の確認・分析を行うための期間として、秘密保持休暇を充てることは有効かもしれません。

（清原直己）

Q29　競業避止義務

従業員の退職時に競業避止義務を負わせる誓約書を提出してもらうにあたり、いかなる点に留意すべでしょうか。また、誓約書の提出を拒否された場合、提出を強制することはできますか。提出されない場合、どうすべきでしょうか。

▶ ▶ ▶ Point

① 競業避止義務を負わせる誓約書の有効性は、ⓐ企業の保護されるべき利益、ⓑ退職者の地位、ⓒ場所的な限定、ⓓ存続期間、ⓔ制限される行為、ⓕ代償措置の有無などから、判断されます。

② 退職予定者から誓約書の提出を拒まれない環境づくりが重要です。

③ 誓約書記載の義務違反があった場合に、退職金の減額・不支給を可能にする就業規則の規定づくりが重要となります。

1　誓約書の有効性

　従業員が退職する際に、従業員から競業避止義務を負う誓約書を提出してもらっても、誓約書の有効性に問題があれば、誓約書が機能しないことがあります。

　競業避止義務は、退職者の職業選択の自由や営業の自由を制限するものですから、有効性が問題となります。有効性に関して、経済産業省「秘密情報の保護ハンドブック」（平成28年2月／最終改訂：令和4年5月）（以下、「ハンドブック」といいます）参考資料5「競業避止義務契約の有効性について」を参考にしてください。

　誓約書の提出を求める場合には、誓約書の有効性について留意する必要が

あります。

(1)　退職後の競業避止義務の有効性

退職後の競業避止義務の有効性について、裁判例は、①企業の利益の保護の必要性の有無、保護すべき企業の利益が存在することを前提として、②退職者の地位、③場所的な限定、④存続期間、⑤制限される行為や職種、⑥代償措置の有無などから、退職者の職業選択の自由に対する制限が必要かつ相当な限度の範囲として合理的といえるかどうかによって判断しています（奈良地裁昭和45年10月23日判決・判時624号78頁）。

　(a)　具体的な各判断要素の内容

①　企業側の守るべき利益

企業側の守るべき利益として、不競法上の「営業秘密」が対象となることは当然ですが、それ以外にも個別の判断においてこれに準じて取り扱うことが妥当な情報やノウハウについても、企業側の守るべき利益として判断されています。

裁判例においては、競業避止条項を設けた目的が、「顧客を奪われることを防止すること」にあるところ、「顧客情報等の秘密性に乏しく」、競業避止を求める利益は小さいと判断されたものがあります（福岡地裁平成19年10月5日判決・判タ1269号197頁）。

②　従業員の地位

一般に、退職者従業員の地位が高ければ、企業の守るべき秘密情報に接する機会が多くなりますので、競業避止義務が有効と判断される可能性が高まります。

もっとも、裁判例においては、形式的な職位だけではなく、具体的な業務内容の重要性、特に使用者が守るべき利益とのかかわり合いから、競業避止義務を課すことが必要であったかどうかが判断されています。

③　地域的限定

企業の事業内容や、職業選択の自由に対する制約の程度、禁止行為の範囲

211

との関係等を総合考慮し、有効性が判断されています。地理的な制限がないことのみをもって、競業避止義務の有効性は否定されないことも多いようです。

④　期　　間

競業避止義務の存続期間については、形式的に何年以内であれば認められるというものではありません。退職者の不利益の程度を考慮したうえで、業態や企業の守るべき利益との関係で判断されています。

裁判例の傾向からすれば、2年間を超えると長いと判断されているようですので、2年以内としたほうが問題は少ないものと考えられます

⑤　禁止行為の範囲

業界事情にもよるところはありますが、企業と競業関係に立つ企業に就職したり、事業を行うことを禁止する内容で、一般的・抽象的に禁止するものは合理性が認められない傾向にあります。

他方で、制限する競業の態様や範囲を限定して合意した場合には、有効性の判断において肯定的にとらえられていることが多いです。

⑥　代償措置

代償措置については、何らの代償措置がなければ、有効性が否定されることが多いです。

もっとも、競業避止義務を負う対価として、明確にされた代償措置ではなくても、支給基準より加算した額の退職金が支払われた場合や、賃金が高額であった場合などの事情があったときには、みなし代償措置として肯定的に判断されています。

(2)　近年の裁判例

(a)　有効性が認められた裁判例

①企業側の守るべき利益として、「ヴォイストレーニングを行うための指導方法・指導内容及び集客方法・生徒管理体制についてのノウハウ」が有用であるとし、②退職者の地位は、「週1回のアルバイト従業員」、③地域的な

限定はなく、④期間は３年間、⑤禁止行為は、競合関係に立つ事業者に就職したり、役員に就任すること、事業を自ら開業または設立すること、⑥代償措置はなかった事案について、裁判所は、「本件競業避止合意は目的が正当であり、その手段も合理性があるから、公序良俗に反しない」と判断しました（東京地裁平成22年10月27日判決・判時2105号136頁）。

また、①企業側の守るべき利益として、「業務上の機密事項及び原告の不利益となる事項に関する一切の情報、原告の顧客その他原告と取引関係のある第三者の業務上の機密事項及び当該第三者の不利益となる事項に関する一切の情報の漏洩防止」とし、②退職者の地位は「ひら社員」ですが、企業の守るべき情報に接する可能性は十分にあるとし、③地域的な限定は、「日本国内全部に及んでいるけれども、原告が著名なエレベーターメーカーであり、その顧客が日本全国にまたがり、営業範囲も日本全域を対象としている」とし、④期間は、退職日の翌日から２年間で、不当に長いとはいえないとし、⑤禁止行為は、競業他社への雇用、役員就任等、⑥代償措置としては、「年収額の２年分を優に超える額」（早期退職割増金）であった事案について、さらに背信性に係る事情として、早期割増退職金の申請が詐取にあたるとして非常に背信性が強いという事情を考慮したうえで、裁判所は、「本件競業禁止約束は有効であるといわなければならない」と判断しました（京都地裁平成29年５月29日判決・判タ1464号162頁）。

(b)　有効性が否定された裁判例

①企業側の守るべき利益として、「業務を遂行する過程において得た人脈、交渉術、業務上の視点、手法等であるとされているところ」、退職者の「能力と努力によって獲得したものであり、一般的に、労働者が転職する場合には、多かれ少なかれ転職先でも使用されるノウハウであって、かかる程度のノウハウの流出を禁止しようとすることは、正当な目的で」はないとし、②退職者の地位は、「本部長であり、その後に執行役員を併任」していた者であり、③地域的な限定はなく、④期間は２年間、⑤禁止行為は、競業

関係の会社への転職自体の禁止、⑥代償措置については、「賃金は、相当高額であったものの、本件競業避止条項を定めた前後において、賃金額の差はさほどないのであるから」、代償措置として十分とはいえないとして、競業避止義務の有効性を否定しました（東京地裁平成24年1月13日判決・労判1041号82頁）。

　また、①企業側の守るべき利益の必要性について、特殊な業界における「顧客や取引先、各種商品の仕様や製造単価などの内部情報の無断利用ないし流出を防ぎ、既存顧客を維持するなどの利益確保の必要性」は認められるとし、②退職者の地位は、営業担当者、③地域的な制限はなく、④期間は3年間という比較的長期であったこと、⑤禁止行為は、「競合企業に雇用されたり、競合事業を起業したり、競業行為を行うこと、原告の顧客と交渉したり、受注することを広範囲に禁止するもの」であり、⑥代償措置はなかった事案について、裁判所は、「合理的な制限の範囲を超えるものであり」、競業避止義務を定めた合意は、公序良俗に反し無効であると判断しました（東京地裁平成28年12月19日（平成28年(ワ)第52号））。

(3)　誓約書作成の際の注意事項

　競業避止義務の有効性は、上記の裁判例からみても、総合的な判断となっていますので、一概にどのように記載すればよいかはいえません。

　実際の退職予定従業員が、どのような秘密情報に接してきたかということを踏まえて記載する必要があります。

2　誓約書の提出

(1)　誓約書の提出を拒否されないために

　誓約書を拒否されないためには、退職者が誓約書を提出する環境づくりをすることが大切です。日ごろから従業員に会社の秘密情報保護の重要性を認識させることが重要となります。

　秘密保持誓約書を取得している会社は増えていると思います。競業避止義

務における会社側の利益の中核は、会社の競争力の源泉たる秘密情報といえますので、競業避止義務の誓約書とともに秘密保持義務に関する誓約書もとっておかなければなりません。

秘密保持義務について、社内規程、誓約書、研修を通じて、会社の秘密情報保護の重要性を認識させることは、競業避止義務を負う誓約書の提出の抵抗感の軽減にもつながります。

また、退職者が誓約書を提出することによって、義務が大きく異ならないようにしておくことも有効です。すなわち、就業規則に退職後における秘密保持義務・競業避止義務を負う旨を明記しておけば、誓約書の提出の有無にかかわらず退職後の義務内容が変化しません。これにより、退職者の誓約書提出に対する抵抗感は軽減でき、退職者が誓約書を提出しやすくなります。

(2) 誓約書の不提出について

退職時の誓約書は、退職後の会社と退職者の関係を規律する新たな契約という側面がありますので、強制することはできません。

退職時に誓約書を不提出の場合には、就業規則や入社時の取得した誓約書等に記載の競業避止義務を根拠にして、競業行為の差止め等を検討することになります。もっとも、入社時の誓約書や就業規則を根拠とする競業避止義務が、退職後に当然に及ぶとはいい難いです。

誓約書の提出を拒む退職予定者は、競業行為を行う可能性を秘めていますので、退職予定者の行動を監視することも検討しなければなりません。そして、会社に、退職金の不支給・減額規定があれば、当該規定の該当事由が発覚すれば、退職金の不支給・減額について検討することになります。常に退職金の不支給や減額が可能なわけではありませんが、退職金の不支給・減額規定の存在が、退職予定者の競業行為に対する心理的な抑止力として働きますので、退職金の不支給・減額規定を設けることも有効です（Q11、Q12を参照してください）。

（清原直己）

215

2 取引先による不正使用等の防止

Q30 秘密保持契約

> 取引先と締結する秘密保持契約書には、いかなる規定を設けておくことが必要でしょうか。また、ポイントとなる規定の仕方があれば教えてください。

▶▶▶Point

① どの情報を秘密情報として保護するのか、秘密保持契約の対象となる秘密情報の範囲を特定することが重要です。

② 秘密情報をどのようにして秘密として管理するべきかについて定めておくことで、秘密保持義務がより実効性をもつことになります。

③ 秘密保持義務違反がなされた場合の対応や損害賠償についても定めておく必要があります。

1 はじめに

(1) 秘密保持契約を締結する意義

企業の取引活動においては、自社の秘密情報を他社に提供する必要が生じる場合があります。例えば、製造委託を行うのであれば製品に関する情報の開示が必要となりますし、共同で研究開発を行うのであれば技術情報の開示がなされることになります。また、M&Aを行う場合であれば相手方の企業情報・財務情報等の提供を受けることなしに検討を進めることは不可能です。

そこで、秘密情報を提供するに先立ち、秘密保持契約を締結することにな

ります。具体的には、製造委託を行うのであれば、製造委託の可否を検討する段階で、製品に関する情報の開示にあたって秘密保持契約を締結する必要がありますし、実際に製造委託契約を締結する段階では、製造委託契約書に秘密保持条項を盛り込むことになります。また、共同研究開発についても、共同研究開発契約締結の検討のために一定の技術情報を開示することになりますので、その前に対象を概括的に定めた秘密保持契約を締結し、共同研究開発契約締結時には、開示する技術情報を特定した秘密保持条項を設けることになります。M＆Aを行う場合であれば、M＆Aについての検討を行うために、一定の企業情報・財務情報等の提供を受けるに先立ち秘密保持契約を締結したうえで、基本合意締結の段階で、その後のデュー・ディリジェンスを想定して秘密保持義務の範囲をより明確にした秘密保持条項を設けることになります。

　このように、秘密保持契約は場面に応じて締結することとなりますが、秘密保持契約を締結する一般的な意義として大きく三つの点を挙げることができます。

　一つ目は、自社の秘密情報を他社が第三者に開示・漏えいしないようにさせることができる点です。秘密情報を提供するに際して何の約束もなければ、情報を受領した側は、これを第三者に提供することもできますし、漏えい防止のための管理を行う義務もありません。そこで、秘密保持契約において、秘密として管理することや目的外使用を行わないことを約束させ、提供した情報の漏えいや目的外使用を防止することができます。

　二つ目は、第三者に提供する秘密情報について、「営業秘密」（不競法2条6項）としての保護を受けるためです。「営業秘密」として保護されるためには、①秘密管理性、②非公知性、③有用性の要件を満たす必要があります。そして、第三者に秘密情報を提供するにあたって秘密保持契約を締結しないと、当該情報については提供先の第三者を通じて秘密として管理していないとして秘密管理性が認められないということになり得ますし、秘密保持

義務を負わない第三者に知られているという点で非公知性の要件を欠くこともなり得ます。そこで、そのような事態を避けるためにも秘密保持契約が必要となります。

　三つ目は、秘密保持契約を締結することで、情報受領者が秘密情報を目的外使用したり、第三者に漏出させた場合に、損害賠償請求等を行うことができるようになる点です。秘密保持契約において、契約違反が生じた場合の対応や損害賠償責任について定めることで、秘密情報が漏出した場合に損害の拡大防止や回復を図ることができるとともに、抑止効果も期待することができます。

　秘密保持契約においては、これらの意義を踏まえて、事案に応じた内容の条項を設ける必要があります。

　なお、秘密保持契約を締結し、適切に情報を管理させ、最終的に提供した資料の返還を受けたとしても、相手方の頭の中に残った情報を消去することはできません。したがって、会社にとって真に重要なノウハウなどは、秘密保持契約を締結したとしても安易に提供すべきではなく、開示の可否を慎重に検討すべきということになります。

(2)　秘密保持契約を締結する場面

　秘密保持契約は、秘密情報を開示するに先立って締結するわけですが、どのような場面で締結するかによって、秘密保持契約の内容は異なることになります。

　例えば、製造委託を行う場合には、製品に関する情報の開示が必要となりますが、製品の製造に必要な情報は明確なので、秘密情報の対象を明確に規定することができますし、秘密保持義務の内容やその期間についても必要な範囲に定めることが可能です。これに対して、共同で研究開発を行うことを検討するにあたって双方の情報を開示するという場面では、今後どのような情報を開示することになるのかが未確定で、その後の研究開発に向けての進行もわからない状態となります。そうすると、秘密保持義務の対象を概括的

に定めることになるのもやむを得ません。また、先に挙げたM&Aを行う場合などであれば、交渉を行うことや秘密保持契約を締結すること自体も秘密保持義務の対象とするということもあります。

　このように、秘密保持契約を締結する場面としてはさまざまな場面が存在し、それぞれの場面に応じた契約を締結する必要があります。

　以下では、秘密保持契約書に設けられるのが一般的な条項のうち、重要な部分について、特に留意が必要な点を条項の内容ごとに説明します。

2　契約の目的規定

(1)　目的条項の意義

　秘密保持契約においては、契約の目的が契約書の頭書または第1条に挙げられるのが通例です。目的条項は必ず設けなければならないものではありませんが、目的外使用の禁止を定めた場合にはその範囲を画することになりますし、秘密情報の範囲がどこまでかという点でも解釈の指針になります。

(2)　目的条項を規定する際の留意点

　目的条項は、それ自体で何らかの法的効力を発生させるものではありませんが、各条項の対象範囲を画したり、解釈の指針となるものなので、実際の契約の目的と整合する内容とすることがまず求められます。

　また、目的外利用を禁止する条項が設けられることが通常であることからすると、どこまでの内容を契約の目的とするかによって、秘密情報が利用できる範囲が変わるので、この観点から目的の範囲を検討する必要があります。例えば、「製造委託契約の締結可否を検討する目的」で開示された情報は、目的外利用を禁止する条項を設けることによって、情報受領者において、情報開示者との製造委託契約を離れて製品を製造するために利用することはできないということになりますし、「合併その他の手法による事業の統合を検討する目的」として開示された情報は、目的外使用を禁止する条項によって、合併等の交渉が決裂した後に、情報受領者において、「合併その他

の手法による事業の統合を検討する目的」以外の目的、例えば自社製品の製品開発等の目的にこれを利用することが禁止されます。

③ 秘密情報の定義規定

(1) 自社による秘密情報の開示の有無・程度

秘密保持契約を締結する場面では、一方のみが秘密情報を提供する場合と、双方が秘密情報を提供する場合とがあります。また、双方が秘密情報を提供する場合であっても、自社の提供する秘密情報と相手方の提供する秘密情報の内容や量に差異がある場合も多々みられます。

したがって、秘密保持契約書の作成において、どの情報を秘密情報とするか、秘密情報の保護をどのように図るかを検討するにあたっては、自社が秘密情報を開示する立場にあるのか、受領する立場にあるのか、開示する立場にある場合どの程度開示するのかを確認・検討することが第一ということになります。

(2) 秘密情報の特定

(a) 秘密情報の範囲の定め方

秘密保持契約において最も重要な点の一つが、秘密保持義務の対象となる秘密情報の範囲の特定になります。情報の開示当事者にとっては、相手方に秘密保持義務を負わせる情報が何かということになるので、どのように秘密情報の範囲を特定するかが重要になるのは当然のことです。それだけではなく、受領当事者にとっても、秘密管理が必要となる対象を画定することや、受領した情報と自らが保有していた情報との区別の観点から、どの情報が秘密情報にあたるのかが重要な点となります。

秘密保持義務の範囲を定める方法としては、具体的に列挙する方法、開示媒体（資料が収録されたファイルや情報が記録された電子媒体等）の名称および交付日時によって特定する方法、㊙の表示を行う等秘密として開示したか否かによって区別する方法、一定の範囲を包括的に秘密情報とする方法などが

考えられます。ここで、具体的に特定せず包括的に定めるほど、公知情報が混在することとなり、当該情報が秘密保持義務の対象である秘密情報にあたるかに疑義を生じ得ることになりますので注意が必要です。

(b)　秘密情報の特定

秘密保持の対象をどこまで特定できるかは、秘密保持契約を締結する場面によって異なることとなります。取引を開始するための検討段階においては、秘密保持の対象を細かく列挙することは難しいことから、秘密情報の範囲を広く設けるのが通常です。合併等の検討に入る際には、合併等に関する検討・協議を行っていること自体が秘密であるという場合もあり、秘密保持の対象として、「当事者が開示する一切の情報、本契約書の存在及び内容、並びに当事者の協議・交渉の存在及び内容」というような広い定めがなされる場合もあります。

これに対して、実際に取引を開始する段階においては、相手方に開示する内容がある程度想定できる状況になりますので、実際に開示対象として想定されるものを列挙することも可能となります。情報開示者からしても、秘密情報の対象が列挙されていれば、万一の情報漏出の際に、当該情報が秘密情報であったか否かという問題が生じにくくなり、望ましいといえます。なお、具体的に列挙する場合には、列挙した内容が限定列挙と解されるリスクを避けるため、開示当事者としては、包括条項を付しておくべきです。

秘密情報が秘密であることを特定する方法としては、秘密であることの明示を要件とすることもあります。まず、開示する媒体やデータに「㊙」や「極秘」といった表示を付すことにより、秘密であることを明示することができます。また、電磁的記録により開示する場合には、当該データファイルにパスワードを設定することを秘密表示とすることもできます。これらに対して問題となるのが、口頭による開示の場合ですが、口頭による開示後一定期間内に、文書によって秘密であることを通知した場合、当該内容は秘密情報とするというのはしばしば用いられる方法です。例えば、会議上での情報

開示について、その内容を秘密保持義務の対象とするために議事録で確認し、これが秘密であることを通知するという場合が考えられます。もっとも、このような手法をとった場合、書面化されなかった情報については秘密情報ではないということになりますし、口頭での開示後書面での通知前に情報が漏出するという問題も生じ得ます。したがって、口頭での秘密情報の開示は可能な限り避けるべきということとなります。

(3) 秘密情報の例外

秘密保持義務の対象となる秘密情報の範囲に関しては、次の四つについて、除外されるのが一般的です。

まず、①秘密情報の開示時点で受領当事者が知っていた情報については、受領当事者からすれば、開示を受ける前から自由に利用できた情報であり、制約を受けるべきではないものということになります。次に②秘密情報の開示時点で公知であった情報です。受領当事者が開示時点で有していなかったとしても、開示時点で一般的に知られた状態ないし容易に知ることができる状態にあった情報は、受領当事者にとって自由に取得して利用できた情報であったはずであり、これも利用が制約されるべきでないということになります。三つ目が、③秘密情報の開示の後に、受領当事者の責めに帰すべき事由によらず公知になった情報です。受領当事者の責めに帰すべき事由によって公知になった場合に、受領当事者が義務を免れるのは不当ですが、そうではなく公知になった場合には、やはり自由利用できる情報となるべきということになります。最後に、④正当な権限を有する第三者から秘密保持義務を負うことなく適法に取得した情報です。正当な権限を有する第三者、すなわち、当該情報を不正な手段で取得したわけではなく、また、開示当事者に秘密保持義務を負うこともない第三者から、秘密保持義務を課せられることなく入手できる情報は、その保護の要請が乏しいといえるためです。

これらの秘密情報の例外については、立証責任を明示することも考えられます。秘密情報が漏えいした場合、開示当事者は情報の使用差止請求や損害

賠償請求を行うことが考えられますが、この際に、上記の除外事由について
は、受領当事者が除外事由に該当することを立証しなければならないことを
明記した例もしばしばみられます。

4　受領当事者の義務に関する規定

(1)　秘密保持義務条項

　秘密保持義務条項とは、秘密情報の受領当事者に秘密保持義務を課し、第
三者に開示・漏えいすることを禁止する条項であり、秘密保持契約の基本的
な義務を定める条項です。この条項があってこそ秘密保持契約ということに
なります。

　もっとも、第三者への開示を一切禁止すると不都合が生じるため、例外規
定が設けられるのが通常です。具体的には、受領当事者の役員・従業員への
開示、受領当事者のグループ会社（親会社や子会社など）とその役員・従業
員への開示、弁護士や公認会計士等への開示、法令・規則、裁判所等による
命令に基づく開示などについては、開示を認める必要があるため、例外規定
が設けられることとなります。この際、職務上秘密保持義務を負う者への開
示とそうでない者への開示については差異を設け、職務上秘密保持義務を負
わない者への開示に際しては、秘密保持誓約書の取得を義務付けるというこ
とも考えられます。

(2)　目的外使用の禁止

　秘密保持契約書においては、秘密保持義務とともに、目的外使用の禁止条
項が設けられるのが一般的です。目的外使用の禁止を定めない場合、第三者
に開示・漏えいしない限り、受領当事者は開示を受けた秘密情報の自由な利
用が可能となり、当該情報を用いた独自の研究開発や営業活動を行うことが
できてしまいます。そのため、秘密保持契約書においては、目的外使用の禁
止条項を定めるべきです。

　ここで、不競法2条1項7号では、「不正の利益を図る目的」または「保

有者に損害を加える目的」で営業秘密を使用する行為が禁止されています。目的外使用禁止の条項を設けていれば、これらの要件を満たす可能性が高まるとともに、契約上の責任を問うこともできますが、目的外使用禁止の条項が設けられていない場合には、契約上の責任を問うことができないことはもちろん、不競法に基づく責任追及も難しくなると考えられます。したがって、やはり目的外使用禁止の条項を定めることが必要ということになります。

　目的外使用禁止の条項によって制限される使用の範囲は、前述のように、契約の目的条項等の解釈によって定まることとなります。

5　秘密情報の管理に関する規定

(1)　情報管理体制

　秘密保持契約によって、情報受領者に秘密保持義務を課すことにより、情報受領者は適切な体制によって秘密を管理する義務を負うことになります。もっとも、実際に情報の漏えいが生じた場合に、抽象的な秘密保持義務のみが課された状態で、義務違反を追及することには相当な困難が伴います。そこで、情報管理体制として具体的な定めを行うことにより、情報受領者に具体的義務を課すことができるとともに、情報受領者の秘密情報の管理体制として具体的な内容を要求することができることとなります。

　情報管理体制をより実効性のあるものとするための条項として、情報管理体制の開示を求める条項や、情報管理責任者を通知する条項、情報管理体制を確認するための事業所等の査察に関する条項が設けられる場合があります。情報管理体制の査察は情報受領者からすると大きな負担となるので、無制限に査察を受け入れてよいのかは慎重に検討すべきです。また、情報開示者からしても、実際に査察を行うことは、相手方との継続的な関係に悪影響を及ぼすことから、現実には難しい可能性もあることを踏まえて条項化する必要があります。

(2)　複製の禁止、返還・破棄

　秘密情報の複製が禁止されていない場合、受領当事者は秘密情報を複製して利用することができます。もっとも、目的に従った利用の必要性がないにもかかわらず複製ができるとすると、情報漏えいの危険性を高めるのみですので、複製については一定の制限を課すことが通常です。また、複製された情報も秘密情報であるとの条項も設けられる場合が多いと考えられます。この条項は、秘密情報を媒体によって特定した場合には、複製物が秘密情報にあたるか否かの疑義を解消する意義をもつことになります。

　秘密保持契約の目的が達成された場合、開示当事者は、秘密情報の漏えいを防止するためにも、情報の返還・破棄を求めるべきです。また、目的が達成されないことが確定した場合にも、同様に秘密情報を回収すべきこととなります。ここで、返還と破棄のいずれを選択するかは情報の内容や重要性、返還が可能か否か等によることになります。設計図面の原本を貸与した場合であれば、これは当然返還を求めるということになりますが、電子メールで送信された情報等についてはそもそも返還が不可能であり、破棄を求めたうえで、残存していないことの表明保証を求めるのが現実的な対応となります。

6　情報漏えい等への対応に関する条項

(1)　通知義務

　秘密情報の受領当事者から情報漏えい等が生じてしまった場合、真っ先にこれに気付く可能性が高いのは、情報を実際に利用していた受領当事者であり、開示当事者はすぐには気付かないということも考えられます。そのため、漏えい事故が発生した場合に早期にこれに対応して善後策を講じるため、受領当事者に情報漏えい発覚時の通知義務を課しておくことは有益です。

(2) 損害賠償

　受領当事者が秘密保持義務に違反し、情報漏えいが生じたことにより開示当事者に損害が生じた場合、受領当事者は債務不履行に基づく損害賠償責任を負うこととなります。

　もっとも、この場合の損害賠償の範囲は必ずしも明確ではありません。そのため、合理的な範囲の弁護士費用を損害に含むことを示す規定や、違約金を具体的に定める規定を設けることが一つの対策となります。この際、違約金の定めは損害賠償額の予定であると推定されますので（民法420条3項）、違約金の額を上回る損害の賠償が必要となり得る場合には、損害賠償が違約金の範囲に限定されない旨の規定を設ける必要があります。

　これに対して、受領当事者の側からしても、情報漏えいが生じた場合に負う損害賠償責任の範囲が予測困難な面があることから、損害賠償責任の範囲に上限を定める場合もあります。

(3) 差止め

　受領者当事者に秘密保持義務違反や目的外使用禁止義務違反がある場合、情報開示者は、契約条項上の規定がなくとも、債務不履行に基づき差止めを求めることができると解されています。したがって、差止め条項を設けるのは確認的な意味が強いということになりますが、契約上差止めが可能であることを明記することによって、実際の裁判において差止め請求が認められる可能性を高めることができると考えられます。

（池田聡）

コラム⑯　秘密保持契約書

以下では、秘密保持契約書のひな形をご紹介します。

（ひな形）

秘密保持契約書

　○○○○株式会社（以下「甲」という）と○○○○株式会社（以下「乙」という）は、甲乙間の＿＿＿＿＿＿を目的（以下「本目的」という）として、相互に開示する秘密情報の取扱いに関し、次のとおり秘密保持契約（以下「本契約」という）を締結する。

第1条（秘密情報）
1　本契約において、「秘密情報」とは、文書、口頭、電磁的記録媒体その他有形無形を問わず、本目的のために、甲及び乙のうち情報を開示する側（以下「開示当事者」という）から甲及び乙のうちその開示された情報を受領する側（以下「受領当事者」という）に対して秘密であることを示して開示された一切の情報をいう。ただし、口頭で開示された情報についは、開示後1週間以内に開示当事者が受領当事者に対して当該情報が秘密であることを通知した場合に限り秘密情報とする。
2　前項にかかわらず、次のいずれかに該当するものは、秘密情報から除外されるものとする。
⑴　開示当事者から開示を受けた時点において受領当事者が既に保有していた情報
⑵　開示当事者から開示を受けた時点において既に公知であった情報
⑶　開示当事者から開示を受けた後に受領当事者の責めに帰すべき事由によらないで公知となった情報
⑷　開示当事者に対して秘密保持義務を負わない正当な権限を有する第三者から秘密保持義務を負うことなく適法に取得した情報
3　甲及び乙は、本契約の有効期間の始期から本契約締結日までに開示された別紙記載の秘密情報についても、本契約の効力が及ぶことを相互に確認する。

第2条（秘密保持）
1　受領当事者は、秘密情報について厳に秘密を保持するものとし、第三者に対し、秘密情報を一切開示または漏えいしてはならないものとす

る。ただし、次のいずれかに該当する場合を除くものとする。

(1)　本目的に関連して秘密情報を必要とする受領当事者の役員、従業員、受領当事者の依頼する弁護士、公認会計士、税理士、フィナンシャルアドバイザー等の外部専門家（以下「受領権者」という）に対し、合理的に必要な範囲で開示する場合

(2)　法令又は裁判所、政府機関、金融商品取引所その他受領当事者に対して権限を有する機関の裁判、命令、規則等により秘密情報の開示を要求され、合理的に必要な範囲で開示する場合

2　前項第1号の規定に基づき、受領当事者が法律上の守秘義務を負う者ではない受領権者に秘密情報を開示する場合、受領当事者は受領権者に対し、本契約によって受領当事者が負う義務と同等の義務を課してその義務を遵守させるものとし、受領権者に義務違反が認められた場合には、当該義務違反により開示当事者に生じた損害について、受領当事者が開示当事者に対して直接責任を負うものとする。

3　第1項第2号の規定に基づき、受領当事者が秘密情報を開示する場合、受領当事者は、開示当事者に対し、情報開示後速やかにその旨を通知するものとする。

第3条（目的外使用の禁止）

受領当事者は、秘密情報を本目的以外の目的で使用してはならないものとする。

第4条（秘密情報の管理）

受領当事者は、善良な管理者の注意をもって、秘密情報を管理しなければならないものとする。

第5条（複製の禁止）

1　受領当事者は、開示当事者の書面による事前の承諾を得ることなく、秘密情報を複製してはならないものとする。

2　前項の規定に基づき、受領当事者が開示当事者の書面による事前の承諾を得て、秘密情報を複製した場合、複製した情報も秘密情報に含まれるものとする。

第6条（秘密情報の返還・破棄）

1　受領当事者は、本契約が終了したとき、又は開示当事者が要求したときは、開示当事者の指示に従い、保有する秘密情報を開示当事者に返還又は破棄するものとする。

2　前項の規定に基づき、受領当事者が、秘密情報を返還又は破棄した場合において、開示当事者からの請求があったときは、受領当事者は開示

当事者に対し、秘密情報を返還又は破棄したことを証する書面を速やか
に提出するものとする。

第7条（報告）

　秘密情報が受領当事者から第三者に漏えいした場合又はそのおそれが生
じた場合、受領当事者は直ちに開示当事者に漏えいに関する状況を報告
し、開示当事者の指示に従って必要な対応を行う。

第8条（損害賠償）

　受領当事者が、本契約上の義務に違反し、これにより、開示当事者に損
害が生じた場合、受領当事者は、開示当事者に生じた損害（合理的な範囲
の弁護士費用を含む）の賠償をしなければならないものとする。

第9条（差止め）

　開示当事者は、受領当事者が本契約に違反し、又は違反するおそれがあ
る場合には、その差止めを求め、又はその差止めを求める仮処分の申立て
を行うことができるものとする。

第10条（有効期間）

　本契約の有効期間は令和○○年○月○日から○年間とする。ただし、期
間満了の1ヶ月前までに甲乙いずれからも特段の意思表示がない場合、本
契約は同一条件で1年間延長され、以後も同様とする。

第11条（合意管轄）

　本契約に関連する一切の紛争に関しては、甲の本店所在地を管轄する裁
判所を第一審の専属的合意管轄裁判所とするものとする。

第12条（協議）

　本契約に定めのない事項又は本契約に関して疑義が生じたときは、甲及
び乙は協議の上、誠意をもって円満な解決を図るものとする。

　本契約の成立を証するため、本書2通を作成し、甲乙記名捺印の上、各
1通を保有するものとする。

　　　　　　　　　　　　令和　　　年　　　月　　　日
　　　　　　　　　　　　　　　甲
　　　　　　　　　　　　　　　乙

（池田聡）

Q31 製造委託契約、研究開発委託契約、共同開発契約

製造委託契約を締結し、機密情報を提供する際に留意すべき点はありますか。また、研究開発委託契約や共同開発契約を締結する場合に異なる留意点がありますか。

▶▶▶Point

①　製造委託契約においては委託者が受託者に対して一定の情報を開示することが通常です。その際、製造委託契約書において秘密保持義務を規定するとともに、秘密情報として保護する対象を明確にする必要があります。

②　研究開発委託契約や共同開発契約では、情報提供者としての立場だけではなく情報受領者の立場からも、秘密保持義務の範囲に特に注意する必要があります。

③　研究開発委託契約および共同開発契約では、情報を受領することで今後の独自の研究開発に支障が生じる場合があることから、締結前から有している情報を明確にするとともに、情報のコンタミを防ぐ必要があります。

1 製造委託契約における秘密保持条項等の必要性

製造委託契約を締結するにあたっては、委託者が受託者に対し、製造を委託する製品に関する情報や製造方法に関する情報を開示するのが通常です。そして、万一、秘密保持条項なしで秘密情報を開示した場合、情報を受領した側は、これを第三者に提供することもできますし、漏えい防止のための管理を行う義務もありません。そうすると、製造方法に関するノウハウなどの本来秘匿されるべき情報が流出し、第三者も容易に当該製品を製造できてしまうという事態が生じてしまいます。

　また、秘密保持条項なしに営業秘密（不競法2条6項）の開示を行った場合、当該情報が営業秘密としての保護を受けられなくなってしまう可能性も高いと考えられます。

　したがって、製造委託契約に際して自社の秘密情報を開示する場合には、製造委託契約に秘密保持条項を設けるか、別途秘密保持契約を締結すべきです。

　加えて、製造委託契約においては目的外使用禁止条項を設けることは必須となります。目的外使用を禁止しなければ、開示された情報を他社から委託を受けた製造業務に流用するなど、他社に開示しない限り自社技術のように使用することができてしまうためです。

2 製造委託契約における留意点

(1) 秘密情報の特定

　製造委託契約の締結時においては、取引開始について検討する場合と異なり、契約の履行に際して委託者が提供する情報がおおむね定まっているのが通常です。そして、秘密保持義務の対象とする秘密情報について、開示されたすべての情報が秘密情報とする例もありますが、秘密保持義務の対象を明確にするほうが、実効性ある管理がなされることになり実質的に秘密保持を図ることができますし、万一紛争が生じた場合においても、秘密情報か否かという点での争いを回避することができます。

　そこで、秘密情報の特定にあたって、秘密であることを示して開示した情報すべてというような方法で特定するのではなく、提供する秘密情報について、具体的に特定してリスト化したり、リストにまではできない部分についても交付する媒体を特定するなどして、委託者が提供する情報のうちどの内容が秘密情報かが明確になるようにすることが望ましいといえます。

(2) 受託者側の利用の範囲および情報管理体制

　製造委託契約において、委託者は製品の製造方法に関する図面やレシピ等

の情報を開示することが考えられます。これについては、秘密情報として秘密保持義務の対象とすることはもちろんですが、製造方法に関する重要な情報を開示する場合には、受託者側における利用の範囲や情報管理体制を定めることで、より秘密管理の実効性を高めることができます。

　まず、秘密情報の利用の範囲に関してですが、多数の役員・従業員が秘密情報の内容を認識すると、必然的に漏えいのリスクが高まります。これは、例えば役員や従業員が退職する等した際に、資料は持ち出させないとしても、頭の中の情報を消し去ることはできないためです。また、多数の役員・従業員が情報に触れると情報が流出した場合の追跡も困難になります。そこで、受託者側における秘密情報の利用の範囲をあらかじめ委託者に通知した特定の役員・従業員に限るという定めを設けるなど、利用の範囲を限定することが有益です。

　また、重要な秘密情報の開示にあたっては、受領者側の情報管理体制について定めるのも一つの方法です。自社において、一部の役員のみしか開けることができない金庫に厳重に保管されていた設計図面を開示するとなれば、受託者側に同等の保管方法を要請するのは当然のこととなります。このように、情報の重要性に応じて、受託者側における情報管理体制を定めるのは合理的なことと考えられます。そして、情報管理体制の実効性を確保するための手段として、情報管理体制の開示を定めたり、情報管理責任者の通知を要求すること、実際の情報管理体制についての事業所・工場等の査察の規定を設けるという方法もあります。

3　研究開発委託契約および共同開発契約における留意点

（1）　対象となる秘密情報の特定

　製造委託契約では、秘密情報を主に開示するのは委託者であることが多く、かつ、契約締結時に秘密情報として保護すべき情報がある程度明確になっているのが通常です。これに対して、研究開発委託契約や共同開発契約

では、双方が秘密情報を相手方に提供することが考えられ、また、契約締結段階で双方が提供する情報を特定することが難しい場合も多いと考えられます。したがって、製造委託契約と異なり、双務的な秘密保持義務が設けられるのが一般的であり、秘密情報の特定としても具体的な内容を契約締結段階で詳細に定めることは難しいということになります。

また、研究開発・共同開発によって取得した情報についても、秘密情報として保護すべきものが含まれますので、これについても適切に秘密として保護する規定を設けることが重要となります。

(2) 従前から有していた情報の特定

研究開発委託契約においては、委託者から受託者に対して、一定の情報が提供されるのが通常です。また、共同開発契約においては、双方が互いに情報を提供して研究開発を行うこととなります。

自社の秘密情報を提供する立場からは、提供する秘密情報について相手方に秘密保持義務および目的外使用禁止義務を設けることになりますが、条項の設定とともに、どの情報を提供するのかを吟味することが重要な点となります。共同研究開発を行うからといって、すべての技術情報を提供すべきものではなく、必要以上に情報を提供することは情報の流出リスクを増加させることになります。そして、研究開発の成果が何かを明確にするためにも、自社が提供する情報を明確にしておくことが重要です。

これに対して、情報受領当事者の立場ですが、上述のように、研究開発委託契約や共同開発契約においては、秘密保持条項とともに目的外使用禁止の条項も設けられるのが通常です。そのため、開示当事者から提供を受けた情報を用いて独自の製品の製造や研究開発を行うことは制限されることになります。したがって、情報受領当事者が従前から関連する分野について研究開発等を行っていた場合には、独自の研究開発が、結果的に提供された情報の目的外使用とならないように留意する必要があります。具体的には自社が従前から有していた情報と秘密情報として提供を受けた情報を区別することが

重要であり、情報の受領以前から独自に有していた情報に基づく研究であることを立証するために、自社独自の情報について、保有していた時点を明確にする措置を講じておく必要があります。

　契約書における秘密保持条項について検討する際は、自社の提供する情報の秘密保持を中心に検討しがちになるところですが、研究開発委託契約や共同開発契約では、上述のように、秘密情報として情報を受領した場合を検討することも重要な視点です。

　(3)　新たに得た情報の秘密保持

　研究開発委託契約および共同開発契約においては、研究開発や共同開発を進めた結果、新たに得られる情報は開発の成果であり、非常に重要な価値を有することになります。そこで、当該情報の帰属主体を定めるとともに秘密保持についても定める必要があります。

　新たに得られる情報については、どのような情報が得られるかを正確に予測することはできませんので、概括的な定めにならざるを得ないところがあります。また、情報の記録態様としても、整理されたものに限られるものではなく、実験ノートや実験結果報告書のような生データも重要な情報となり得ます。そこで、秘密保持の対象情報を明確化するために、対象情報についてあらかじめ類型化した定めを設けておくことや、対象となる秘密情報をリスト化し、情報の蓄積とともに随時リストを更新していくという方法が有益です。研究開発ないし共同開発の成果の帰属や秘密情報性について当事者間で紛争となるのは、研究開発が一定の成果にたどり着いた場面や逆に頓挫してしまった場面が大半ですので、平時にリスト化しておくことで、このような紛争を回避することができるということになります。

　なお、新たに得られた秘密情報についても、「㊙」マークを付すなどして管理を行うことになりますが、この際に、従前から有していた情報と新たに得られた情報で、秘密情報としての表示を異なるものとすることで、従前から有している情報と新たに得られた情報を区別することも有益です。

(4)　情報の分離

　共同開発契約においては、成果の帰属として、いずれか一方に帰属させる場合と当事者の共有とする場合があり、契約書の記載から帰属が一義的に明らかにならず紛争が生じることもあります。そして、成果の帰属を決する以前の問題として、何が共同開発の成果かが問題となることもあります。この際に、一方当事者の固有の情報と共同開発によって得られた情報が分離されていないと、どの部分が共同開発の成果にあたるのかが不明確になり、権利の帰属が確定できないことになってしまいます。

　また、共同開発と並行して独自の研究開発も行っていた場合、情報のコンタミが生じると、どの部分が独自の研究開発の成果かが不明確となり、その後の研究開発が困難となることも考えられます。したがって、情報のコンタミ防止のため、担当者や実験ノートを分けることや、共同開発研究と独自開発の部門や研究室を分離するなどの措置をとることが望ましいところです。加えて、当事者間で研究開発成果について進捗の都度確認を行い、書面化していくこともコンタミ防止に有益です。

（池田聡）

> **コラム⑰**　製造委託契約書における条項例

　製造委託契約書における秘密保持条項としては、以下のような内容が例として考えられます。

第○条（秘密保持）

1　乙（受託者）は、本製品の製品仕様、原材料、製造方法、製品データ、これらに関するノウハウその他一切の甲（委託者）の技術上又は営業上の情報（以下、「秘密情報」という。）を、甲の事前の承諾を得ない限り、第三者に開示若しくは漏えいし、又は本契約の目的以外に使用してはならない。但し、以下の各号のいずれかに該当する情報は、秘密情報に含まれないものとする。

(1)　甲から開示を受けた時点において乙が既に保有していた情報

(2)　甲から開示を受けた時点において既に公知であった情報

(3)　甲から開示を受けた後に乙の責めに帰すべき事由によらないで公知となった情報

(4)　甲に対して秘密保持義務を負わない正当な権限を有する第三者から秘密保持義務を負うことなく適法に取得した情報

2　前項の規定は、以下の各号のいずれかに該当する場合には適用しない。

(1)　本目的に関連して秘密情報を必要とする受領当事者の役員、従業員として、予め甲に書面により通知した者に開示する場合

(2)　乙の依頼する弁護士、公認会計士、税理士等の職務上秘密保持義務を負う外部専門家に対し、合理的に必要な範囲で開示する場合

(3)　法令又は裁判所、政府機関、金融商品取引所その他受領当事者に対して権限を有する機関の裁判、命令、規則等により秘密情報の開示を要求され、合理的に必要な範囲で開示する場合

3　乙は前項第3号により秘密情報の開示を求められた場合には、事前に甲に通知し、可能な限り甲の指示に従って開示を行うものとする。

4　本条に定める義務は本契約の終了後も○年間存続するものとする。

　製造委託契約書においては、製品の製品仕様、原材料、製造方法、製品データが契約書上明確にされていると考えられますので、上記の条項例は、契約上定められた内容については秘密情報であることを定める条項例となります。この際、秘密情報となるべき対象は、具体的な提供資料にあわせて記載すべきこ

ととなります。なお、列挙した以外の情報を提供した場合に備え、秘密情報が列挙された内容に限定して解釈されないよう、包括条項も設ける形としています。また、より秘密情報を明確に記載するのであれば、別紙秘密情報目録として、秘密保持義務の対象を明記することも考えられます。

　これに対して、開示内容を記載せず、一定の形式で提供された情報について、秘密情報とする場合の1項本文の条項例としては、以下の例も考えられます。

> 1　乙（受託者）は、甲（委託者）から秘密であることを明示した媒体又はパスワードが設定された電子記録媒体で交付された甲の技術上又は営業上の情報（以下、「秘密情報」という。）を、甲の事前の承諾を得ない限り、第三者に開示若しくは漏えいし、又は本契約の目的以外に使用してはならない。（但書以下は同様）

　条項例の2項1号は、受託者である乙内部での利用についても、利用する役員・従業員を制限するため、あらかじめ誰が利用するのかを委託者に通知することを定めた例となります。より制限的な規定とする場合には、事前に甲の承諾を要求することも考えられます。

　条項例の4項は、製造委託契約終了後も秘密保持義務が存続することを定めた規定です。ここでの年数は、技術情報が陳腐化するであろう期間を検討して定めるべきこととなり、技術情報の内容によっては無期限とすることも考えられます。もっとも、不合理に長期間を設定すると、受託者側が受け入れないことも考えられますし、条項の有効性に疑義が生じることもあり得ます。

（池田聡）

Q32 外注先への顧客リスト交付時における留意点

外注先に顧客リストを渡す場合に、どのような点に注意すべきでしょうか。また、顧客リストをデジタルデータで渡す場合に、特に注意すべき点はあるでしょうか。

▶▶▶Point

① 秘密保持契約を締結する前に顧客リストを渡してしまうと、流出の危険があるので、交付前に秘密保持契約を締結する必要があります。

② 外注先に秘密保持義務を課すだけではなく、外注先における秘密情報の管理体制を定め、これを監督する体制を構築することで、秘密保持義務を実効性あるものとすることができます。

③ 顧客リストが流出することを防ぐために、デジタルデータへのアクセス制限や、無制限の複製を回避する措置をとることが有益です。

1 外注先に顧客リストを交付する場面

顧客リストは、企業が顧客に効率的にアプローチするための重要なツールであり、外部に開示することは稀なことと考えられますが、例えば、ターゲット広告を外部に委託する場合や、ポイントカードのデータ管理を委託する場合、手書きの顧客リストをデータベース化する場合などには、顧客リストを外注先に交付して一定の事務処理を委託することとなります。

顧客リストは、自社独自の情報として企業の営業活動において重要な意義をもつものであることから、秘密として保持すべきものであり、営業秘密として不競法により保護され得るものとなっていますので、その秘密管理は重要になります。したがって、顧客リストを交付する際には必ず秘密保持契約

を締結する必要があります。

　同時に、顧客リストは必然的に個人情報を含むことになります。そのため、自社内部での顧客リストの管理において個人情報保護法を遵守する必要があるのはもちろんですが、外注先への交付という第三者提供にあたってはより一層の注意が必要となります。

2 秘密保持契約の締結

(1) 秘密情報の特定

　顧客リストを外注先に交付するに際し、秘密保持契約を締結していない場合、顧客リストが第三者に流出してしまう危険や、外注先で目的外利用がなされる危険があります。また、不競法上の営業秘密としての秘密管理性についても認められないこととなる危険があります。したがって、外注先への顧客リストの交付に先立ち、必ず秘密保持契約を締結すべきです。

　顧客リストの交付に際して秘密保持契約を締結する場合、秘密保持義務等を課すべき対象となる情報は顧客リスト上から明確です。したがって、顧客リストに掲載されている項目（顧客の氏名・名称、住所・所在、電話番号、メールアドレス、生年月日、購入履歴、対応履歴など）が秘密保持義務の対象である秘密情報にあたることを契約書上明記することにより、当該情報が秘密保持義務の対象であることに疑義が生じないようにすべきです。

(2) 秘密管理体制の定め

　顧客リストの外注先への交付に際して秘密保持契約を締結したとしても、現実に委託先が秘密管理を十分に行わなければ、外部への漏出の危険が存在します。特に、外注先にとって当該顧客リストが重要な価値をもたない場合には、秘密保持義務を課したとしても、外注先の従業員のレベルでは、現実には十分な管理体制がとられない可能性があります。

　そこで、秘密保持契約において、委託者が必要と考える秘密管理体制を規定することが有益です。具体的には、顧客リストを分別管理すること、当該

顧客リストを利用できる従業員を限定すること、秘密管理に関する従業員教育を行うことなどを具体的な義務として規定することが考えられます。

　さらに、外注先において秘密保持契約書に定めた秘密管理体制が実際に設けられているかを確認するために、外注者が外注先に対して秘密情報の管理状況の報告を求めることができる条項を設けることや、情報管理責任者の通知を求める条項、外注者が外注先の秘密管理の状況を確認する目的で、事業所の査察を行うことができる旨の条項が設けられることもあります。事業所への査察を可能とする条項については、外注先の反発も考えられますが、自社にとっての顧客リストの重要性や流出する可能性に応じて、このような査察条項の設定を検討すべき場合もあると考えられます。

　情報管理体制の確保については、外部の認証を基準として外注先を選定するということも一つの方法です。情報セキュリティマネジメントシステムの認証であるISMS認証を受けている企業であれば、個人情報を含めて情報管理体制一般が国際規格に従って確保されていることを期待できますので、このような先を外注先に選定することによって、情報管理体制が確保されることになります。

　(3)　目的外使用の禁止

　交付する顧客リストが外注先の事業にとっても有益な情報である場合、秘密保持契約書において、目的外使用禁止の条項を設ける必要があります。そうでなければ、外注先は、委託業務を処理するために顧客リストを利用するとともに、自社の業務にも利用できてしまうためです。

　また、目的外使用の禁止を規定しなかったため、外注先が自身の業務に顧客リストを利用した場合には、予定されている以上の使用頻度となることから、情報漏えいのリスクも高まることになります。このような観点からも、秘密保持契約を締結し、目的外使用の禁止条項を設けることは重要です。

3　個人情報取扱いの委託

(1)　個人情報の取扱いと第三者提供

　顧客リストには、個人情報保護法2条1項の個人情報が含まれるのが通常です。この場合、顧客リストの保有者である発注者企業は、個人情報取扱事業者として、個人情報保護法上の管理義務を負います。具体的には、個人データの漏えい、減失または毀損の防止のための安全管理措置を講じる必要があり（個人情報保護法23条）、個人情報の利用にあたっては、本人の同意なく、取得時に通知する等した目的の達成に必要な範囲を超えてこれを利用してはなりません（同法18条）。

　そして、外注先に顧客リストを提供するということは、個人情報を第三者に提供するということになります。したがって、第三者提供について、外注先への交付が情報取得時の利用目的の達成に必要な範囲内（個人情報保護法27条5項1号）ではない場合、原則として本人の同意を得たうえで（同条1項）、個人情報保護法が要求する外注先の監督を行う必要があります（同法25条）。

　具体的には、まず適切な外注先の選定が重要です。この際には、プライバシーマークの付与を受けていたり、前述したISMS認証を受けているということは一定の管理体制を設けていることの保証となります。次に、委託契約において個人情報保護のための安全管理体制を具体的に定めるとともに、管理体制の開示を求める条項や、個人情報保護管理者を通知する条項、管理体制についての定期的な監査を認める条項を設けることが考えられます。また、外注先による再委託がなされると、安全管理体制の実効性が毀損されるおそれがありますので、再委託については事前の承認を必要とし、再委託先で安全管理体制が事前に確認できることや、再委託先に対する直接の監査を認めることを条件とする等の対策が考えられます。

(2)　外国の第三者に委託する場合

　顧客情報のデータ管理や入力業務を委託する場合には、外国の第三者に委託する場合も考えられます。この場合には、個人情報保護法により、国内の外注先への委託に加重した制限が課されています。

　第三者が外国にある場合、当該国が個人情報保護委員会規則で定める認定国であるか、当該第三者が同規則で定める必要な措置をとっている事業者でない限り、原則として、外国にある第三者に個人データを提供することについて、本人の事前の同意を得る必要があります（個人情報保護法28条1項）。そして、この際には、個人情報保護委員会規則に定めるところにより、当該外国における個人情報の保護に関する制度等の参考となるべき情報を提供する必要があります（同条2項）。認定国以外の第三者に個人情報を提供する場合に設けるべき措置の詳細については、個人情報保護委員会「個人情報の保護に関する法律についてのガイドライン（外国にある第三者への提供編）」（平成28年11月／一改正：令和3年10月）をご確認ください。

4　デジタルデータの漏えい防止

(1)　デジタルデータの特徴

　デジタルデータは、複製を容易に行うことができるというのが一つの特徴ですので、適切に管理を行わなければ、情報漏えいのリスクが高いということになります。また、インターネット上に流出した場合、取返しがつかないということになります。

　一方、デジタルデータについては、複製や外部への持出しを困難にするための手法として、紙媒体とは異なる手法が存在します。

　したがって、デジタルデータの顧客リストの管理や外部への提供に際しては、デジタルデータという媒体の性質に応じた漏えい防止措置を設けるべきこととなります。

(2) アクセス管理・制限

顧客リストについては、営業秘密としての秘密管理の観点からも、現実の漏えい防止の観点からも、アクセス管理・制限を行うことが大切です。そして、情報にアクセスできる者を制限することにより、漏えいリスクが減少することはもちろん、万一漏えいした場合の追跡も比較的容易になります。

顧客リストを委託先に提供する場合においても、当該データにアクセスすることができる者を委託先の役員・従業員のうち一部の者に限ることにより、アクセス可能な委託先社内IDを限定したうえで、パスワードを設定して利用するようにさせることが考えられます。この際には、アクセス権の範囲を、当該顧客リストの利用が必要な者の範囲に適切に限定することと、パスワードを定期的に変更するなどして、アクセスが不要となった者がアクセスできないようにすることが重要です。

(3) データの機能制限等の利用

顧客リストがデジタルデータである場合、当該データについて、印刷による出力や他の媒体への複製、電子メールでの送信などができない設定とすることができます。また、電子データを暗号化することで、外部に漏出した際には容易にデータを閲覧できない設定とすることもできます。

これらの対策を行うことで、顧客リストを外注先に提供する場合に、外部に漏えいするリスクを軽減できることとなります。

また、顧客リストを外注先に交付するにあたっては、デジタルデータを保存した媒体等を委託先に交付するのではなく、自社側で管理するクラウドサーバにアクセスすることで閲覧させるという方法もあります。委託先において当該情報の利用が必要となる役員・従業員に、自社側サーバの特定のデータにアクセス可能となるIDを付与してアクセスさせることで、アクセス状況を常時把握し、また、そのログを保存することで、不要な情報への接触を防ぐことができます。

もっとも、これらの手法をとったとしても、外部への流出を完全に防止す

ることはできません。例えば、顧客リストにアクセスした者が画面を写真で撮影するという行為も考えられますので、顧客リストにアクセスできるパソコンを限定し、当該パソコンを利用するスペースへのスマートフォンやカメラの持込みを禁止するなどの対策もあわせて必要となります。

（池田聡）

コラム⑱　取引先に対する拘束規定と独禁法

1　取引先に対する拘束規定を課すこと自体の問題点

　秘密情報についてはこれを保護することなく情報を開示・提供することはできません。もっとも、取引先に自社の秘密情報を開示するにあたって、秘密保持義務やこれに付随する種々の義務を課すことは、形式的には取引先に拘束条件を課すものであり、不公正な取引方法のうち拘束条件付取引（独禁法2条9項6号ニ、一般指定12項）に該当し得るとも考えられます。

　そこで、公正取引委員会は、「知的財産の利用に関する独占禁止法上の指針」（平成19年9月／改正：平成28年1月）において、技術ノウハウのライセンスに関し、「ライセンサーがライセンシーに対して、契約期間中及び契約終了後において、契約対象ノウハウの秘密性を保持する義務を課す行為は、公正競争阻害性を有するものではなく、原則として不公正な取引方法に該当しない」としています。このことからすると、技術ノウハウに関する内容に限らず、秘密情報を提供する場合に、秘密保持義務等を課すことは、当該義務が秘密保持のために合理的な内容であれば、不公正な取引方法にはあたらないと考えられます。

　同様に、秘密保持契約に関しては、秘密管理体制構築義務を課す行為が、優越的地位の濫用（独禁法2条9項5号ロ、ハ、19条）や不当な経済上の利益提供要請の禁止（下請法4条2項3号）に該当するかという点も問題となり得ますが、合理的な内容を求めるものである限り、これらにはあたらないと考えられます。

2　独禁法に抵触する可能性がある場合

　秘密保持契約に関しては、優越的な地位にある当事者が、一方的な内容の秘密保持義務を課す場合には、優越的地位の濫用にあたる場合があると考えられます。例えば、大企業とスタートアップなどの中小企業が技術提携を行うに際し、中小企業側にのみ秘密保持義務が課される内容の秘密保持契約を、取引における力関係を利用して受け入れさせるというような行為は、優越的地位の濫用にあたるとされる可能性があります。

　また、大企業がその立場を利用して、中小企業に対し、秘密保持契約を締結する以前に技術情報を開示させるというような例もあります。開示を要請された側としては、今後の取引関係の継続を考慮すると受け入れざるを得ないとし

て開示に応じる場合があるわけです。このような場合も、やはり優越的地位の濫用にあたる可能性があるということになります。

　共同研究開発契約における秘密情報の扱いに関しても問題が生じる場合があります。共同研究開発において必要な技術等の開示を求めることや開示された情報に秘密保持義務を課すこと自体は、不公正な取引方法にあたらないとされています（公正取引委員会「共同研究開発に関する独占禁止法上の指針」（平成5年4月20日／改定：平成29年6月16日））。

　もっとも、例えば、中小企業が先行して独自の研究開発を行っている場合に、大企業が、取引上の地位を活かして共同研究開発契約の締結を強く求めたり、その際に、必要性が乏しいにもかかわらず共同研究開発の名目で、中小企業の秘密情報である先行研究の成果を事実上吸い上げてしまうというような場合は、優越的地位の濫用にあたる可能性があるということになります。

　また、共同研究開発の成果を活かしたその後の研究や製品の販売活動につき、合理的な期間に限らずこれを制限することや、共同研究開発の成果とは無関係の研究開発をその後に行うことを制限するような場合も、優越的地位の濫用や拘束条件付取引として不公正な取引方法にあたるとされる可能性が高いと考えられます。

　このように、秘密情報の保護に合理的に必要な範囲を超えて、大企業が優越的な地位を活かして情報の取得等を行った場合には、独禁法上の問題を生じる可能性が高いと考えられます。

　なお、秘密保持契約や共同研究開発契約に関して独禁法上の問題が生じ得る事例については、公正取引委員会「スタートアップの取引慣行に関する実態調査報告書」（令和2年11月）にも詳しく掲載されています。

（池田聡）

Q33　営業秘密対象事項の手交時における留意点

営業秘密対象事項が記載された技術図面を手渡すときに、どのような点に留意すべきでしょうか。

▶▶▶Point

① 秘密保持契約を締結することなく営業秘密が記載された書面を交付すると、営業秘密が流出する危険が生じるとともに、営業秘密としての保護が受けられなくなりますので、事前に秘密保持契約を締結しましょう。

② 営業秘密対象事項が記載された書面を交付するに際しては、当該書面に秘密であることを明示するとともに、複製防止措置を行うべきです。

③ 営業秘密を交付する相手方における秘密管理体制について確認できる秘密保持契約の内容とすることで、秘密管理を実効性あるものとすることができます。

1　はじめに

　商品の販売を行う場合や商品の製造委託を行う場合などには、当該商品の仕様や製法に関する技術図面を開示することが考えられます。実際に商品の売買契約や製造委託契約を締結して図面を交付する場合には、当該契約において秘密保持義務が定められると考えられますが、契約締結の検討段階で交付する際には、秘密保持契約が締結されなければ、受領者に秘密保持義務が課されないことになります。

　営業秘密対象事項である重要な技術図面を秘密保持契約の締結なしに交付してしまうと、秘密情報であるはずの技術が外部に流出してしまう危険が生じるうえ、不競法上の営業秘密としての保護を受けられない可能性が生じま

247

す。重要な技術書面を秘密保持契約なしに交付するということは、当該技術を他社が利用することを認めるも同然の事態を生じさせますので、必ず事前に秘密保持契約を締結すべきです。

2 技術図面の手交と秘密保持契約

　営業秘密が記載された技術図面を交付する場合には、当該図面が秘密情報として秘密保持義務の対象となることを契約書において明確にすべきです。もちろん重要な技術図面であり、「㊙」の表示等がされていれば、秘密情報の対象が包括的に定められていても当該図面が秘密情報であると解される可能性は十分にありますが、重要な情報でありかつ容易に特定できる情報なので、秘密保持義務の対象であることを明確にすべきです。

　また、技術図面を手渡した際に問題となるのが、当該図面の原本化と受領の事実の証拠化です。受領の事実の証拠化については、手渡した際に受領証を取得することはもちろんのことですが、その際に対象図面を適切に特定することが、後のトラブル防止のために重要となります。例えば、製品の仕様書であれば、製品番号や図面の作成日、作成者等の情報で特定することが考えられますが、写しを作成できる図面であれば、受領証の別紙として写しを添付することも考えられます。なお、この場合には、当該受領証についても図面自体と同様に厳重に管理する必要があります。

　また、秘密保持契約においては、目的外使用禁止条項も必ず設ける必要があります。目的外使用禁止条項を設けなければ、交付先は当該図面の情報を他の製品開発等にも利用することができてしまい、契約内容によっては当該技術図面に基づく製品を自社製品として製造・販売できてしまうということになるためです。また、この際には、秘密保持契約における目的条項の設定が重要であり、開示当事者が意図しない範囲で用いることが可能となるような、解釈の余地がある目的条項の記載は避けるべきです。

　以上のように、重要な技術図面を手渡す際には、十分な対策をとることが

重要となりますが、情報を開示した場合には、どれだけ対策を行ったとしても漏えいの可能性は上昇することになります。したがって、技術図面のなかでも真に開示が必要な部分と開示の必要がない部分を区別し、不必要な部分については開示しないことが重要な漏えい防止策となります。

③　秘密管理体制の確保

　自社において厳重に管理されている重要な技術図面を開示する場合、相手方においても同様の厳格な管理を求めなければ、自社の管理の意味がありません。そのため、重要な技術図面を交付する場合には、交付先の秘密管理体制について、秘密保持契約で規定すべきです。

　技術図面について、これが漏えいしない保管体制としては、例えば保管場所を一般従業員が立ち寄らない場所に別室として設け、入退室についてID等で管理すること、入室の際にカメラ・スマートフォンの持込みを禁止すること等があります。また、管理場所に関しては、防犯カメラを設置することも有益です。加えて、工場等では、外部者の立入りがあるので、外部者が立ち寄らない区画に保管場所を設けることも重要です。

　加えて、秘密保持契約書において、受領当事者に義務付けた秘密管理体制が実際に確保されているかを確認するため、保管場所についての査察も求めるべきです。多数の資料が交付されている場合の事業所等の査察については範囲が広範囲となるため、情報受領当事者の反発も考えられますが、当事者双方が重要性を認める技術図面の保管についての査察であれば、受領当事者の反発も大きくないと考えられます。

④　複製防止措置

　技術図面を交付する場合、原本を厳重に管理していたとしても、複製を認めると、複製物から情報が流出するリスクが生じることから、秘密保持契約において、開示当事者の事前の承諾がない限り複製を禁止すべきです。

249

あわせて、無断で複製がなされないための処置も行うべきと考えられます。具体的には、まず対象書面に署名や押印を行うことによって原本化することが考えられます。これによって、原本と複製物の区別が可能となり、複製がなされた場合にこれを発見することができるようになります。また、コピー偽造防止用紙を用いて図面を作成することも一つの方策です。すべてのコピー機に対応できるものは少ないですが、コピーを行った際に細かな文字が判読できなくなるものもありますので、技術図面においては有益な複製防止措置の一つです。無断で複製がなされる場合には、複製が禁止されていることに気付かずになされるということもあることからすると、複製禁止の表示を行うこともこれを防止する方策となります。

　加えて、秘密保持契約において、複製が発覚した場合の違約金条項を設けておくと、受領当事者における無断複製をより強く防止することができます。

5　技術図面の返還・廃棄

　交付した技術図面が目的を達した場合、情報の流出を避けるためにはいち早くその返還ないし廃棄を求めるべきということになります。技術図面の交付に際して、原本化処理を行っていたり、複製防止措置をとっている場合は、図面の原本を回収すれば複製物は残されていないことが期待できますので、原本の返還を受けることが大きな意味を有します。これに対して、図面の原本化がなされていない場合、返還を受けた図面が交付した原本か否かが明らかではありませんし、複製防止措置がなされていない場合は複製が残されているリスクが生じます。このような場合には、原本の返還を受けるだけでは十分といえませんので、例えば、受領当事者に複製物を保管していないことの表明保証をさせるなど追加の対応が必要と考えられます。

　また、図面の交付当事者が返還を受けるのではなく、受領当事者における廃棄を求める場合もあると思われます。廃棄を求める場合には、廃棄したも

のの廃棄物から情報が流出することのないように、再現不可能な方法での廃棄を求めるべきです。具体的な方法としては、クロスカット方式のシュレッダーにより廃棄することとしたうえで、その状況を撮影して画像を交付することを求めたり、専門業者による溶解処分を行ったうえで廃棄証明を取り付けることなどが考えられます。

（池田聡）

3　外部への漏えい防止

Q34 情報セキュリティ・個人情報保護に関するガイドライン

情報セキュリティや個人情報保護に関するガイドラインにはどのようなものがありますか。

▶▶▶Point

① 　いろいろなガイドラインがありますが、会社の規模や業種、目的、対応に要する費用、時間、労力、人材などに応じて適切なガイドラインを選択して対応するのがよいでしょう。

② 　事業で取り扱う情報には、顧客や従業員などの個人情報が含まれることもありますので、個人情報保護法や個人情報保護に関するガイドラインにも注意が必要です。

1　ガイドラインの位置付け

　ガイドラインとは、政府や団体が指導方針として示す大まかな指針や指標のことをいいます。法令などの公的な規制がない分野で業界団体などが自主的に定めたり、法令などはあるものの具体的にどのような対応をすればよいのか明確ではない場合、裁判例はあるものの網羅的、統一的な基準がない場合などに政府や業界団体などが定めたりします。

　そのため、政府が定めた公的なものであっても業界団体などが定めた私的なものであっても単なる指針にすぎないので、ガイドライン自体には法的拘束力はなくこれに違反したことが直ちに法律違反になるわけではありません。

　もっとも、ガイドラインの内容が正当かつ適切で一般に受け入れられているような場合には適法性を判断する一定の目安になり、これを順守していたことが訴訟などで責任を否定する要素として考慮されることもあります。

　したがって、法令だけでなくガイドラインについても十分に注意を払う必要があります。

　また、ガイドラインの基準を満たしていることを証明したり、認証したりする制度もあります。これらの認証を受けていると、訴訟などで有利に判断されることもありますので、費用対効果などを考慮して、取得を検討するとよいでしょう。詳細はQ35を参照してください。

2 情報セキュリティに関するガイドライン

(1) 経済産業省「営業秘密管理指針」

　経済産業省が平成15年に初めて公表し、その後、改訂を経て、平成31年改訂版が最新版です。なお、経済産業省のウェブサイトから入手可能です（〈https://www.meti.go.jp/policy/economy/chizai/chiteki/guideline/h31ts.pdf〉）。

　この指針では、営業秘密の管理の実態に即して、営業秘密として保護されるための要件（秘密管理性、有用性、非公知性）について、最低限の基準が示されています。例えば、必要な秘密管理措置の程度については、対象者、合理的区分、その他の秘密管理措置、留意事項、秘密管理措置の具体例などが記載されています。また、参考となる裁判例についても簡潔に触れられています。なお、詳細については、本書Q7を参照してください。

　この指針は、分量も少なく内容的にもわかりやすいので、最初に取り組む対策としては採用しやすいでしょう。

　ただ、この指針を順守するのみでは情報セキュリティの対策として十分とはいえないこともありますので、その点には留意が必要です。

(2) 経済産業省「秘密情報の保護ハンドブック～企業価値向上に向けて」

　経済産業省が、平成28年に公表し、その後、令和4年に改訂されていま

す。営業秘密管理指針では最低限のレベルが示されていますが、本ハンドブックでは望ましいレベル（より高いレベル）が示されています。情報漏えい対策、秘密情報の管理、他社の秘密情報に係る紛争に巻き込まれないための予防、秘密情報漏えい時の対応などについて、詳しく解説されています。また、就業規則や情報管理規程、秘密保持誓約書などの参考例もあります。なお、経済産業省のウェブサイトから入手可能です（〈https://www.meti.go.jp/policy/economy/chizai/chiteki/pdf/handbook/full.pdf〉）。

　営業秘密管理指針の次に取り組む対策としてよいでしょう。

(3)　経済産業省「情報セキュリティ管理基準」――情報セキュリティ監査
　　制度

　経済産業省が、平成15年に、インターネットをはじめとする情報技術が社会に深く浸透することに伴い、情報セキュリティの確保が必要となってきたという社会情勢を受けて、情報セキュリティ管理基準を公表しました。その後、改訂を経て、平成28年改正版が最新版となっています。なお、経済産業省のウェブサイトから入手可能です（〈https://www.meti.go.jp/policy/netsecurity/downloadfiles/IS_Management_Standard_H28.pdf〉）。

　この基準は、組織体が効果的な情報セキュリティマネジメント体制を構築し、適切なコントロール（管理策）を整備・運用するための実践的な規範として策定されたもので、組織体における情報セキュリティマネジメントの円滑で効果的な確立をめざして、マネジメントサイクル構築の出発点から具体的な管理策に至るまで、包括的な適用範囲を有する基準となっています。また、「ISMS適合性評価制度」と整合する内容になっています。

　この基準には、マネジメント基準と管理策基準があります。マネジメント基準は、情報セキュリティマネジメントの計画、実行、点検、処置に必要な実施事項を定めており、JIS Q 27001:2014をもとにしています。管理策基準は、組織における情報セキュリティマネジメントの確立段階において、リスク対応方針に従って管理策を選択する際の選択肢を与えるものとされていま

す。「管理策基準」のそれぞれの事項は、JIS Q 27001:2014附属書A「管理目的及び管理策」、JIS Q 27002:2014をもとにしています。

　そして、情報セキュリティ管理基準が遵守されていることを担保するためには外部の監査が必要となります。また、監査の内容や方法等も適切に行われる必要があります。そのため、情報セキュリティ監査業務の品質を確保し、有効かつ効率的に監査を実施することを目的とした監査人の行為規範として、情報セキュリティ監査基準が定められています。情報セキュリティ監査制度は、情報セキュリティ対策が適切に管理運用されていることを監査する制度です。

(4)　情報セキュリティマネジメント（ISMS）

　これは、一般社団法人情報マネジメントシステム認定センターが定める情報セキュリティの技術対策や組織マネジメントに関するガイドラインです。その特徴は、情報セキュリティを三つの要素（①機密性——許可されていない個人やプロセスなどに対して、情報を使用させず、開示しない特性、②完全性——正確さや完全さの特性、③可用性——認可されたエンティティが要求したときにアクセスや使用が可能である特性）に定義していることにあります。

　ISMSの要求事項を定めた規格は、JIS Q 27001（ISO/IEC 27001）としてまとめられています。その内容は、組織がISMSを確立し、実施し、維持し、継続的に改善するための要求事項を提供することを目的として作成されています。

　所定の審査を受けて、ISMS認証を得ることもできます。

(5)　独立行政法人情報処理推進機構（IPA）「組織における内部不正防止ガイドライン」

　従業員などの内部者の不正行為により、社内の情報が外部に流出することも多いです。このガイドラインは、内部不正対策を目的としたものです。なお、同機構のウェブサイトから入手可能です（〈https://www.ipa.go.jp/files/000097099.pdf〉）。

　このガイドラインでは、内部不正防止の五つの基本原則として、①犯行を難しくする（やりにくくする）——対策を強化することで犯罪行為を難しくする、②捕まるリスクを高める（やると見つかる）——管理や監視を強化することで捕まるリスクを高める、③犯行の見返りを減らす（割に合わない）——（内部不正の対象となる）標的を隠したり、排除したり、利益を得にくくすることで犯行を防ぐ、④犯行の誘因を減らす（その気にさせない）——犯罪を行う気持ちにさせないことで犯行を抑止する、⑤犯罪の弁明をさせない（いい訳をさせない）——犯行者による自らの行為の正当化理由を排除すること、を挙げているところが特徴です。

　付録の内部不正チェックシートを利用して、簡単に現状を把握したり、必要な対策をみつけたりすることができます。また、Q&A集には対策の具体的なヒントもありますので、参考にするとよいでしょう。

③　個人情報保護委員会「個人情報の保護に関する法律についてのガイドライン」

　個人情報については、個人情報保護法に規定があるため、情報セキュリティとは異なる個人情報保護の観点から、ガイドラインが示されています。そして、個人情報保護委員会は、個人情報保護法全体に関するガイドライン（通則編）のほか、外国にある第三者への提供、第三者提供時の確認・記録義務、個人データの漏えい等の事案が発生した場合等の対応などの場面に応じたガイドライン、金融関連分野、医療関連分野などの事業分野ごとにもガイドラインを作成しています。

　個人情報保護委員会は、個人情報保護法に関する情報などを提供していますので、参考にするとよいでしょう（〈https://www.ppc.go.jp/index.html〉）。概要はつぎのようになります。

　(1)　全般（通則編）

　業種等に関係なく適用されますので、最低限の対応は必要です。個人情報

保護法の対象となる情報（「個人情報」、「個人識別符号」、「要配慮個人情報」等）、個人情報保護取扱事業者等の義務（利用目的の特定、変更、利用目的による制限等）、個人データの管理、個人データの第三者への提供、保有個人データに関する事項の公表等、保有個人データの開示・訂正等・利用停止等、苦情処理、漏えい等の事案が発生した場合の対応などについて解説されていますので、必要な対応をしておきましょう。

(2)　中小企業向け

個人情報保護委員会のウェブサイトには、「お役立ちツール」として、中小企業向けに「自己点検チェックリスト」や「個人データ取得要領（例）」なども掲載されていますので、参考にするとよいでしょう。

(3)　分野別のガイドライン

金融関連分野、医療関連分野、電気通信事業分野、放送分野、郵便事業分野、信書便事業分野、個人遺伝情報については、分野ごとのガイドラインがあります。これらに関係する事業をしている場合には、確認しておくとよいでしょう。

(4)　改正等

社会情勢の変化や事件、事故の発生などにより、個人情報保護法やガイドラインが改正されることもありますので、最新の情報を確認する必要があります。

（井上周一）

Q35 ISO、ISMS、プライバシーマーク

情報セキュリティマネジメントシステム（ISMS）として、いかなる国際規格がありますか。また、かかる規格は、プライバシーマークとは、別々に制度を構築し対応すべきですか。

▶▶▶Point

① 情報セキュリティマネジメントシステムに関する国際規格には、JIS Q 27001（ISO/IEC 27001）があります。

② この国際規格は情報全般を対象にしていますが、プライバシーマークは個人情報が対象ですので、プライバシーマークのほうが情報の範囲が限定されています。また、個人情報では、特有の対応が必要となります。

③ それぞれに必要な対応は異なりますので、いずれにも対応する場合には、それぞれ別々に対応すると、費用や時間がかかるだけでなく、運用が困難となったり、思わぬ失敗をしたりすることもありますので、統一的な管理体制を構築するとよいでしょう。

1 国際規格

各国や各業界などがそれぞれに独自に策定した規格が国際通商の技術的障壁となるのを解消するため、国際的に共通する規格（国際規格）が定められます。国際規格にはいろいろな種類がありますが、情報セキュリティについても国際規格があります。

製品そのものを対象とする規格やマネジメントシステムを対象とする規格としては、国際標準化機構が定めるISO規格があります。また、電気および電子の技術分野における標準化に関する規格として、国際電気標準会議が定

めるIEC規格があります。そして、これらを日本語訳したJIS規格（国内規格）
があります。

2　情報セキュリティマネジメントシステム（ISMS）

(1)　概　要

　情報セキュリティマネジメントシステム（ISMS）は、一般財団法人日本
情報経済社会推進協会が制定したものです。情報の「機密性」「完全性」「可
用性」をPDCA（Plan（計画）、Do（実行）、Check（測定・評価）、Action（対
策・改善）の仮説・検証型プロセスを循環させ、経営の質を高めるマネジメント
システム）で維持・改善し、適切に管理することを内容としています。

　また、審査機関が各事業所の情報セキュリティ管理体制を審査し、ISMS
認証基準を満たしていればISMS認証が付与されます。

　一般社団法人情報マネジメントシステム認定センターが、マネジメントシ
ステムの認証機関の認定などをしています（〈https://isms.jp/index.html〉）。

(2)　JIS Q 27001（ISO/IEC 27001）

　JIS Q 27001（ISO/IEC 27001）は、ISMSの要求事項を定めた規格です。
ISOのマネジメントシステム規格（MSS）をもとにしたマネジメントシステ
ム規格で、情報セキュリティに不可欠なISMS固有の要求事項も盛り込まれ
ています。また、どのような組織であっても必ず適用させることが必要な要
求事項（本文）と、事業の特性により適用除外が可能である要求事項（附属
書Aの管理策）で構成されています。

　クラウドサービスについては、固有の管理策（ISO/IEC 27017）が別途設け
られています。

(3)　ISMS適合性評価制度

　ISMS適合性評価制度では、組織が構築したISMSがJIS Q 27001（ISO/IEC
27001）に適合している場合には、認証機関から認証を受けることができま
す。外部からは組織内部でどのような管理を行っているのかはわからないた

め、国際的な基準に従って第三者機関からの認証を受けることにより、情報セキュリティに対する外部からの信頼性が高まります。

(4) メリット、デメリット

認証を取得するメリットとしては、情報セキュリティリスクの低減、企業の社会的責任（CSR）の達成、信頼性の向上、売上機会の拡大などが挙げられます。認証の取得が官公庁の入札条件となったり、取引条件となったりすることもありますので、その場合には対応をしないと取引機会を失うことになります。

他方、デメリットとしては、費用負担、業務負担などがあります。認証を取得するためには認証機関に支払う審査費用のほか、コンサル費用やシステム構築費用などがかかり、高額になることもありますので、事前に確認するとよいでしょう。

(5) 認証の取得

認証を取得するためには、①審査費用、②マネジメントシステム構築費用、③設備費、④諸経費等がかかります。

審査費用は、審査機関に支払う費用で、審査機関によって異なります。また、事業規模や事業所数などによって金額が変わるようなので、事前に見積りを取得するとよいでしょう。

マネジメントシステムの構築には、自社で対応する方法と外部のコンサルティングに依頼する方法があります。担当者に経験がない場合には、自社で対応するのは時間がかかったり、難しかったりします。外部に依頼する場合にはコンサルティング費用がかかります。

取得後にも、1年ごとの定期審査、3年ごとの更新審査がありますので、その都度、審査費用がかかります。また、更新する際には維持料がかかります。

3　プライバシーマーク

(1)　概　要

プライバシーマーク制度は、日本工業規格の JIS Q 15001「個人情報保護マネジメントシステム——要求事項」に適合し、個人情報の適切な保護措置を講ずる体制を整備している事業者等を認定する制度です。認定を受けると、プライバシーマーク（Ｐマーク）が付与され、事業活動に使用することができます。

一般財団法人日本情報経済社会推進協議会が、プライバシーマーク制度の運用などを行っています（〈https://privacymark.jp/index.html〉）。

(2)　内　容

プライバシーマーク付与適格性審査基準が公表され、具体的な審査項目が示されています。個人情報保護法に対応した内容になっています。

(3)　認証の取得

プライバシーマークでも同様の費用がかかりますが、審査費用は最低30万円程度からのようです。業種や規模で異なりますので、留意してください。また、更新の際には、最低20万円程度かかるようです。全体的にISMS認証よりも低額のようです。

(4)　メリット

特に個人情報の取扱いの多い場合や要配慮個人情報を保有する場合には、メリットが大きいと思われます。

4　統一的な管理体制の構築

(1)　選　択

事業の内容や規模、取り扱う情報の内容などで使い分けるとよいでしょう。技術情報はほとんどなく個人情報の取扱いが多いような場合には、プライバシーマークのみを取得するという選択もあり得るでしょう。他方、個人

情報の取扱いが少ないような場合には、ISMSの認証のみでもよいでしょう。

　事業規模、事業内容、取引先などの今後の変化、株式公開の予定なども考慮して決めるとよいでしょう。

　(2)　統一的な対応

　複数種類の管理体制を構築する場合、内部組織や実務の状況などに応じて、整合性のとれた統一的な体制を構築するとよいでしょう。

　詳細なマニュアルが増えたり、情報ごとに取扱いが異なったりすると、実際に運用することが困難になり、結局、順守されないという形骸化した状況にもなりかねません。過度に業務負担が増えないか、現実的な方法か、誤りが起きにくいかなどにも配慮するとよいでしょう。

5　海外での規制

　海外でも事業活動を行っている場合、個人情報の保存や海外から日本国内に個人情報を移転させることなどには注意が必要です。特に、わが国よりも厳しい規制があったり、改正や運用の変更があったり、政治的に利用されたりする国もありますので、最新の情報を得る必要があります。

　例えば、欧州連合（EU）では、プライバシー保護のため、一般データ保護規則（GDPR）を定めており、EU域内で取得した個人データを域外に越境移転する場合には、補完的（追加的）ルールが適用されます。具体的には、わが国の個人情報保護法上の要配慮個人情報よりも広い情報がGDPR上の特別な種類の個人情報とされています。また、第三者提供以外の場合にも取扱い活動のすべてに記録が必要になります。さらに、わが国の個人情報保護法上の匿名加工情報は、GDPRでは個人データに該当します。

　また、中国でも2021年に個人情報保護法が成立しました。個人情報の中国国内での保存義務や国外への転送についても規定されていますが、具体的に対応すべき事項が不明確であったり、運用が変わったりすることもあります。また、罰則も厳しいので、特に注意が必要です。　　　　　　　（井上周一）

第 4 章

トラブルに
巻き込まれないために

1 コンタミ防止

Q36 中途採用における注意点

> 他社の退職者を中途採用する場合、どのような点に注意すればよいで
> しょうか。また、どのような対策があるでしょうか。

▶▶▶Point

① 退職者から情報漏えいが発生することは多く、トラブルになるリスクも
高いです。まずは、他社の情報を受け取らないなどといった予防措置が重
要です。

② 他社からクレームなどがあった場合に、他社の情報を利用していないこ
とを示すことができるようにするため、自社の情報管理をしておく必要も
あります。

1 採用時における注意事項

近時、他社の退職者を中途採用することも多くなってきましたが、その際
には他社の情報を取得することがないことはもちろん、そのような疑いも受
けないようにしておく必要があります。そのため、次のような事項について
十分に注意しましょう。また、経済産業省「秘密情報の保護ハンドブック」
（平成28年2月／最終改訂：令和4年5月）132頁〜135頁には、「転職者の受入
れ」について留意すべき事項が記載されていますので、参考にしてくださ
い。

(1) 退職先との契約関係、秘密保持義務、競業避止義務の確認

まず、採用予定の退職者の退職先（退職者の転職前の勤務先）との間の雇用

契約などの内容を確認する必要があります。特に同業者や競業会社からの転職者、在職中や退職直後の転職者には十分注意しましょう。

退職者が秘密保持義務や競業避止義務を負っているかどうか、その内容について確認しましょう。また、退職先の就業規則などの確認も必要です。退職者がよく覚えていないこともありますが、特に技術者などは、退職先での担当業務など時間をかけて記憶喚起するなどして細心の注意を払いましょう。

競業避止義務を負っている場合には、採用後の配属先、担当業務などに配慮することも必要でしょう。例えば、採用後競業避止義務を負っている間は競業避止義務の範囲外の業務を行わせるなどするとよいでしょう。

また、取締役などの役員の場合は、法律上、競業避止義務を負いますので、注意が必要です。

秘密保持義務などの確認はアンケートなどの形式で確認したり、確認した内容を書面化したりするなど、記録に残しておくことも重要です。

なお、過度に厳しすぎる競業避止義務は、公序良俗違反により無効となることもありますが、あくまでも訴訟等で事後的に判断されるものですので、採用時には細心の注意が必要です。

(2)　誓約書等の作成

退職者に誓約書等を作成してもらうとよいでしょう。誓約書は、第三者の秘密情報を含んだ媒体を持ち出していないこと、退職先の情報は転職後使用しない、退職先との関係で競業避止義務はないなど、退職者が退職先で従事していた業務内容や採用後の担当業務などに応じた内容とします。

また、退職者の採用理由（他社の情報を取得するためではなく退職者の能力や経験など）を記録化しておくとよいでしょう。

(3)　退職者の経験や記憶

退職者の経験や記憶に残っている情報についても注意を払う必要があります。ただ、情報が退職者自身にあるため持ち込ませないということは困難で

す。また、退職者から安易に聴取すると不正取得となってしまうリスクもあ
ります。そこで、退職者からは退職先の情報を使用しないだけでなく、退職
先の情報は転職先では使用できないことを確認する誓約書を作成するなど客
観的な事情を記録化しておくとよいでしょう。

(4)　秘密情報の帰属

　退職者が退職先で在職中に生み出した情報で、退職先が秘密管理を行って
いないような情報については、退職者に帰属するという考え方もあります。
また、このような情報は、退職先が秘密管理を行っていないため、退職先の
営業秘密ではないとも考えられます。

　しかし、退職先において秘密情報として管理されているか否かについて明
確ではない場合も多く、転職先が退職先の秘密管理の状況を具体的に知るこ
とは困難です。また、そのような情報に基づいて発明などをした場合には、
退職先との間でトラブルが発生するおそれがあります。したがって、このよ
うな情報を安易に使用することは訴訟リスクが高いと思われますので、取得
したり使用したりすることは避けたほうがよいでしょう。また、使用せざる
を得ない場合には、退職先の秘密管理などについて事前に十分な調査、確
認、検討を行う必要があるでしょう。

2　採用後における注意事項

(1)　業務内容の確認

　採用後の部署や担当業務が競業避止義務の範囲内になっていないか注意し
ましょう。外部の転職先からは競業避止義務の範囲外かどうかはわかりにく
いこともありますので、退職先での担当業務とは明らかに関連のない業務や
できるだけ関連性のない業務のほうが無難です。

(2)　情報の持込み禁止

　採用後も外部の秘密情報を持ち込ませないようにしましょう。例えば、私
物のパソコンやUSBメモリなどを持ち込ませないようにしましょう。また、

メールなどで持ち込まれることもありますので、送受信記録などの管理も重要です。また、必要に応じて採用後一定期間は定期的なチェックをするという方法もあります。

(3)　情報の持込みなどが疑われた場合の対応

情報の持込みが疑われたり、確認されたりした場合や退職先から警告があった場合には、退職者をいったん担当業務から外したうえで、早期に弁護士に相談するのがよいでしょう。

3　自社情報の区別、記録化

他社から他社の営業秘密を使用しているとの指摘を受けた場合、そのような事実がなかったとしても、使用していないことを示すことができなければ、侵害と判断されることにもなりかねません。また、技術上の秘密の場合には、その秘密を使用する行為により生ずる物の生産を行った場合には、営業秘密の使用が推定されます（不競法5条の2）。

使用していないことを直接的に証明することは難しいですが、自社情報と他社情報を明確に区別して管理したり、自社開発の経緯、情報の取得時期や取得経緯などを記録化したりして他社から情報を取得していないことや使用していないことを間接的に示すことができるようにしておくとよいでしょう。また、退職者から情報を取得したことを否定できるように、退職者から退職先の情報を持ち込んでいない旨の誓約書を取得しておくとよいでしょう。

（井上周一）

267

Q37 取引先から営業秘密の開示を受けた場合

　当社は、取引先から設計図などの開示を受けることがあります。設計図などに取引先の営業秘密が含まれている場合、当社はどのような対応をすればよいでしょうか。

　また、競合他社から技術情報を入手した場合、どのような問題があるでしょうか。

▶▶▶Point

①　他社の営業秘密を受領する場合には、他社情報の管理、自社情報との分離、自社開発への影響などを考慮して、的確に対応する必要があります。

②　契約終了後にも、営業秘密の使用等が問題となることもありますので、できるだけリスクを減らしておきましょう。

1　受領時における注意事項

　製造を受託する場合のほか、共同開発や受託開発の場合にも他社の営業秘密を受領することがあります。他社から営業秘密を受領する場合には、次のことに注意するとよいでしょう。

　(1)　情報の厳選

　まず、受領する情報は、必要不可欠な情報に限り、不必要な情報は取得しないようにしましょう。不必要な情報を受領すると、そのような情報も管理する必要がありますし、後に自社で使用ができなくなるおそれがあります。

　また、営業秘密ではない情報についても秘密保持義務を負わないようにしましょう。特に、公知の情報やすでに自社で保有している情報については、除外する必要があります。

(2)　営業秘密の特定

　取引先とはいろいろな媒体（紙、口頭、データなど）で情報が授受されますが、どの情報が営業秘密にあたるのか特定しておきましょう。例えば、書面で受領する場合には、㊙を付すなどして一見して営業秘密であることがわかるようにしておきましょう。他方、営業秘密ではない情報には㊙は付けないようにしましょう。また、打合せなどの場面において口頭で示されることもあります。そのような場合には、議事録などの書面を作成して、どの内容が営業秘密かわかるようにしておきましょう。さらに、データで取得する場合には、営業秘密以外の情報も含まれているときは、どの情報が営業秘密なのかわかるようにしておきましょう。サンプル（物）自体が営業秘密になることもありますが、サンプルの授受についても目的物の特定、年月日、担当者などを記録化しておきましょう。

　また、授受された営業秘密は、リスト化するなどして一元的に整理しておくとよいでしょう。

(3)　目的外使用の回避

　秘密保持契約などでは通常、受領した情報の目的外使用が禁止されます。これを順守することは当然ですが、自社で類似の開発を行っているような場合には、目的外使用が疑われることもありますので、自社内であっても安易に情報共有しないなどの対応が必要です。

(4)　自社情報との分別管理

　他社情報と自社情報が明確に区別して管理できていないと、他社の営業秘密を受領した時点で、すでに自己開発などによりどのような自社情報が存在していたのかがわからなくなってしまうことがあります。

　そのため、他社情報と自社情報は、明確に分離しておく必要があります。また、いつの時点でどのような自社情報が存在していたのかが問題となることもありますので、自社情報が存在した時期、内容を記録化しておく必要があります（Q38、Q39も参照）。

2 終了時における注意事項

(1) 返 還

取引終了時に媒体の返還を求められることがあります。上記①(1)、(2)に従って、適切に管理できていれば容易に対応できます。

他方、営業秘密が特定できていなかったり、自社の情報と混ざっていたりする場合には、いずれの情報、媒体が営業秘密に該当し返還を要するのか協議を行う必要があります。自社の情報と混ざっている場合には、過不足なく返還を要する情報を特定しないと、自社の情報が漏れることにもなりかねませんので注意が必要です。

なお、積極的に返還を求められないこともあるかもしれませんが、秘密保持契約上、返還義務が明示されているような場合には、無用な疑いをかけられないように、返還を申し出たうえで、実際に返還しておくとよいでしょう。

(2) 消 去

また、取引終了時に情報の消去を求められることもあります。適切に分別して区別できていれば特に問題はないですが、上記(1)と同様、他社の営業秘密が特定できていなかったりする場合には、消去する対象について協議が必要となるでしょう。

(3) 独自開発からの排除

取引終了後に他社の営業秘密の使用を疑われないように、独自開発からは他社の情報は排除する必要があります。

ただ、使用していないことを示すことは困難ですので、開発経緯や実験データなど自社で取得した情報を残しておくとよいでしょう。

(4) 開発禁止

取引終了後も一定期間は競合品などの開発が制限される場合がありますが、技術等の流用防止のために必要な範囲を超えて、共同研究開発に際して

他の参加者から開示された技術等を共同研究開発以外のテーマに使用することを制限することなどは、不公正な取引方法として独禁法に違反することになります。また、秘密保持契約などに広範に開発禁止が記載されていると、独自開発が萎縮してしまいます。

　したがって、秘密保持契約を締結する段階で、今後の開発予定なども踏まえて、適切に条項を調整するとよいでしょう。

　(5)　秘密保持期間

　取引終了後も一定期間は秘密保持義務を負う場合があります。期間内は当然順守する必要がありますが、期間経過後も不必要に開示、使用することは控えたほうが無難です。

３　情報の分離管理

　このような場合も、他社から受領した情報と自社情報とを分離して管理することが重要です。また、他社から受領した情報にアクセスできる人を限定しておく必要もあります。そうしないと、独自開発などに制約を受けたり、開発に参加させる従業員が制限されたりすることとなります。

４　競合会社からの技術情報の入手

　まず、競合会社から技術情報を了解なく意図的に入手することは絶対にしてはいけませんが、意図しないで入手してしまうことや競合会社が害意をもって開示してくることもあります。例えば、貴社の従業員が競合会社の研究者などと面識があり、研究発表や雑談などで研究テーマや課題について意見交換をすることも考えられます。その際、競合会社の技術情報を知ってしまうことがあります。また、競合会社が他社の営業活動や研究開発を牽制、制限する目的で、故意に営業秘密を開示することもあります。

　このようなケースは稀ですが、常日頃から注意が必要です。例えば、競合会社の研究者などとの面会については、日時や場所、会話内容などの記録を

残したり、差出人が競合会社であったり、不明であったりする郵便物やメールは、安易に開封しないなどの対応をするとよいでしょう。

5　「秘密情報の保護ハンドブック〜企業価値向上に向けて〜」

　経済産業省「秘密情報の保護ハンドブック」（平成28年2月／最終改訂：令和4年5月）136頁〜141頁には、共同・受託研究開発、取引のなかでの秘密情報の授受、技術情報・営業情報の売込みの場面での留意事項が記載されていますので、参考にするとよいでしょう。

（井上周一）

2　ノウハウ使用が特許権侵害といわれないために

Q38　先使用権を確保するための留意点

当社では重要なノウハウは特許出願をせず公開しないようにしていますが、他社から特許権侵害を主張された場合に備えて、どのような点に気を付けるとよいでしょうか。

▶ ▶ ▶ Point

① 他社が特許権を取得したとしても、先使用権（特許法79条）が認められると、無償で一定の範囲内で継続して使用することができ、また損害賠償責任を負うこともありません。

② ただ、先使用権が認められるためには、法律上の要件を満たす必要があります。

③ 先使用権は、先使用発明の実施やその準備をしていた発明の範囲まで認められます。

1　先使用権の意義

　自社で開発した技術情報を特許化することができる場合であっても、公開しないでノウハウとしてあえて秘密にすることがあります。販売された製品の分析やリバースエンジニアリングによっても、製造方法が特定できなかったり成分の配合等はわからなかったりするような場合、ノウハウとして秘匿化することで保護期間の制限なく長期間にわたって保護を受けることができます。特に総合化学（基礎原料（川上）から誘導品（川下）を取り扱う業界）、繊維、電子部品・デバイス・回路製造業などの分野で秘匿化が重視される傾

向があるようです。特許化や秘匿化の詳細については、本書Q3を参照してください。

　わが国の特許法は、先に出願した者が特許権を取得することができる先願主義を採用しています。しかし、出願前に独自に発明を完成して実施していたり、その準備をしていたりしていた場合にも、その後の実施が制限されることになると、開発投資や設備投資が無駄になってしまい不都合です。そこで、一定の要件を満たした場合には、先使用権が成立し、無償で実施することができることとなっています（特許法79条）。なお、実用新案権、意匠権についても同様の規定があります。

2　先使用権の成立要件

　(1)　自らその発明をしたこと

　まず、「特許出願に係る発明の内容を知らないで自らその発明」（自分が発明）をするか、「特許出願に係る発明の内容を知らないでその発明をした者から知得」（自分以外の発明者から発明を知得）していることが必要です。

　先使用発明の発明者が従業員で職務発明である場合には、雇用主は、通常、特許出願に係る発明の内容を知らないで発明者から知得したといえます。

　また、先使用発明が共同発明の場合には、共同発明者のうち一人から知得すれば足り、共同発明者全員からそれぞれ知得する必要はありません。

　(2)　特許出願の際現に

　他者の特許出願時に、現に日本国内で発明の実施である事業をしていたり、その事業の準備をしていたりすることが必要となります。遅くとも他者の特許出願時には発明の実施である事業の準備をしていることが必要になります。

　(3)　事業の実施、事業の準備

　事業の実施は、先使用発明の実施品の製造販売を行っていることなどをい

います。

　また、事業の準備については、試験や研究段階では足りず、発明自体が完成している必要があります。具体的にどの段階で準備があると認められるかは、技術分野や技術の性質などにもよります。例えば、入札などを経て受注される大型プラントの場合には、特殊性が考慮され、見積仕様書を提出した段階で準備があるとされました（最高裁昭和61年10月3日判決・判時1219号116頁〔ウォーキングビーム事件〕）。

3　先使用権の効果

　先使用権が認められた場合には、「発明及び事業の目的の範囲内」において無償で実施することが可能となります。ただ、先使用発明がそのまま実施され続けることは少なく、実施形式が次第に変更されることも多いです。そのため、先使用権はどの範囲まで認められるかが問題となりますが、実施やその準備をしていた実施形式に限定されず、実施やその準備をしていた発明の範囲まで及ぶとされています（前掲・ウォーキングビーム事件）。

4　先使用権の移転

　実施の事業が移転される場合、先使用による通常実施権も実施の事業とともに移転できます（特許法94条1項）。

　また、そもそも先使用権を登録することはできないため、先使用権を移転した場合、特許庁への登録は不要です。

5　まとめ

　このように、訴訟で先使用権を主張する場合には、他社が出願した時点で事業（準備も含む）の開始をしていたことなどの要件を満たす必要がありますので、その準備を怠らないようにしなければなりません。また、先使用権の範囲は、先使用発明の実施やその準備をしていた実施形式に限定されず、

実施やその準備をしていた発明の範囲まで及ぶとされているものの、実際にどの範囲まで認められるかについては必ずしも明確ではありませんので、ノウハウを使用した事業を拡大する際にはこの点にも留意が必要です。

　また、海外にもわが国の先使用権と類似の制度があります。しかし、国によって要件や効果が異なります。例えば、英国やドイツ、フランス、中国では、特許権者から発明を知った場合であっても先使用権が認められることがあります。韓国では、先使用権の移転の際には登録義務があります。また、実施規模の拡大や実施地域の変更の可否などについては、わが国と同様、条文がなく解釈で認められている国もあります。したがって、海外へ輸出をしている場合には、輸出相手国における先使用権制度（要件や効果）についても留意する必要があります。

（井上周一）

Q39　先使用権の立証

> 先使用権の立証のために、どのような対策をしておけばよいでしょうか。また、どのような工夫がありますか。

▶▶▶Point

① 研究開発段階から事業化までの各段階で作成される資料を残しておくとよいでしょう。

② 資料と製品の関連付けにも注意しましょう。

③ 他社の特許出願よりも前に自社で独自開発をしていたことを証明する必要がありますので、それら資料が他社の特許出願以前に作成され、存在していたことを立証する必要があります。確定日付、タイムスタンプなどの制度を利用して、資料の作成時期を確実に立証できるようにしておきましょう。

1　立証責任

先使用権が認められるための要件はQ38のとおりですが、訴訟では先使用権の成立を主張する側に立証責任があります。そのため、訴訟で立証することができないと、先使用権は認められません。

2　立証資料の確保

そこで、先使用権の立証資料を残しておくことが非常に重要になります。それでは、どのような資料を残しておくとよいのでしょうか。

この点、特許庁が平成28年5月に公表した「先使用権制度の円滑な活用に向けて―戦略的なノウハウ管理のために―（第2版）」（平成28年5月／改訂：

令和4年4月）（以下、「ガイドライン」といいます）を参考にするとよいでしょう。このガイドラインは、先使用権制度の明確化、先使用権の立証手段の具体化を図り、先使用権制度のより円滑な利用を推進するために作成されたもので、立証方法についての具体的な説明、企業での実例などが掲載されています。このガイドラインの概略は次のとおりです。

(1)　基本方針

他社がどのような権利範囲で特許出願をするかをすべて事前に想定することは困難です。また、自社でノウハウとして秘匿化して確保することも意識しなかった発明や開発した技術のうち発明と認識できず出願しなかった発明について的確に資料を残すことも困難です。

そのため、必要な事実が認められる時点ごとに、段階的に資料を確保していくことがよいでしょう。例えば、①発明の完成時点では発明の完成および完成に至る経緯を示す資料、②事業化に向けた準備を行っている時点では試作品等に関する資料、③製品化（事業化）が決定された時点では製品化（事業化）の決定に至ったことを示す資料、④製品の本格生産を開始する時点では社内稟議書や工場関係の資料、⑤販売の開始時点では販売関係資料をそれぞれ保管することが考えられます。また、各資料の関係も重要ですので、後記③(1)のように証拠同士をひも付けるなどして各資料のつながりにも意識して残しておくとよいでしょう。

他方、すべての技術開発について、膨大な資料を保存することになると、多大な労力や費用がかかりますので、費用対効果も考慮して、重要なものに限定したり、ある程度まとめて対応したりするなどしてもよいでしょう。また、資料の保存期間や保存方法についても重要性に応じて分けるとよいでしょう。

(2)　研究開発段階

研究開発が行われ、発明が完成に至った経緯を示す資料としては、研究ノート、技術成果報告書、設計図、仕様書等があります。

　他者の特許出願後にその発明の実施事業の実施形式を変更する可能性もあるため、研究開発段階において同一の技術思想に該当するものと認識している実施形式について具体的に記録しておくとよいでしょう。例えば、実施予定の形式だけでなく他にも実施する可能性のある形式や改良発明にあたるような形式があれば、それらについても記録化しておくとよいでしょう。これにより、先使用権の範囲が変わることもありますので、重要です。

(3)　発明完成段階

　発明が完成していたことを示す資料としては、研究ノート、技術成果報告書、設計図、仕様書等があります。

　発明が完成したというためには、「その技術的手段が、当該技術分野における通常の知識を有する者が反復実施して目的とする効果を挙げることができる程度にまで具体的・客観的なものとして構成されていること」とされています。そして、「物の発明については、その物が現実に製造されあるいはその物を製造するための最終的な製作図面が作成されていることまでは必ずしも必要でなく、その物の具体的構成が設計図等によって示され、当該技術分野における通常の知識を有する者がこれに基づいて最終的な製作図面を作成しその物を製造することが可能な状態」とされます。

　したがって、研究ノートなどの資料には、当業者が反復実施して目的とする効果を挙げることができる程度にまで具体的・客観的なものとして構成されていることがわかるような記載が必要です。

(4)　事業化準備段階

　事業化に向けた準備が決定されたことを示す資料としては、社内の事業化決定会議の議事録や事業開始決定書等があります。また、事業化の準備をしていたことを示す資料としては、設計図、仕様書、見積書、請求書、納品書、帳簿類等があります。

(5)　製造販売段階

　製造販売を行い、事業を開始していることを示す資料としては、製品の試

作品、製造年月日や製品番号、仕様書、設計図、カタログ、パンフレット、商品取扱説明書および製品自体等、工場の作業日誌や製造記録、原材料の入手記録、販売の伝票等があります。

(6)　実施形式変更段階

当初の製品の実施形式が変更されたことを示す資料としては、仕様書、設計図、カタログ、パンフレット、商品取扱説明書、製品自体等があります。

変更後の製品が当初開発した先使用発明の実施やその準備をしていた発明の範囲内のこともあれば、変更後の製品は前の先使用発明とは別の新たな先使用発明にあたることもありますので、変更後の製品の研究開発以降の資料も残しておくとよいでしょう。

3　立証の工夫

このように、先使用権を立証するための資料は時間経過に従って作成され、その種類や内容も多種多様であり、通常、一つの資料ですべての要件を立証することはできません。そのため、複数の資料と先使用権の要件の関連性をわかりやすく整理しておく必要があります。

また、先使用権の要件は、先使用発明の技術内容だけでなく、他社の出願よりも前であったことも立証する必要があります。技術的な資料があったとしても、それが他社の出願よりも前に存在していたことを立証することができなければ、先使用権の成立が認められないこととなります。そのため、資料を残す際には、書面などの成立時期や作成時期を確実に立証できるようにする必要があります。

これらの点についても、上記ガイドラインに参考となる記載がありますので、簡単に紹介します。

(1)　証拠同士のひも付け

先使用権の立証のために準備した資料は、訴訟での立証を考慮して、客観的に関連性がわかるようにしておく必要があります。そのため、証拠同士を

ひも付けておくとよいでしょう。

　ひも付けをする方法はいろいろと考えられますが、同一の技術や製品でまとまるようにするとわかりやすいですし、製品の仕様変更があった場合にも対応できます。具体的には、各段階で関連する資料（紙媒体）をまとめて、表紙に「〇〇に関する資料一式」などとして資料をひとまとめにしておく方法がありますし、電子データ（PDFファイル）としてまとめて保存するという方法もあります。その他、書類に共通の管理番号を付与する方法、時系列に従って資料を時系列リストにまとめる方法もあります。

　特に方法が決まっているわけではありませんので、管理や保存しやすい方法を選択するとよいでしょう。

(2)　成立時点の証明

　資料の成立時点を証明する方法としては、公証人役場で書類や記録媒体に確定日付を取得したり、公証人に技術内容等について事実実験公正証書を作成してもらったりする方法があります。また、電子データの場合は、タイムスタンプを取得する方法があります（タイムスタンプについては、コラム⑲を参照してください）。

　先使用権では書類の成立時点が争点になることもありますので、多少の手間や費用がかかるとしても、いずれかの対応はとっておいたほうが無難です。

4　先使用権以外の場面での利用

　これらの対応は、共同開発後に独自開発を主張する場合や退職者を採用した後に営業秘密の不正取得を主張された場合などにも有用です。必要な場面に応じて対応を検討するとよいでしょう。

（井上周一）

コラム⑲ タイムスタンプ

　タイムスタンプとは、電子データに時刻情報を付与することにより、その時刻にそのデータが存在し（日付証明）、またその時刻から、検証した時刻までの間にその電子情報が変更・改ざんされていないこと（非改ざん証明）を証明するための民間のサービスです。

　タイムスタンプサービスは、民間のタイムスタンプ局によりインターネットを介して提供されており、データをアップロードするなどして簡単にタイムスタンプを取得できるサービスもあります。また、費用も比較的安価です。また、官公庁でもタイムスタンプが利用されており、その信頼性について問題はありません。

　民事訴訟で書証として提出する場合は、タイムスタンプが付与された文書であることが書面の状態でも視認可能な状態のほうがよいでしょう。また、タイムスタンプの検証手段（ソフトウェア）は、世間一般で汎用的に使用されているものがよいでしょう。

　ただ、タイムスタンプサービスを契約したりソフトを導入したりすることには手間がかかり負担になります。また、中小企業などではタイムスタンプを利用する頻度はそれほど多くありません。そのため、中小企業などではあまり利用は進んでいないようです。

　タイムスタンプの有効期限は10年とされていることから、その後は10年ごとに更新する必要があることには留意が必要です。その際、すべての情報について更新を行うのか、特定の情報に絞って更新するのか検討する必要もあります。そのため、事務処理上の負担も無視できません。

　このようなことも考慮すると、現在でも公証役場で確定日付を取得することや事実実験公正証書（公証人が五感の作用により直接体験（事実実験）した事実に基づいて作成する公正証書で、事実実験の結果を記載したもの）の作成も有用な場面はありそうです。なお、公証人に依頼する際には、事前に管轄や費用などを確認しておくとよいでしょう。

　また、簡易な方法として、作成日を残しておきたい書類やサンプルなどを封印したうえでレターパックなどで自分宛に送付し、未開封のまま保存することにより、郵便局の消印を利用して書類等の存在時点を立証する方法もあります。

　最近では、契約書などに電子署名を使用することもあるようです。電子署名

は、電磁的記録（電子文書）に付与する、電子的な証拠であり、紙文書における印章やサイン（署名）に相当し、誰が作成または承認したか（作成責任証明）の証明が可能となります。

　そのため、タイムスタンプと電子署名の組合せにより、いつ（日付証明）、誰が（作成責任証明）、どのような電子データを作成したか（非改ざん証明）の証明が可能となります。

（井上周一）

事項索引

あ と が き

　本書は、三山峻司弁護士を中心に、その指導を受けてきた弁護士が集まり、作成しています。

　設問の作成にあたっては、営業秘密に関して、多くの企業が現実に直面している問題を取り上げるべく、井上周一弁護士、白木裕一弁護士、および、室谷が洗出しを行い、各自の実務経験において遭遇したケースにおいて対処にあたって工夫した問題や課題を中心に議論を交わして、まとめました。

　解説の執筆にあたっては、不正競争防止法の専門書や経済産業省が提供する資料なども参考にしていますが、本書においては、法的観点からの抽象的な議論よりも、むしろ、現場の目を重視すべく、執筆者（上記4名に加え、池田聡弁護士、清原直己弁護士、矢倉雄太弁護士、西川侑之介弁護士）全員が、何度も打合せを重ね、実際の事案に接して悩んだことや工夫したことを話し合い、具体的な問題解決策の提示に努めました。

　もっとも、いまだ十分といえない面もあろうかと存じます。今後、読者の皆様からのご指摘をいただき、改善していきたいと思います。

　事務局は、私室谷とともに若手の西川侑之介弁護士にもお手伝いいただき労をとっていただきました。

　最後になりますが、民事法研究会の都郷博英氏には、大変、お世話になりました。心より感謝申し上げます。

令和4年9月

弁護士　室　谷　和　彦

○　執筆者紹介　○

三山　峻司（みやま　しゅんじ）：Q 1～Q 5執筆

弁護士・弁理士（中之島シティ法律事務所）

【略歴】

中央大学法学部法律学科卒業、昭和56年弁護士登録（大阪弁護士会）、平成12年弁理士登録、京都産業大学法科大学院教授（平成16年～平成30年）、芦屋大学客員教授（平成22年～平成27年）、特許庁工業所有権審議会委員（平成24年～平成28年）。現在、大阪地方裁判所および大阪簡易裁判所所属民事調停委員、日本商標協会理事

【主な著者】

『新・商標法概説〔第 3 版〕』（共著、青林書院）、『新・注解　商標法　上巻・下巻』（編著、青林書院）『新・注解　不正競争防止法〔第 3 版〕上巻・下巻』（共著、青林書院）、『知財実務ガイドブック』（編著、青林書院）、『著作権法要説〔第 2 版〕実務と理論』（共著、世界思想社）など

室谷　和彦（むろたに　かずひこ）：Q 9～Q14執筆

弁護士（室谷法律事務所）

【略歴】

平成10年弁護士登録（大阪弁護士会）、特許庁工業所有権審議会委員（令和 3 年～現在）、大阪弁護士会知的財産権法実務研究会代表世話役（令和 4 年～現在）、特許庁審判実務者研究会委員（平成30年度）

【主な著書】

『最新　不正競争関係判例と実務〔第 3 版〕』（編集代表、民事法研究会）、『最新　商標権関係判例と実務』（共著、民事法研究会）、『不正競争の法律相談Ⅰ Ⅱ』（共著、青林書院）、『知財実務ガイドブック』（共著、青林書院）、『Q＆A商標・意匠・不正競争防止法』（共著、経済産業調査会）など

井上　周一（いのうえ　しゅういち）：Q34〜Q39執筆

弁護士・弁理士（堺筋駅前法律事務所）

【略歴】

平成14年大阪大学大学院法学研究科修了、平成15年弁護士登録（大阪弁護士会）、平成26年弁理士登録

【主な著書】

『最新 商標権関係判例と実務』（共著、民事法研究会）、『最新 不正競争関係判例と実務〔第3版〕』（共著、民事法研究会）、『最新 著作権関係判例と実務〔第2版〕』（共著、民事法研究会）など

白木　裕一（しらき　ゆういち）：Q21〜Q25執筆

弁護士・弁理士（協和綜合法律事務所）

【略歴】

京都大学法学部卒業（工学部入学後、法学部に転部）、平成15年弁護士登録（大阪弁護士会）、平成18年弁理士登録、大阪弁護士会知的財産委員会副委員長（令和4年4月〜現在）

【主な著書】

「共同発明における発明者性の判断基準」知財管理2022年1月号（日本知的財産協会出版）、『最新 著作権関係判例と実務〔第2版〕』（共著、民事法研究会）、『最新 不正競争関係判例と実務〔第3版〕』（共著、民事法研究会）、「最新ガイドライン 判例をふまえた機密情報を守る人事労務管理」ビジネス法務2016年8月号（共著、中央経済社）など

池田　聡（いけだ　さとし）：Q30〜Q33執筆

弁護士（中之島シティ法律事務所）

【略歴】

平成17年大阪大学理学部物理学科卒業、平成19年大阪市立大学大学院法学研

究科修了、平成20年弁護士登録（大阪弁護士会）

【主な著書】

『知的財産契約の実務 理論と書式』（共著、商事法務）、『最新 著作権関係判例と実務〔第2版〕』（共著、民事法研究会）、『設問でスタートする会社法』（共著、法律文化社）など

清原 直己（きよはら なおき）：Q26〜Q29執筆

弁護士・弁理士（清原法律特許事務所）

【略歴】

平成20年京都大学工学部電気電子工学科卒業、平成24年京都大学法科大学院修了、平成25年弁護士登録（大阪弁護士会）、平成28年弁理士登録

【主な著書】

『最新 不正競争関係判例と実務〔第3版〕』（共著、民事法研究会）、『最新 著作権関係判例と実務〔第2版〕』（共著、民事法研究会）、『商標の法律相談II』（共著、青林書院）、『知財実務ガイドブック』（共著、青林書院）など

矢倉 雄太（やぐら ゆうた）：Q15〜Q20執筆

弁護士・弁理士・法学博士（中之島シティ法律事務所）

【略歴】

神戸大学大学院法学研究科修了、平成27年弁護士登録（大阪弁護士会）、大阪弁護士会知的財産法実務研究会世話役（平成30年〜現在）、令和3年弁理士登録

【主な著書】

『店舗の外装・内装デザインの法的保護——日本における現状と保護拡充に関する考察』（博士論文）、『知財実務ガイドブック』（共著、青林書院）、『最新 著作権関係判例と実務〔第2版〕』（共著、民事法研究会）ほか

西川　侑之介（にしかわ　ゆうのすけ）：Q6～Q8執筆

弁護士（中之島シティ法律事務所）

【略歴】

大阪大学大学院高等司法研究科修了、令和2年弁護士登録（大阪弁護士会）、
大阪弁護士会知的財産委員会委員

〈トラブル相談シリーズ〉

営業秘密のトラブル相談 Q&A

令和 4 年11月30日　第 1 刷発行

定価　本体 3,100円＋税

編 著 者	三山峻司・室谷和彦
著　　者	井上周一・白木裕一・池田聡・清原直己・矢倉雄太・西川侑之介
発　　行	株式会社　民事法研究会
印　　刷	文唱堂印刷株式会社

発行所　株式会社　民事法研究会

〒150-0013　東京都渋谷区恵比寿3-7-16

〔営業〕TEL 03(5798)7257　FAX 03(5798)7258

〔編集〕TEL 03(5798)7277　FAX 03(5798)7278

http://www.minjiho.com/　info @ minjiho.com

落丁・乱丁はおとりかえします。　ISBN 978-4-86556-532-4 C2332 ¥3100E

表紙デザイン：袴田峯男

実務に直結した適切な管理手法を解説！

〈リスク管理実務マニュアルシリーズ〉

営業秘密管理実務マニュアル
──管理体制の構築と漏えい時対応のすべて──

服部　誠・小林　誠・岡田大輔・泉　修二　著

A 5 判・284 頁・定価 3,080 円（本体 2,800 円＋税 10%）

▶企業の最前線で活躍する弁護士・コンサルティング会社関係者による実務に直結した営業秘密の適切な管理手法を解説した実践的手引書！

▶基礎知識から、①自社の情報が第三者により侵害されたときの対応、②特に重要な情報の漏えい・流出リスクの極小化、③企業秘密が漏えい・流出した場合の対応、④他社の情報の侵害者と疑われないようにする対応と疑われた場合の不正を行っていないことの証明の4つ視点から対応と体制のあり方を解説！

▶事例を織り込み具体的にイメージできるよう配慮し「実務ポイント」を掲載！

▶企業の総務・法務担当者、弁護士等法律実務家に必携の1冊！

本書の主要内容

発行　民事法研究会

〒150-0013　東京都渋谷区恵比寿 3-7-16
（営業）TEL. 03-5798-7257　FAX. 03-5798-7258
http://www.minjiho.com/　info@minjiho.com